/ SWUFE税务硕士项目系列 /

税务案例
解析与点评:
跨境并购与涉外税

主编／郝晓薇　谭　伟

TAX

Case Analysis and Commentary:
Cross-border Mergers and Acquisitions and
International Taxes

西南财经大学出版社

中国·成都

图书在版编目（CIP）数据

税务案例解析与点评：跨境并购与涉外税/郝晓薇,谭伟主编.—成都：西南财经大学出版社,2025.2
ISBN 978-7-5504-6543-5

Ⅰ.F812.423

中国国家版本馆 CIP 数据核字第 2025RM1667 号

税务案例解析与点评：跨境并购与涉外税

SHUIWU ANLI JIEXI YU DIANPING：KUAJING BINGGOU YU SHEWAISHUI

主　编　郝晓薇　谭　伟

责任编辑：向小英

责任校对：杜显钰

封面设计：墨创文化

责任印制：朱曼丽

出版发行	西南财经大学出版社（四川省成都市光华村街 55 号）
网　　址	http://cbs.swufe.edu.cn
电子邮件	bookcj@swufe.edu.cn
邮政编码	610074
电　　话	028-87353785
照　　排	四川胜翔数码印务设计有限公司
印　　刷	四川煤田地质制图印务有限责任公司
成品尺寸	185 mm×260 mm
印　　张	15.375
字　　数	328 千字
版　　次	2025 年 2 月第 1 版
印　　次	2025 年 2 月第 1 次印刷
书　　号	ISBN 978-7-5504-6543-5
定　　价	39.80 元

前言

在全球经济一体化不断深化的背景下，跨境并购与涉外税务问题日益成为企业关注的重点。税务管理作为企业管理的重要组成部分，不仅影响着企业的财务健康，还直接关系到企业的全球竞争力。为了提升税务专业人才的实践能力，西南财经大学财政税务学院税务硕士学位点连续多年举办税务案例大赛，这一赛事不仅为学生提供了宝贵的实践平台，还促进了税务知识的传播与应用。

在此基础上，我们与毕马威企业咨询（中国）有限公司成都分公司携手合作，将近三年获奖案例中的国际税收案例精心挑选并结集出版。本书共收录了十个典型案例，涵盖了高新技术企业、跨国公司、能源企业、制造企业等多个领域的跨境并购税务分析，以及中资企业跨境 EPC 项目合同拆分涉税风险分析、CRS 下我国高净值人群离岸信托的税收风险研究等国际税收前沿议题。

本书不仅展示了跨境并购中的复杂税务问题，还深入剖析了税务筹划、税务合规、税务风险防控等方面的策略与技巧。通过详细分析闻泰科技并购安世半导体、江丰电子跨境并购、兖煤澳大利亚跨境并购联合煤炭、中国广核集团收购 Gamma 项目、美的集团并购德国库卡、腾讯并购 SUMO Group、紫金矿业并购新锂公司、S 公司印尼税案、海底捞香港上市股权结构等真实案例，旨在为读者提供一个全面了解跨境并购与涉外税务问题的窗口。

本书中的每个案例均附有详细的解析与点评，由毕马威邀约的资深税务专家撰写，旨在帮助读者深入理解案例背后的税务原理、适用法规及实际操作中的关键点。我们希望通过这些案例的分享，不仅能为税务专业人士提供实用的参考和指导，还能激发更多人对税务领域的兴趣与探索。

在此，我们要特别感谢案例编写学生和点评专家，是你们的辛勤工作和专业智慧，使得本书得以顺利出版。同时，我们也感谢学校研究生院、学院和出版社的大力支持，为本书的出版提供了宝贵的资源和平台。

我们相信，本书将对提升我国税务专业人才的实践能力和理论水平产生积极影响，为推动税务领域的学术研究与实践创新贡献力量。希望读者在阅读本书的过程中，能够从中汲取到有益的知识和灵感，为自身的职业发展和企业税务管理贡献更多智慧与力量。如有不妥之处，也请广大读者不吝指出并反馈给编者。

最后，我们期待本书能够成为税务专业人士、企业管理人员及广大读者案头常备的参考书籍，共同推动我国税务事业的繁荣发展。

郝晓薇

2024 年 11 月

税务案例解析与点评：跨境并购与涉外税

目录

高新技术企业跨境并购税务分析
——以闻泰科技并购安世半导体为例

谌洁茜　王悦晨　陈珊珊　独　傲

【摘要】在共建"一带一路"倡议的指引下，我国企业积极"走出去"，通过跨境并购开拓国际市场、改进生产技术，实现协同发展。半导体行业作为国家战略性新兴行业，进入加速整合期，并购海外成熟企业成为主旋律。本文选择了我国半导体市场上规模最大的跨境并购案——闻泰科技并购安世半导体，立足并购全过程，分别从收购、持有、退出三个阶段深入分析税收成本、税务风险及应对措施。研究发现，采用合理的债权融资结构能够充分发挥资本弱化的税盾作用；利用双层SPV建立合理的交易架构，能够通过双边税收协定降低股息分红在目标公司所在国的预提所得税，以有效减轻企业集团整体税收负担；在此基础上，企业应建立完善的税务管理体系以规避并购全过程可能出现的税收风险。

【关键词】跨境并购；税收规划；交易架构；税务风险

1　引言

自新冠病毒感染疫情暴发以来，国内虽有效需求不足，部分行业产能过剩，但经济整体回升向好。2023年12月11日，习近平总书记在中央经济工作会议中指出，要有效统筹国内国际两个大局，高水平扩大对外开放，高质量共建"一带一路"倡议。自2013年共建"一带一路"倡议提出以来，中国企业秉持共商共建共享原则，积极贯彻落实"走出去"战略，开展以对外直接投资、对外劳务合作，以及跨境并购为主要内容的对外投资活动。

在当前我国产业转型升级的关键阶段，依托现代信息技术发展起来的新兴产业相较于传统行业，更是关乎我国整体经济发展的重要动力。近年来，我国半导体行业蓬勃发展，越来越多的非半导体企业想要挤入分"蛋糕"的行列。然而，国内半导体行业尚处于起步阶段，其面临技术更新迭代快、竞争激烈等问题，为进一步优化市场开发、资源利用、技术更新及企业整体产业结构，给企业发展赢得战略机会，国内投资者青睐于将海外较为成熟的半导体企业作为并购标的开展跨境并购投资。但在跨境并购过程中，中国企业面临不同程度的税务挑战。一方面，海外并购的考量需兼顾财务、法律法规、人力资源等方面，牵一发而动全身，企业需要通盘考虑收购、持有、退出三个阶段，立足企业全局，兼顾经营收益与税收利益，充分考虑税收风险；另一方面，国际税收规则迎来百年大变革，"双支柱"（货币政策与宏观审慎政策）方案达成历史性多边协议，跨国税务问题成为各国税务当局关注的重点，这要求中国企业在开展跨境并购时进行合理税收安排，以降低企业财税成本及风险。

作为我国史上规模最大的半导体收购案，闻泰科技股份有限公司（以下简称"闻泰科技"）收购安世半导体极具跨国并购代表性与典型性。本文通过深入分析其采取的税收方案，综合考虑企业经营战略，合理安排企业并购活动，将税收规划贯穿企业跨境并购全流程，以整体思维、全局观念和风险意识对相关税务处理展开对比分析，以给更多期望"走出去"的中国企业提供参考和借鉴。

2 案例概况

2.1 相关公司简介

2.1.1 并购企业闻泰科技

闻泰科技创立于 2006 年，是一家总部位于中国深圳的全球领先的集研发设计和生产制造于一体的半导体产品集成企业。其早期是连接上游集成电路原厂和下游整机企业的桥梁，是我国手机主板方案设计领域最大的公司。2017 年，闻泰科技借壳中茵股份"曲线上市"，成为国内第一家原始设计制造商（ODM）行业 A 股上市公司。但在其光鲜亮丽的外表下，闻泰科技仍面临营业收入较低的窘境。因 ODM 业务本身存在巨大的隐患，作为厂商，手上没有过硬的手机制造技术，也不存在原创品牌价值，行业进入壁垒低，只能靠信誉和性价比一步一个脚印提升市场份额。同时，为了保持市场地位和业务运转，闻泰科技需要大笔资金投入用于购买原材料、修建厂房、更新生产线，其在整条产业链中起到承上启下的作用，面临来自上游供应端和下游客户端的双重风险。原料成本上涨、市场竞争加剧和客户议价能力提高等风险因素均会导致处于产业链中游的闻泰科技不堪重负，收益低且不稳定的问题凸显。因此，为了摆脱依靠 ODM 业务生存的艰难处境，闻泰科技不能坐以待毙。

2.1.2 被并购企业安世半导体

安世半导体是一家总部位于荷兰奈梅亨的整合器件制造企业（IDM），是全球少有的拥有完整芯片设计、制造以及封测的大型整合器件制造企业。其前身为荷兰恩智浦（NXP）的标准产品事业部，拥有 60 多年的半导体行业专业经验，于 2017 年年初开始独立运营，是全球最大的 IDM 标准器件半导体供应商。2018 年，安世半导体生产总量超过 1 000 亿颗，稳居全球第一。旗下产品涉及极具发展潜力的 5G 移动通信、智能汽车、物联网等热门领域，在二极管、晶体管、逻辑器件等领域的研发生产技术均居全球领先地位。同时，安世半导体每年新增产品 800 多种，绝大多数符合高质量标准，无论是创新能力还是生产规模都稳居世界前列，在半导体领域实力强大。此外，安世半导体的产品广泛应用于汽车、移动和可穿戴设备、通信基础设施、消费电子和计算机等领域，服务的客户超过 2.5 万家，其中汽车业务占比达到 40%，终端厂商包括奥迪、宝马、玛莎拉蒂等国际一线品牌，产品质量获得社会普遍认可。

2.2 并购过程概况

2.2.1 闻泰科技智能手机 ODM 产业战略布局

闻泰科技布局智能手机 ODM 产业战略体现了企业集团一以贯之的转型决心。2008 年，iPhone 手机的发布使得手机行业的业务思路发生了翻天覆地的变化，丰厚的利润吸引资本竞相追逐，一体化的集成电路设计也将 IDH 模式引向无利可图的末路。此后，趁着小米发展的东风，闻泰科技凭借强大的设计和生产能力，有效控制成本，将智能手机的售价拉至千元水平，横扫中低端市场。闻泰科技一战成名，接连成为华为、联想、魅族等知名品牌的供应商，成为 ODM 行业中的龙头企业。闻泰科技进入 ODM 蓝海可以通过大产量实现微小利润的积累，但高精尖技术的缺乏也是其致命伤。结合我国迫切需要国产芯片的大背景，闻泰科技将目标瞄向半导体业务，以摆脱"赚辛苦钱"的困境。因半导体技术与 ODM 产业高度关联，掌握半导体产品的设计、制造技术能够有效助推公司原有产品品质升级和新产品研发，通过强大的生产线实现大规模量产，从而产生规模效应。进一步，半导体行业的高技术壁垒和国内发展落后的现状促使海外并购成为闻泰科技进入半导体市场的最优选择，通过整合资源和优化业务流程，可以减少重复投资和浪费，降低交易成本。同时，通过共享客户资源、拓展市场份额和提供更多综合化服务，能够有效增加营业收入。闻泰科技的国际知名度也在此过程中持续提升，产品进入全新的国际市场，在世界范围内建立起更广泛的合作关系，扩大业务范围和覆盖面，提高市场认可度和品牌影响力。因此，跨国并购战略势在必行，有助于企业充分发挥协同效应，不断增强企业的综合实力和竞争力，以更好地适应市场变化。

2.2.2 闻泰科技并购安世半导体的过程

闻泰科技并购安世半导体前，安世半导体公司已被建广资产成功收购。安世半导体原为恩智浦公司的分立器件、逻辑器件和 MOSFET 器件业务部，即标准件业务部。面对风起云涌的全球半导体市场，恩智浦也在寻求通过行业整合实现新突破，恰巧飞思卡尔的核心优势能够与之产生协同。前者的核心业务主要是无线（NFC）和智能卡（IC），擅长汽车互联，下辖高端混合信号业务分部和标准产品业务分部。后者的强项主要是通信处理器（MCU&），即善于处理和控制连接及其带来的数据，在相关领域有 1 万多个专利。二者优势互补能够有效解决包括安全性、数据互联在内的核心问题，是物联网向前推进的中坚力量。于是，飞思卡尔成为恩智浦的收购目标，但限于资金压力加之作为非核心业务的标准件业务毛利较低，恩智浦准备剥离标准件业务。通过内部重组，标准产品业务被分拆后置入一家由恩智浦新成立并全资拥有的子公司——安世半导体。

2016年，由建广资产牵头的中国财团成为恩智浦标准件业务安世半导体的受让方。幕后操刀的建广资产，是一家专注于集成电路、云计算、网络通信等战略性新兴产业投资并购的资产管理公司，由中建投资本持股51%，张光洲等6名自然人持股49%，最终由建银投资控制。为实现收购，建广资产在境内成立SPV——合肥裕芯控股有限公司，作为未来收购标的资产的境内运营主体。旗下管理的多家专项基金共同参与投资，持股份额最大的为合肥广芯基金。随后，合肥裕芯控股有限公司协同JW Capital在中国香港设立了SPV裕成控股有限公司，裕成控股有限公司进一步在荷兰成立全资子公司安世集团（Nexperia Holding B.V.）。安世集团从境内建广资产管理基金筹集资金约16.3亿美元，智路资管的JWCapital投入资金4.5亿美元，合计约20.8亿美元，其余资金由Nexperia Holding B.V.作为借款人，获得8亿美元的银团借款。2017年年初，安世集团以现金27.6亿美元收购了恩智浦所持有的安世半导体100%的权益，形成如图1所示的股权结构。

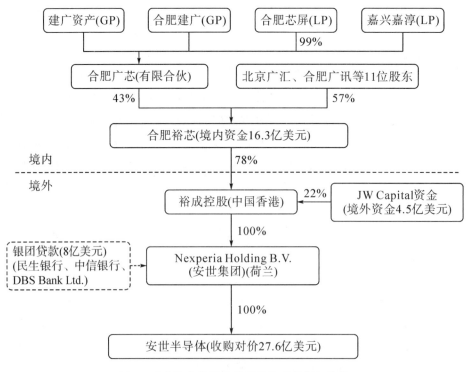

图1　建广资产收购安世半导体后的股权结构

自建广资产成功收购安世半导体后，或资本化或证券化，都是顺应企业发展的需要，也是各财务投资人退出的要求。因建广资产作为基金管理人的基金控股架构在A股和H股上市均存在问题，所以以与已有A股上市公司重组是更优选择。与此同时，国内资本也早早锁定这项拥有成熟业务模式和盈利能力的优质资产，闻泰科技、旷达科技、山东精密等争先恐后参与资本化方案的遴选。

经过激烈角逐，2018 年 4 月，安徽合肥公共资源交易中心发布了《安世半导体部分投资份额退出项目成交公告》，闻泰科技联合体以 114.35 亿元拿下合肥广芯所持有的安世半导体股份。我国半导体行业最大的跨境并购标的最终花落闻泰科技。其并购过程见图 2。

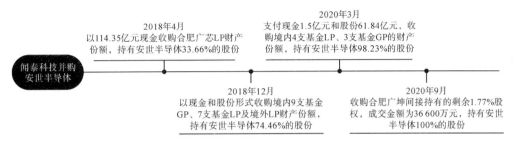

图 2 闻泰科技并购安世半导体的过程

2.2.3 闻泰科技并购安世半导体的四个阶段

2018 年年初，闻泰科技正式走上并购道路，历时近三年成功收购安世半导体，此次并购大致可以划分为四个阶段。

第一阶段，收购合肥芯屏持有的标的资产。合肥城投在实现引导项目落地的目标后，开始筹划转出旗下合肥芯屏基金的投资份额。2018 年 3 月 15 日，安徽合肥公共资源交易中心发布了《安世半导体部分投资份额退出项目公告》，合肥芯屏对其所持有的合肥广芯 493 664.630 659 万元 LP 份额进行公开转让，即间接持有安世半导体的部分股份，对应安世半导体 33.66% 的财产权益。闻泰科技的子公司上海中闻金泰牵头云南城投、上海矽胤（该主体最后放弃，出资方改为鹏欣集团）组成的联合体——合肥中闻金泰，经过近 300 轮竞标成为该项目的受让方，成交金额为 114.35 亿元，成为安世半导体最大的财产份额持有人。通过两次各支付 50% 的转让款，新增投资者国联集成电路、格力电器和智泽兆纬，完成现金收购。此时，合肥广芯的经营决策权仍受北京建广和合肥建广控制。

第二阶段，实现对安世半导体的绝对控股。2018 年第四季度，闻泰科技先后签订《资产收购协议》与《发行股份购买资产协议》，从境内 SPV 合肥裕芯的股东的上层出资人手中收购有关权益份额。在境内方面，2019 年 6 月，闻泰科技获中国证监会核准批复，标的资产为建广资产、合肥建广作为 GP 拥有的全部财产份额和相关权益，以及除北京广汇、合肥广坤、合肥广韬等 5 支境内基金外的 7 支基金的 LP 财产份额。在境外方面，闻泰科技以现金回购方式从境外 3 支基金手中购得 JW Capital 的 LP 份额。至此，闻泰科技间接持有安世半导体 74.46% 的权益比例，取得了安世半导体的控制权。第二阶段交易安排见表 1。

表 1　第二阶段交易安排

标的公司	标的资产	交易对方	支付方式	现金支付/万元	股份支付/万元
合肥广芯、合肥广讯、合肥广合、宁波广轩、宁波广优、北京中广恒、合肥广坤、合肥广腾、北京广汇、JW Capital	境内 9 支基金的 GP 份额、智路资本在 JW Capital 的 GP 份额	建广资产、合肥建广、智路资本	现金支付	311 800.00	—
合肥广芯	合肥中闻金泰股权	国联集成电路	股份支付	—	300 000.00
		格力电器		—	88 500.00
		智泽兆纬		—	8 000.00
		云南省城投		—	101 500.00
		西藏风格		—	70 000.00
		西藏富恒		—	70 000.00
		鹏欣智澎		—	63 000.00
合肥广讯	境内 6 家标的基金的 LP 财产份额	珠海融林、上海矽胤	股份支付	—	253 092.66
合肥广合		京运通	现金支付	127 097.16	—
宁波广轩		宁波圣盖柏	现金支付	91 500.00	—
宁波广优		德信盛弘	现金+股份支付	50 000.00	41 500.00
北京中广恒		谦石铭扬	现金支付	53 410.38	—
合肥广腾		肇庆信银	现金支付	36 234.00	—
境内对价合计				670 041.54	995 592.66

标的公司	标的资产	交易对方	支付方式	现金支付/万美元	股份支付/万美元
JW Capital	境外 3 支基金的 LP 财产份额	BridgeRootsFund	现金收购或回购	22 875.00	—
		PacificAllianceFund		22 875.00	—
		HuarongCoreWinFund		36 600.00	—
境外对价合计				82 350.00	

　　第三阶段，以发行股份及支付现金方式继续收购安世半导体股份。2020 年 3 月，闻泰科技进一步与关联企业签署《发行股份购买协议》及《发行股份及支付现金购买协议》，通过收购北京广汇、宁波益穆盛、合肥广韬、宁波广益的 LP 份额以及境内 3 支基金中建广资产、北京中益的 GP 财产份额与权益，支付现金 1.5 亿元以及股份 61.84 亿元，实现闻泰科技持有合肥裕芯 98.23% 的股权。与此同时，闻泰科技亦持有安世半导体 98.23% 的股权，距离完全控股仅有一步之遥。第三阶段交易安排见表 2。

表2 第三阶段交易安排

标的公司	标的资产	交易对方	支付方式	现金支付/万元	股份支付/万元
北京广汇	境内4支基金的LP份额	合肥芯屏	股份支付	—	487 947.49
宁波益穆盛		袁永刚	现金+股份支付	3 500.00	68 369.05
合肥广韬		宁波中益	现金+股份支付	6 386.13	34 679.77
宁波宁宜		宁波益昭盛	现金+股份支付	1 809.05	16 281.43
宁波益穆盛、合肥广韬、宁波广宜	境内3支基金的GP份额	建广资产	股份支付	—	7 739.59
		北京中益	现金+股份支付	3 304.82	3 354.21
合计				15 000.00	618 371.54

第四阶段，收购剩余股权。经过前三个阶段的交易，闻泰科技合计间接持有安世集团98.23%的权益比例，仅剩1.77%的股权由合肥广坤间接持有。建银国际于2020年7月23日通过重庆联合产权交易所公开发布旗下基金合肥广坤的LP份额转让公告。经国资委批准，同年9月4日，闻泰科技确定成为本次转让的受让方，成交金额为36 600万元，成功将安世半导体最后1.77%的股份收入囊中。

历经以上四个阶段，闻泰科技总计持有合肥裕芯100%的股份，并间接持有安世半导体100%的股份，从而实现对安世半导体的完全控制，并购案落下帷幕。

3 收购阶段税务规划及风险分析

3.1 收购阶段的税务规划思路

在收购阶段，跨境并购企业需要对并购标的、股权架构、融资结构作出理性规划，不同方案的选择将直接影响并购成本乃至后续企业经营成效。在闻泰科技并购安世半导体的过程中，选择并购标的时，需要考虑并购动因、并购时间、资源整合、结构调整、税收负担等问题；选择股权架构时，需要考虑决策效率、利益分配、融资能力、涉税调整等问题；选择融资结构时，需要考虑融资成本、偿债风险、股权稀释、税务风险等问题。因此，作为理性经济人，闻泰科技必须统筹规划，比较分析不同方案的并购成本、经营成本、节税效应，并关注后续企业经营、资金流动性风险等方面的问题。

3.2 并购交易标的税收规划分析

跨境并购首要解决的问题是对并购标的的选择。闻泰科技作为通信设备产业链中游企业，并购安世半导体，属于跨行业纵向并购。为了顺利延伸产业链、推进多元化业务布局、把握新的业务发展机会，闻泰科技需要对并购交易标的作出理性选择。并购交易既可以是资产并购也可以是股权并购。资产并购是指通过收购目标公司的资产取得该公司经营权及决策权，在多数情况下，出让资产的目标公司需要履行清算程序才能实现资产全部转让；股权并购是指通过购买目标公司的股份或股权来实现对该公司的控制权或者参与权。不同并购标的对比见表3。

表3 不同并购标的对比

类别	股权并购	资产并购
交易标的	目标公司股权	目标公司资产
优点	并购手续简单 直接延续生产经营	一般无须承接目标公司 历史债务风险
缺点	一般需承接目标公司 历史债务风险	并购过程烦琐 经营权等无法直接延续
涉及税种	所得税、印花税	流转税、所得税、印花税
对税务尽职调查的影响	需进行全面尽职调查	尽职调查程度取决于 历史风险影响买方程度
对税务股权架构的影响	并购方需确定并购交易股权架构	并购方可以在所在国 成立公司承接标的资产

若闻泰科技选择资产并购，对被收购方安世半导体而言，需要确认该项资产转让的收入。对并购方闻泰科技而言，一是能直接取得公司主业经营所需的研发制造技术，降低半导体元件成本，实现优质资产整合；二是可以最大程度地避免安世半导体或有债务，由此降低并购风险。但是资产并购存在一定劣势：在税收方面，虽然并购阶段闻泰科技并购资产的支出可作为企业成本在企业所得税前进行扣除，但并购资产涉及税种多，目标公司安世半导体需要在居住国荷兰缴纳增值税、企业所得税、不动产转让税等，税负往往较高；在时效性方面，资产并购存在过程烦琐、耗时长，且经营资质、生产资源、特许经营权等均无法通过并购直接延续。

若闻泰科技选择股权并购，对被并购方安世半导体而言，需就该股权转让所得缴纳所得税。对并购方闻泰科技而言，一方面，股权并购方案手续简单，没有变更资产，没有设立承接公司的烦琐手续，股权并购下被并购方经营资质、生产资源、特许经营权等能正常延续，由此极大地节省了时间，使得公司资本高效运作，有利于加速企业全产业链业务布局，抓住国家大力扶持半导体等战略性新兴产业的发展机遇；另一方面，从税负角度上看，并购阶段闻泰科技股权并购税负显著低于资产并购方式，仅需要缴纳所得税及印花税等。

综上所述，闻泰科技根据并购动因及财务状况选择了更符合公司需求的股权并购。下面，本文将对股权收购下的股权架构设计和融资结构设计展开系统分析。

3.3 并购股权架构的税收规划分析

并购股权架构通常包括直接控股架构与间接控股架构。直接控股架构是指境内并购方公司直接控股境外目标公司；间接控股架构是指境内并购方公司在境外设立中间控股公司，再利用中间控股公司控股境外目标公司，以达到间接控股目标公司的目的。下文将分析不同控股架构对并购阶段的税收影响。

3.3.1 直接控股架构

在直接控股架构下，闻泰科技并购成本较低，但可能面临较高的股息分红预提所得税。闻泰科技购买安世半导体的全部股权实现直接控股，由此节省了设立中间层控股公司的费用，使得并购手续简单高效，然而，当股息分红汇回境内公司时，无法享受延迟纳税；若与被并购公司所在国没有税收协定，还将面临较高的预提所得税。

3.3.2 现行控股架构

在现行控股架构下，闻泰科技可以通过税收协定享受预提所得税税率优惠，但考虑并购融资与未来退出安排，现行控股架构存在进一步优化空间。根据闻泰科技签订的《资产收购协议》，闻泰科技通过香港裕成控股公司形成单层间接控股架构，向安世半导体投资，即闻泰科技—中国香港裕成控股—荷兰安世半导体，由中间控股公司裕成控股控制安世半导体全部股权。中国香港与中国大陆及荷兰均签订了双边税收协定，在标的企业的利润汇回境内过程中，会先将利润转移至中间控股公司，通过中间控股公司汇回母公司，由此帮助闻泰科技享受较低的预提所得税税率优惠，实现企业跨境并购投资的利益最大化。然而，仅以一层中间架构控股，不利于企业进行灵活的资本运作及享受更多的税收优惠。因此，我们尝试对该案例的控股架构设计进行优化。

3.3.3 优化控股架构

优化控股架构的核心在于选择合理的中间控股公司地点，搭建双层控股架构以享受多重税收优惠，获取多元融资机会。收购阶段股权架构的确立应基于并购企业的商业战略，综合并购双方所在国（地区）的税收政策法规与税收协定。尤其是并购后，境外标的公司作为企业集团子公司有可能向中国境内母公司派发股息或汇回利润。其涉及的纳税环节包括：一是在目标公司安世半导体层面，公司所在国荷兰产生的公司所得税，对于其派发的股息征收的预提所得税；二是在中间控股公司层面，特殊目的实体（SPV）所在国（地区）对股息征收的企业所得税或预提所得税；三是在并购方公司闻泰科技层面，中国对于股息征收的企业所得税。

3.3.3.1 适合设计中间控股公司的地点考量

表 4 是对当前国际上企业进行跨国并购常选择的中间控股公司所在地及其优缺点的分析，此部分将为闻泰科技收购安世半导体的控股架构规划方案提供思路。

表 4 常见 SPV 的选择

国家（地区）	优点	缺点
开曼群岛、英属维尔京群岛	法制健全 税负较低 方便上市融资	较难确立商业实质，容易受到并购标的国税务机关的挑战，特别是最近出台的"双支柱"政策
中国香港地区	地缘优势 属地原则，无股息、资本利得税 便于确立商业实质	税收协定网络相对狭窄

表4(续)

国家（地区）	优点	缺点
新加坡	地缘优势 税收协定网络较为广泛 税负低，税收优惠政策丰富 无资本弱化规定	对享受股息收入免税的要求相对较高，将限制控股架构设计的灵活性
英国、荷兰、卢森堡等	税收协定网络较为广泛 税负成本较低 可以享受欧盟优惠政策（英国除外）	税法规定较为复杂 税务筹划及后期的管理成本较高

我国税法对受控外国企业的规定如下：若由居民企业将外国企业设立在其实际所得税率比其税法规定的税率低的国家（地区）内，同时不是出于正当的业务需求而没有分配利润或减少利润，则有可能将其视为受控外国企业。在上述国家（地区）中，不符合此规定的有开曼群岛和英属维尔京群岛，因此此次税收筹划将这两者排除在外。由此，我们将通过在中国香港地区和卢森堡搭建中间公司展开税务筹划。

为何选择卢森堡？

（1）《中国香港—卢森堡双边税务协议》规定，卢森堡子公司向中国香港分配利润无须向卢森堡税务机关缴纳预提所得税，因此选择通过卢森堡 SPV（卢森堡与中国香港和德国都签订了零股息预提所得税）可以合理避免股息预提所得税风险。根据荷兰与卢森堡签订的税收协定，股息接收方若直接控制支付股息公司 25% 以上的资本，预提所得税税率为股息总额的 2.5%，也是较低的预提所得税税率。

（2）荷兰税法规定，荷兰居民企业向其股东（也是居民企业）支付的股息、清算收益和其他利润分配，无论是以现金还是以实物的形式，都需要代扣代缴 15% 的预提所得税，但是若收到股息的股东是另一个欧盟成员的居民企业则不需要代扣代缴预提所得税，如卢森堡。

（3）卢森堡税法规定，如果位于卢森堡的母公司持有境外子公司的股权份额比例在 10% 以上或投资额在 120 万欧元以上，并且持有境外子公司的股权超过 12 个月，同时境外子公司注册地属于欧盟国家，那么可以不就境外子公司的分红缴纳企业所得税。

3.3.3.2　设立两层 SPV 股权架构的原因

（1）有效隔离交易风险。由于跨境并购存在信息不对称，此时收购目标公司存在较大的债务风险，这时候可以通过构建双层 SPV，采用有限责任方式，让中间控股公司发挥隔离层的作用，实现一层 SPV 无法实现的风险隔离及节税功能。

（2）有利于多元融资，最大化发挥层级总杠杆效应。如果仅成立一层 SPV 公司进行债权融资，其杠杆作用的放大功能受限，投资人基于理性假设与风险偏好而不愿投入资金，无法筹集到支付对价所需的巨额现金；而如果设立多层 SPV 公司，则可以利用不同 SPV 公司的杠杆效应进行层层融资。

（3）有助于股权灵活转让。并购完成后，如果目标公司经营不善或后期公司业务发生变更，可以将 SPV 资产灵活转让，避免将商业风险传递给母公司。

表 5 是不同股权架构的对比。

表 5　不同股权架构的对比

类别	直接控股架构	现行控股架构	优化控股架构
方式	直接控股目标公司	在中国香港设立 SPV	在中国香港、卢森堡设立 SPV
优点	并购手续简单	合理利用税收协定	合理利用税收协定 有利于筹集并购资金
缺点	较高预提所得税	设立 SPV 过程复杂 容易受到各国政策的影响	设立 SPV 过程复杂 容易受到各国政策的影响
控股架构	闻泰科技（并购方）→ 安世半导体（被并购方）	闻泰科技（并购方）→ 中国香港中间控股公司SPV → 安世半导体（被并购方）	闻泰科技（并购方）→ 中国香港中间控股公司SPV → 卢森堡中间控股公司SPV → 安世半导体（被并购方）

3.4　并购融资结构的税收规划分析

跨国并购融资方式分为内源融资和外源融资。其中，内源融资是指企业使用自有资金满足投资需求；外源融资是指企业向外部其他经济主体募集投资所需资金，以满足投资需求。

3.4.1　单一融资方案

在单一融资方案下，闻泰科技有可能面临较高的融资成本与商业风险。根据西方优序融资理论[①]，内源融资优于外源融资，其中采用外源融资方式时，债务融资又优于股权融资。单一融资方案主要是指并购企业通过单一的融资方案筹集资金。跨境并购所需资金量大，难以仅靠自有资金满足投资需求，因此，企业需要采用合理的外源融资方案筹集并购所需资金。在股权融资与债务融资选择中，债务融资节税效果优于股权融资。

根据《中华人民共和国企业所得税法实施条例》（以下简称《企业所得税法实施条例》）第三十八条的规定，非金融企业向金融企业借款的利息支出，准予在计算企业所得税时扣除，由此债务融资在一定程度上可以发挥税盾作用；而股权融资相对于债权融资税负更高，适用于公司股价较高的市场环境。

在本案例中，闻泰科技并购安世半导体属于典型"蛇吞象"并购，在进行并购

---

① 优序融资理论，在 1984 年由美国金融学家迈尔斯与智利学者迈勒夫提出。他们认为，在考虑交易成本的情况下，公司融资时应遵循内部融资、外部债权融资、外部股权融资的顺序。

阶段的税务筹划时，如果采用单一股权融资方案容易陷入股权稀释、控制权转移问题，如果采用单一债权融资方案容易陷入严重的债务危机，因此，本文将主要讨论多元融资方案的税务影响。

3.4.2 现行融资方案

在现行融资方案下，闻泰科技并购安世半导体采用"两步走"多元融资战略，兼具内源融资、外源融资。第一步，在公司股价较低、自有资金不足背景下，闻泰科技通过组建战略联盟参与安世半导体的股权竞拍。闻泰科技先以自有资金17.05亿元建立了合肥中闻金泰，再引入云南城投、鹏欣集团等投资者，完成并购款57.175亿元的筹集工作。第二步，在公司股价上升时，闻泰科技开展"股权+债务"混合融资。一方面，闻泰科技以24.6元/股的价格发行股票，另采取非公开发行股票募集资金的方式筹集资金64.97亿元；另一方面，闻泰科技向国内金融机构及境外银团借款，发行可转换公司债券，通过债务融资方式筹集并购资金。

截至并购结束，闻泰科技总融资334.9亿元，其中内源融资金额为17.05亿元，外源融资金额为317.85亿元。在外源融资方面，股权融资金额为209.93亿元，债务融资金额为107.92亿元。

3.4.3 优化融资方案

跨境并购融资方案设计与股权架构设计联系密切，优化融资结构主要考虑税前利息扣除、资本弱化规定等因素。一是跨境并购融资需选择合适的中间控股平台或者财务公司所在地，关注相关国家之间是否存在针对利息预提所得税的税收优惠；二是跨境并购融资要重视目标公司所在国关于反避税的相关规定。

3.4.3.1 优化融资结构

《中华人民共和国企业所得税法》（以下简称《企业所得税法》）第四十六条规定："企业从其关联方接受的债权性投资与权益性投资的比例超过规定标准而发生的利息支出，不得在计算应纳税所得额时扣除。"因此，企业需统筹考量各个因素，设计出并购收购阶段最佳的融资方案，提高企业资金融通效率。

现设计四种融资方案进行对比，测算采用债权融资相对于股权融资能带来的更为显著的节税效应。各种方案的核心差异在于债权与股权的融资比例。

方案一：闻泰科技所有融资金额均由投资者以增加股权方式注入。

方案二：闻泰科技债资比为1∶2，该方案与闻泰科技现行融资结构一致。

方案三：闻泰科技债资比为1∶1，即使用借款与发行股票形式融资各占一半份额。

方案四：闻泰科技债资比为2∶1，即以债权方式融资200亿元，以股权方式融资100亿元。其参考依据为我国对企业接受关联方债权性投资与其权益性投资比例准许抵扣上限的相关规定，非金融企业不得超过2∶1。

下面，我们对不同债资比融资方案下的节税效应进行测算。假定：闻泰科技有30亿元的融资缺口，企业息税前利润为20亿元，银行借款利率为6%，适用的企业所得税税率为15%。其计算结果如表6所示。

表6　四种融资方案下的股东税后权益资本收益率

项目	方案一	方案二	方案三	方案四
债资比例	0∶1	1∶2	1∶1	2∶1
税前利润/亿元	20	20	20	20
利息/亿元	0	100×6%＝6	150×6%＝9	200×6%＝12
税前利润/亿元	20	14	11	8
税前权益资本收益率/%	20÷300×100%＝6.67①	14÷200×100%＝7	11÷150×100%＝7.33	8÷100×100%＝8
应纳企业所得税/亿元	20×15%＝3	14×15%＝2.1	11×15%＝1.65	8×15%＝1.2
税收利润/亿元	20－3＝17	14－2.1＝11.9	11－1.65＝9.35	8－1.2＝6.8
税后权益资本收益率/%	17÷300×100%＝5.67	11.9÷200×100%＝5.95	9.35÷150×100%＝6.23	6.8÷100×100%＝6.8

从表6中的数据可以发现，随着债权融资比例的升高，股东获得的税后权益资本收益率呈上升趋势。根据《企业所得税法》第十条的规定，企业向投资者支付的股息、红利在计算企业所得税时不得扣除。但根据前述法规，同等金额的利息支出可以在税前扣除，进一步降低了应纳所得税额，股东也能获取更可观的收益。在企业偿债风险可控范围，企业应尽可能提高债务融资比例，降低股权融资比例。

3.4.3.2　优化债务融资方式

为有效控制企业偿债风险，兼顾债务融资节税效用，我们需要进一步优化闻泰科技的债务融资形式。在本案例中，闻泰科技并购安世半导体期间，采用了境内融资与境外融资两种债务融资方式。由表7可知，闻泰科技先后通过债务融资筹集资金107.92亿元，其中，境内债务融资主要通过银行贷款、股东、第三方借款方式进行，利率分别为7.5%、4.35%与10%。境外债务融资利率较低，五年期利率仅为5.44%。境外融资成本与股权收益相当，低于境内债务融资平均利率。由此可见，闻泰科技债务融资还有进一步优化空间。在合理股权结构下，企业有望兼顾财务安全与赋税节余，进一步优化企业融资结构。

表7　闻泰科技债务融资构成情况

项目	融资金额/万元	资本成本率/%	利息金额/万元
云南省城投借款	101 500	10.00	10 150
闻天下借款	64 500	4.35	2 805.75
兴业银行贷款	350 000	7.50	26 250
境外银团贷款	563 200	5.44	30 638.08
合计	1 079 200	6.50	69 843.83

数据来源：2019年闻泰科技公司公告。

———————————

① 如果计算结果有小数，只保留小数点后两位，且四舍五入。下同。

13

分析比较境内融资的替代方案有多种选择，在不考虑交易架构下，闻泰科技可采用"境内债务融资+境外银团"方式筹集所需资金。如果闻泰科技利用中间控股公司融资，可以有"境内融资转贷+境外银团"与"内保外贷+境外银团"两种模式选择。由于境外银团贷款不受交易架构限制，在最优方案的对比分析中，不考虑境外银团贷款的影响。

方案一：闻泰科技采取境内直接融资方式筹集借贷资金，即由母公司向境内银行贷款、股东或第三方借款，直接将借贷资金用于收购标的公司。在该方案下，借款利息可以在计算企业所得税前扣除，达到一定的利息抵税效果。

方案二：闻泰科技采用"融资转贷"模式融资，即由境内母公司向境外银行贷款后转贷给境外 SPV，境外 SPV 作为贷款主体收购目标公司。当中间控股公司所在国与并购标的公司所在国、境内母公司之间有双边税收协定时，境外 SPV 向境外银行支付利息可以用较低的利息预提所得税税率纳税甚至可以免交预提所得税。

方案三：闻泰科技采用"内保外贷"模式融资，即由境内母公司为境外 SPV 提供贷款担保，境外 SPV 实现贷款融资。由此，闻泰科技仅仅基于担保合同关系承担境外 SPV 而未履行义务的债务。如果海外融资款汇回境内集团使用，可以被认定为集团内部的资金融通活动，不涉及境内纳税问题。如果境外 SPV 设立在目标公司所在国家（地区），一般情况下还可以实现中间控股公司与目标公司的亏损结转。

下面，我们对不同贷款融资方案下的节税效应进行测算。假定：安世半导体有足够的税前利润用于利息扣除，且借款 200 亿元，利率统一为 5%。

由表 8 可知，"内保外贷"相较于其他两个方案，具有更好的节税效果。方案一由母公司直接境内贷款，不涉及控股公司间利息的结转问题，虽可以产生利息抵税效应，但无法实现有效的"债务下沉"；方案二"融资转贷"，存在汇入境内的利息需要缴纳相应所得税及增值税问题，节税效果不佳；方案三"内保外贷"，不仅能解决中间控股公司融资资信不足的问题，还能实现债务向下层企业转移，从而产生筹资费用在所得税前扣除的节税效应。因此，安世半导体可以选择"内保外贷"模式进行融资，以达到更好的税务筹划效果。

表 8　债务融资税务筹划比较　　　　　　　　　　　　　单位：亿元

流程	项目	方案一：境内借款	方案二：境内融资转贷	方案三：内保外贷
安世半导体纳税情况	（假设）利息费用	0	$200 \times 5\% = 10$	$200 \times 5\% = 10$
	企业所得税节税金额	0	$0.014 \times 19\% + 9.986 \times 5.8\% = 2.579$	$0.014 \times 19\% + 9.986 \times 25.8\% = 2.579$
	可向中间控股公司汇出利息金额	0	10	0
	利息预提所得税金额	0	$10 \times 10\% = 1$	0
	节税总额	0	$10 - 1 = 9$	0
	增值税金额	0	$9 \times 6\% = 0.54$	0
	收到利息应纳税所得额	0	10	0

表8(续)

流程	项目	方案一：境内借款	方案二：境内融资转贷	方案三：内保外贷
中国母公司纳税情况	收到利息应纳税所得税额	0	10×15% = 1.5	0
	利息境外已纳预提所得税抵免	0	1	0
	应补缴所得税额	0	1.5-1 = 0.5	0
	境内纳税总额	0	0.5+0.54 = 1.04	0
	利息抵税金额	200×6%×15% = 1.8	0	0
合计节税总额		1.8	1.579-1.04 = 0.539	2.579

3.5 收购阶段的税务风险及应对措施

3.5.1 税务尽职调查风险及防范

闻泰科技与目标企业安世半导体之间存在信息不对称问题，企业可能面临税务尽职调查风险。如果闻泰科技对目标公司涉税信息、潜在风险及当地税务政策了解不够全面，可能导致过高估算财务整合收益、错误评估价格甚至涉及大额补税问题。《中华人民共和国公司法》（以下简称《公司法》）第二百二十一规定："公司合并时，合并各方债权、债务，应当由合并后存续的公司或者新设的公司承继。"相应地，闻泰科技收购位于荷兰的安世半导体后，安世半导体的历史税务风险将会转移至闻泰科技。

因此，闻泰科技在税务尽职调查中，需调查安世半导体有无税务调整项、税务架构是否合理、是否存在不合规关联交易等税务违规问题，以及可能涉及的法律法规风险，对涉税合规风险进行评估，以分析并购重组后对公司未来发展的影响。

3.5.2 双重征税风险及防范

闻泰科技跨境并购涉及多个国家（地区），企业可能面临多重纳税风险。在本案例中，闻泰科技可以选择在中国香港与卢森堡建立双层中层控股架构，以降低目标公司历史遗留责任风险，减轻并购投资税收负担。但根据《财政部 国家税务总局关于企业重组业务企业所得税处理若干问题的通知》（财税〔2009〕59号，以下简称"59号文"）规定，税务机关有权对企业不具有合理商业目的的安排进行特别纳税调整。为避免中国大陆、中国香港、卢森堡以及荷兰对企业征收相同所得税，增加企业的税负，闻泰科技需做好以下四项工作：一是充分熟悉双边税收协定，关注并购涉及各方所在国（地区）税收立法动向，明确国家（地区）间就特定税种及税收资源的权力划分、税收优惠的共识观点，以避免相同收入或交易被重复征税。二是优化中国香港、卢森堡SPV资金流动和利润再投资，确保在日常经营活动中按照实体化要求展开合理商业安排，以免被认定为仅为避税需要成立的空壳公司。三是设置公平合规的内部转让定价，遵循"独立交易原则"，避免无意触发双重征税，

15

产生高昂税负成本。四是如果存在双重征税争议问题，应及时向税务机关申请税收协定相互协商程序，积极维护自身合法权益。

3.5.3　间接转让股权的税务风险及防范

闻泰科技并购安世半导体股权时可能存在间接转让股权的税务风险。多数国家对非居民企业间接转让居民企业的股权所得不征税，但随着以 BEPS 行动计划为代表的反避税条款陆续推出，各国往往根据"实质重于形式"的原则对交易进行判断。安世半导体公司的资料显示，该公司在中国、美国、新加坡、菲律宾等多个国家（地区）设立了子公司。在闻泰科技并购安世半导体交易中，目标公司在中国合肥设立的子公司的股权将一同转让给闻泰科技。根据《国家税务总局关于非居民企业间接转让财产企业所得税若干问题的公告》的规定，如果该笔股权转让交易被税务机关认定为不具有合理商业目的，并且闻泰科技或安世半导体未就该笔交易及时申报缴纳税款，那么我国就有可能针对这笔交易按照《中华人民共和国税收征收管理法》的相关规定，作出不低于应缴未缴税款 50% 且不高于 3 倍的罚款。

针对该风险，闻泰科技需在股权转让协议签署的 30 日内，及时向税务机关说明间接转让股权的相关事宜，同时在其他相关国家（地区）采取相应措施，以避免不必要的税收风险。

3.6　并购阶段小结

根据对该案例并购阶段的并购标的、股权架构及融资结构税收规划分析，总结出不同方案选择下的税务影响与风险问题。在本案例中，闻泰科技选择了股权并购的方式构建单层间接控股架构，采取了多元融资方式进行跨境并购，如果通过搭建中国香港、卢森堡双层交易结构，以"内保外贷"方式融资支付，则可能产生更佳的节税效应。

4　持有阶段税收规划

4.1　持有阶段的税收规划思路

在持有阶段，不同的跨境并购控股架构设计对于企业未来投资收益返回中国母公司的税务影响存在显著差别，合理的融资架构安排有利于降低未来并购标的公司的税务成本，实现企业运营效益、税务效应最大化。本文将通过对直接控股架构（闻泰科技—安世半导体）、单层间接控股架构（闻泰科技—中国香港—安世半导体）以及双层间接控股架构（闻泰科技—中国香港—卢森堡—安世半导体）下的税务影响展开对比分析，以此得出符合企业综合利益的合理税收规划。

4.2　股息汇回方式选择

在跨境并购的控股架构中，根据是否有中间控股公司的存在，可以将股息汇回方式划分为保留在目标企业（不派发股息）；股息直接汇回并购企业；股息派发到中间控股公司，再进一步派发到并购公司三种。境外子公司向境内母公司分红，通常需在其所在国缴纳预提所得税，在中国需根据《企业所得税法》规定补缴企业所得税，同时需遵循中国母公司与子公司所在国签订的税收协定。

三种股息汇回方式有不同的影响。利润保留在目标企业，不仅减少了汇回程序，还可以避免所在国征收预提所得税的影响，降低企业总体税负；股息直接汇回并购企业的方式可以减少中间汇回程序，有利于母公司及时获得并运用这部分股息，但及时汇回也就意味着股息汇回时需缴纳企业所得税，不利于企业获得延迟纳税效应；股息派发到中间控股公司，再进一步派发到并购公司的方式，会经过派发到中间公司的过程，有助于企业获得延迟纳税效应，但若中间公司所在国征收股息派发所得税，会增加企业间接承担的税负，减少收到的股息。

根据上述分析，闻泰科技跨国并购安世半导体的股息汇回方式可以划分为保留在安世半导体、保留在中间公司和汇回闻泰科技三种方式。

4.2.1 不同控股架构对股息汇回的税务影响

在直接控股方式下，荷兰公司向境内母公司分红，通常需在荷兰缴纳预提所得税，在中国需根据《企业所得税法》的规定补缴企业所得税，同时需遵循中国与荷兰签订的税收协定。按照《中荷税收协定》的规定[①]，股息在支付国按照不超过10%的预提所得税税率征收预提所得税。

在间接单层控股方式下，荷兰公司向中国香港中间控股公司分红，根据中国香港和荷兰签订的税收协定，预提所得税税率不超过10%；中国香港中间控股公司汇回境内，根据中国香港地域管辖权的特点，无须对此笔分红缴纳预提所得税。

在间接多层控股方式下，可以避免荷兰公司向卢森堡中间控股公司的分红及卢森堡中间控股公司向中国香港中间控股公司的分红被征收预提所得税。荷兰公司向卢森堡中间控股公司分红，根据荷兰和卢森堡签订的税收协定规定，股息接收方若直接控制支付股息公司25%以上的资本，预提所得税税率为股息总额的2.5%。但根据荷兰税法的规定：荷兰居民企业向其股东（居民企业）支付的股息、清算收益和其他利润分配，无论是以现金还是以实物的形式，都需要代扣代缴15%的预提所得税，但是收到股息的股东若是另一个欧盟成员国的居民企业则不需要代扣代缴预提所得税。同时，《卢森堡税法通则》第二条规定，如果位于卢森堡的母公司持有境外子公司的股权份额比例在10%以上或投资额在120万欧元以上，并且持有境外子公司的股权超过12个月，同时境外子公司注册地属于欧盟国家，那么可以不就境外子公司的分红缴纳企业所得税。卢森堡公司向中国香港中间控股公司分红，根据卢森堡和中国香港签订的税收协定，如果受益所有人是直接拥有支付股息公司至少10%的资本的公司，则不缴纳预提所得税。中国香港中间控股公司汇回境内，无须缴纳预提所得税。

4.2.2 控股架构税收规划策略

（1）设置合理的控股架构，需要考虑境外分红汇回国内过程中所需承担的所得

---

① 《中华人民共和国和荷兰王国关于对所得避免双重征税和防止偷漏税的协定》（简称《中荷税收协定》）第十条。

税费用与预提所得税费用。荷兰公司所得税实行累进税率。荷兰公司适用的所得税税率：应税收入不超过20万欧元的部分，适用税率为19%；应税收入超过20万欧元的部分，适用税率为25.8%。同时，根据《中荷税收协定》的规定，荷兰居民企业向中国居民企业分派股息，荷兰可以就该股息预提所得税，如果收款人是股息受益所有人，则所征税款不应超过股息总额的10%，且该条规定不应影响对该公司支付股息前的利润所征收的公司利润税。

（2）设置合理的控股架构，需要慎重选择中间控股公司的注册地和控股架构的层数。闻泰科技此次收购的中间控股公司是香港裕成控股，香港裕成控股是合肥裕芯和JW Capital在香港注册成立的SPV公司，而香港裕成控股在荷兰成立了全资子公司安世集团，安世集团以现金27.6亿美元收购了恩智浦所持有的安世半导体100%的权益。中国香港地区对海外收入免税，且不征收资本利得税，投资者在中国香港投资可以保留更多的投资利润，同时根据中国香港税收制度的规定，其不就股息征收预提所得税，中国香港向境内分红时无须缴纳股息预提所得税；中国香港地区的企业所得税税率低，为8.25%~16.5%，在英国调研机构公布的2021年企业税低税指数排名中高居全球第7位，是世界上企业税最低的地区之一；计税方式简单，实行地域管辖；离中国大陆更近，更加便于确立商业实质。中国香港和中国境内签订的《内地和香港特别行政区关于对所得避免双重征税和防止偷漏税的安排》第十条规定的预提所得税税率为5%，但中国香港和荷兰签订的税收协定规定的预提税税率为10%，并没有卢森堡和中国香港、荷兰签订的税收协定规定的税率低。

（3）安世半导体的境外分红汇回境内时，也可以选择暂时留存在境外。根据《关于完善企业境外所得税抵免政策问题的通知》（财税〔2017〕84号，以下简称"84号文"）规定，企业在境外取得的股息所得，在按规定计算该企业境外股息所得的可抵免所得税额和抵免限额时，由该企业直接或者间接持有20%以上股份的外国企业，限于按照《财政部 国家税务总局关于企业境外所得税收抵免有关问题的通知》（财税〔2009〕125号，以下简称"125号文"）第六条规定的五层外国企业。第一层，企业直接持有20%以上股份的外国企业；第二层至第五层：单一的上一层外国企业直接持有20%以上股份，且由该企业直接持有或通过一个或多个符合125号文第六条规定持股方式的外国企业间接持有总和达到20%以上股份的外国企业。闻泰科技可以选择将分红留存在中国香港设立的裕成控股SPV，更利于确认该笔分红的商业实质，也能因此避免境外分红在汇回境内时需要并入母公司的应纳税所得额，缴纳企业所得税。

4.3 现行间接控股架构下的税负

4.3.1 间接控股方案

在现行税收规划框架下，闻泰科技设立间接控股架构，通过联合境外JW Capital在中国香港设立的SPV在荷兰成立全资子公司安世集团，安世集团再收购恩智浦持有的安世半导体100%的权益。简化的现行控股架构如图3所示。

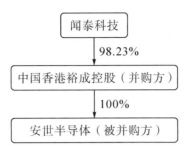

图3 现行控股架构

4.3.2 股息汇回的税务分析

2019年，闻泰科技持有安世半导体98.23%的股份。根据安世半导体2019年年报数据，当年安世半导体的税前利润总额为170 658.89万元。在现行的间接控股架构下，股权持有阶段分红带来的税负可以从荷兰当地的税务影响、中国香港中间控股公司的税务影响以及中国大陆的税务影响三个方面来进行分析。

4.3.2.1 安世半导体留存利润不派发股息

若荷兰安世半导体将利润留存在本国，除常设机构外，荷兰企业的利润仅在本国征税。在单层间接控股架构下，安世半导体不构成中国香港裕成控股在荷兰的常设机构，此时安世半导体荷兰居民企业的地位仍未改变，继续享受居民企业的待遇。因此，将仅对该部分利润缴纳荷兰的企业所得税。

荷兰公司应税收入不超过20万欧元的部分，适用税率为19%；应税收入超过20万欧元的部分，适用税率为25.8%。我们使用人民币和欧元的即期汇率1欧元=7.811 7元，应在荷兰缴纳企业所得税为20×7.811 7×19%+（170 658.89−20×7.811 7）×25.8%=44 019.37万元。这部分的税额主要受到安世半导体经营情况以及荷兰税率的影响。但该方案存在一定税务风险，即必须有合理的商业目的，否则中国还是会就该部分利润征收闻泰科技的股息汇回所得税，此时缴纳的税款和将这部分利润汇回闻泰科技缴纳的税款相同。

4.3.2.2 中国香港中间控股公司取得安世半导体汇回股息

若荷兰安世半导体将利润留存在中国香港中间控股公司，则需要考虑预提所得税和抵免法对税负的影响。中国香港裕成控股全资控股安世半导体，汇回上一层的股息为（170 658.89−44 019.37）×100%=126 639.52万元。根据中国香港和荷兰的双边税收协定规定，该笔分红还需在荷兰境内缴纳126 639.52×10%=12 663.952万元股息预提所得税。

在中国香港，法团不超过200万元的利得税税率为8.25%，超过的利润则继续按16.5%征税。荷兰—中国香港仅一层控股架构，控股股权超过20%，可实施一层间接抵免。该笔分红还原成税前利润总额为126 639.52+44 019.37×100%=170 658.89万元。汇回中国香港的股息已在荷兰缴纳44 019.37万元企业所得税税款和12 663.95万元股息预提所得税，总计为44 019.37+12 663.95=56 683.32万元。抵免限额=200×8.25%+（170 658.89−200）×16.5%=28 142.22万元，56 683.32万元>28 142.22万元，允许抵免 28 142.22 万元，故这笔分红在中国香港缴纳的企业所得税为 200×8.25%+（170 658.89−200）×16.5%−28 142.22＝0 万元，无须补缴税款。

4.3.2.3 闻泰科技取得香港公司汇回股息

荷兰安世半导体在向中国大陆分配红利时，要在荷兰缴纳 44 019.37 万元的企业所得税税款和 12 663.95 万元的预提所得税，同时根据中国香港税收制度规定，其不就股息征收预提所得税，故该笔分红在中国香港无须缴纳股息预提所得税。

在现行税收规划下，满足持股比例不低于 20% 且境外抵免层级最多不超过五层的条件，可采用抵免法，故该笔分红在境外已负担的税款可以抵免。安世半导体汇回境内股息还原成税前利润总额为 170 658.89×98.23%＝126 639.52×98.23%+44 019.37×98.23%＝167 638.23 万元，在荷兰已缴纳企业所得税为 44 019.37×98.23%＝43 240.23 万元，可间接抵免；股息预提所得税金额为 12 663.95 万元，可直接抵免，因此该笔分红在境外已承担税负为 43 240.23+12 663.95＝55 904.18 万元。而抵免限额，即汇回分红在中国境内应承担税负为 167 638.23×15%＝25 145.73 万元，55 904.18 万元＞25 145.73 万元，允许抵免 25 145.73 万元，故在中国境内缴纳的企业所得税为 167 638.23×15%−25 145.73＝0 万元，无须补缴税款。

4.3.3 现行间接控股税收规划效果分析

根据上述计算过程，我们可以得知：若将利润留存在荷兰安世半导体，荷兰当地税负率为 44 019.37/170 658.89＝25.79%，但存在是否具有合理商业目的的风险；若将利润汇回中国香港中间控股 SPV，荷兰当地税负率为 56 683.32/170 658.89＝33.21%，中国香港当地税负率为 0；若将利润汇回中国境内闻泰科技，荷兰当地税负率为 56 683.32/170 658.89＝33.21%，中国境内税负率为 0。

4.4 优化税收规划后多层间接控股架构下的税负

4.4.1 多层间接控股方案及直接控股方案分析

4.4.1.1 直接控股方案

如果闻泰科技直接控股安世半导体，简化的直接控股架构如图 4 所示。

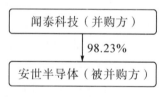

图 4 直接控股架构

4.4.1.2 多层间接控股方案

在现行税收规划下，由于中国香港并非欧盟国家，故安世半导体向中国香港裕成控股分配股息时需要按照 10% 缴纳股息预提所得税，而若在荷兰与中国香港中间设立一家位于欧盟国家的中间控股子公司，那么安世半导体向欧盟国家中间控股子公司分配股息时则无须代扣代缴预提所得税。结合上文分析，我们得知卢森堡和中国香港的税收协定规定，卢森堡居民企业如果受益所有人是直接拥有支付股息公司至少 10% 的资本的公司，无须缴纳预提所得税。综合考虑，优化的间接控股架构为闻泰科技—中国香港—卢森堡—安世半导体。优化控股架构如图 5 所示。在优化的间接控股架构下，股权持有阶段分红带来的税负可以从荷兰当地的税务影响、中间控股公司的税务影响以及中国大陆的税务影响三个方面来进行分析。

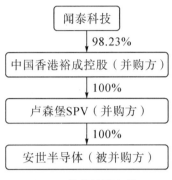

图 5　优化控股架构

4.4.2　股息汇回的税收规划分析

2019 年，闻泰科技持有安世半导体 98.23% 的股份。根据安世半导体 2019 年年报数据，当年安世半导体的税前利润总额为 170 658.89 万元。

4.4.2.1　直接控股方案

在直接控股架构下，股权持有阶段分红带来的税负可以从荷兰当地的税务影响和中国大陆的税务影响两个方面来进行分析。

（1）安世半导体留存利润，即不派发股息。若荷兰安世半导体将利润留存在本国，除常设机构外，荷兰企业的利润仅在本国征税。在直接控股架构下，仅对该部分利润缴纳荷兰的企业所得税，缴纳的企业所得税为 44 019.37 万元。这部分税额主要受到安世半导体经营情况以及荷兰税率的影响。但该方案存在一定税务风险，即企业必须有合理的商业目的，否则中国还是会就该部分利润征收闻泰科技的股息汇回所得税，此时缴纳的税款和将这部分利润汇回闻泰科技缴纳的税款相同。

（2）闻泰科技取得荷兰安世半导体汇回股息。根据《中荷税收协定》规定，如果收款人是股息受益所有人，则所征收的税款不应超过股息总额的 10%。闻泰科技 2019 年持股库卡份额为 98.23%，需缴纳不超过 10% 的股息预提所得税。

对荷兰，安世半导体的税前利润在荷兰缴纳企业所得税 44 019.37 万元。安世半导体汇回境内股息为（170 658.89−44 019.37）×98.23% = 124 398.00 万元，在该笔分红汇出荷兰前，还需在荷兰境内缴纳 124 398.00×10% = 12 439.80 万元的股息预提所得税。

对中国，满足持股比例不低于 20% 且境外抵免层级最多不超过五层的条件，可采用抵免法。这笔股息还原成税前利润总额为 124 398.00+44 019.37×98.23% = 165 436.38 万元，汇回境内的股息在荷兰已缴纳企业所得税 44 019.37×98.23% = 43 240.23 万元，可间接抵免；股息预提所得税金额为 12 439.80 万元，可直接抵免，因此该笔分红在境外已承担税负为 43 240.23+12 439.80 = 55 680.03 万元。而抵免限额即汇回分红在中国境内应承担税负为 167 638. 23×15% = 25 145. 73 万元，55 680. 03 万元>25 145. 73 万元，允许抵免 25 145. 73 万元，故在中国境内缴纳企业所得税为 167 638. 23×15%−25 145. 73 = 0 万元，无须补缴税款。

综上所述，若利润留存在荷兰安世半导体，荷兰当地税负率为 44 019.37/170 658.89 = 25.79%，但存在是否具有合理商业目的的风险；若利润汇回至境内闻泰科技，荷兰当地税负率为 56 691.66/170 658.89 = 33.21%，境内税负率为 0。

4.4.2.2 多层间接控股方案

（1）安世半导体留存利润，即不派发股息。若荷兰安世半导体将利润留存在本国，除常设机构外，荷兰企业的利润应仅在本国征税。根据上文分析，我们得知安世半导体应在荷兰当地缴纳企业所得税 44 019.37 万元。

（2）股息留存在中间公司。对荷兰，安世半导体的税前利润已在荷兰缴纳企业所得税为 44 019.37 万元。根据荷兰税法的规定：荷兰居民企业向其股东（也是居民企业）支付的股息、清算收益和其他利润分配，若收到股息的股东是另一个欧盟成员的居民，则不需要代扣代缴预提所得税。故荷兰安世半导体分配回卢森堡 SPV 的分红无须缴纳预提所得税，该笔分红汇回上层卢森堡控股公司的金额为 126 639.52 万欧元，承担的预提所得税税负为 0。

对卢森堡，若位于卢森堡的母公司持有境外子公司的股权份额比例在 10% 以上或投资额在 120 万欧元以上，并且持有境外子公司的股权超过 12 个月，同时境外子公司注册地属于欧盟国家，那么可以不就境外子公司的分红缴纳企业所得税。如果闻泰科技在开始布局半导体业务时就已经同步开展前期税收规划，在正式收购荷兰安世集团的 12 个月之前已经成立卢森堡中间控股公司，则荷兰安世集团符合上述条件。因此，该笔分红在卢森堡中间控股公司无须缴纳企业所得税。

对中国香港，根据中国香港与卢森堡的双重征税协定，中国香港裕成控股直接持有卢森堡 SPV 超过 10% 的资本，故卢森堡不就该笔汇回中国香港母公司的分红征收股息预提所得税。因此，这笔分红到达中国香港裕成控股之后仍然为 126 639.52 万欧元。中国香港税负低，并且行使地域管辖权，仅就中国香港本地取得的所得征税，因此从卢森堡汇回的该笔分红无须在中国香港缴纳企业所得税。

（3）闻泰科技取得中国香港公司汇回股息。根据上述分析，我们可知荷兰安世半导体在向中国大陆分配红利时，要在荷兰缴纳 44 019.37 万元的企业所得税款。同时根据中国香港税收制度规定，其不就股息征收预提所得税，故该笔分红在中国香港无须缴纳股息预提所得税。

在优化税收规划框架下，闻泰科技间接持有荷兰安世半导体 98.23% 的股份，且在境外设立了 2 家中间控股公司，共 3 层抵免层级，符合抵免法的要求，该笔分红在境外已负担的税款可以抵免。荷兰安世半导体的该笔分红还原为税前利润总额为 126 639.52×98.2 3%+44 019.37×98.23% = 167 638.23 万元，在荷兰已缴纳企业所得税 44 019.37×98.23% = 43 240.23 万元，可间接抵免。汇回的分红在中国境内应承担企业所得税负为 167 638.23×15% = 25 145.73 万元，43 240.23 万元>25 145.73 万元，允许抵免 25 145.73 万元，故在中国境内缴纳企业所得税为 167 638.23×15% - 25 145.73＝0 万元，无须补缴税款。

4.4.3 优化后间接控股税收规划效果分析

根据上述计算过程，我们可以得知：若利润留存在荷兰安世半导体，荷兰当地税负率为 44 019.37/170 658.89＝25.79%；若利润汇回至中间控股公司，荷兰当地税负率为 44 019.37/170 658.89＝25.79%，中国香港和卢森堡税负率为 0；若利润汇回至境内闻泰科技，荷兰当地税负率为 44 019.37/170 658.89＝25.79%，中国香港和卢森堡税负率为 0，境内税负率为 0。

4.5 不同持有方案下的税负对比

不同控股架构下的税负对比见表9。

表 9 不同控股架构下的税负对比 　　　　　　　　　单元：万元

并购税负计算		直接控股架构	现行控股架构	优化控股架构
荷兰安世集团税负	税前利润	170 658.89	170 658.89	170 658.89
	缴纳所得税	44 019.37	44 019.37	44 019.37
	向上层分配股息	124 398.00	126 639.52	126 639.52
	股息预提所得税	12 439.80	12 663.95	0.00
	荷兰纳税总额	55 680.03	56 683.32	44 019.37
中间控股公司税负	中国香港裕成控股税负	获得税后股息		113 975.57	126 639.52
		企业所得税	0.00	0.00
		向上层汇回股息	124 398.00	126 639.52
		股息预提所得税	0.00	0.00
	卢森堡 SPV 税负	获得税后股息		126 639.52
		企业所得税		0.00
		向上层汇回股息		124 398.00
		股息预提所得税		0.00
闻泰集团中国大陆税负	获得税后股息	111 958.20	111 734.05	124 398.00
	应纳税所得额还原	167 638.23	167 638.23	167 638.23
	应纳中国所得税	25 145.73	25 145.73	25 145.73
	境外已纳税额	55 680.03	55 904.18	43 240.23
	应补缴税额	0.00	0.00	0.00
整体税负率（不汇回境内）/%		33.21	33.35	25.79
整体税负率（汇回境内）/%		33.21	33.35	25.79

23

不同股息汇回方式下不同地区的税负率对比见表10。

表10 不同股息汇回方式下不同地区的税负率对比   单位:%

股息分配方式		直接控股架构	现行控股架构	优化税收架构
荷兰安世半导体留存利润	荷兰税负率	25.79	25.79	25.79
荷兰安世半导体汇回股息至中间控股公司	荷兰税负率	—	33.21	25.79
	中国香港税负率	—	0.00	0.00
	卢森堡税负率	—	—	0.00
荷兰安世半导体汇回股息至闻泰科技	荷兰税负率	25.79	33.21	25.79
	中国香港税负率	—	0.00	0.00
	卢森堡税负率	—	—	0.00
	境内税负率	0.00	0.00	0.00

4.6 税务风险分析及应对措施

税收规划在带来一定节税效应的同时也会存在一定的风险。目前,为了应对部分跨国公司利用世界各国税制差异以及"避税洼地"转移利润进行避税的问题,全球大部分国家已签订全球最低税率协定,荷兰也于2023年12月31日起实施该政策。闻泰科技在进行税收规划时,需要注意以下常见风险:

4.6.1 合同责任不明确的风险

本案例的并购业务涉及主体多元,故可能面临纳税责任模糊的风险。荷兰《公司所得税法》规定,依据荷兰法律成立的实体或实际管理机构在荷兰境内的实体被视为居民企业,需要就其从全球范围内取得的收入(包括资本处置收入)缴纳企业所得税。并购业务中的卖方在荷兰当地注册,故属于资本利得税的纳税义务人。依据上述定义可知,在本案例中,安世半导体作为荷兰资本利得税的纳税义务人,在特殊情况下可能会出现卖方希望税款由买方承担的现象。同时,由于征管难度相对较大,买方税务机关可能会因此支持这一主张。

依照以上规定,闻泰科技为避免因权责划分不明晰带来的税负压力,应该做到以下两点:一是需要并购双方对并购重组业务中的涉税项目予以确认,在合同中需要明确并购双方的主体责任以及历史遗留问题的承担比例;二是针对并购业务中可能存在的相关问题需要通过在合同中嵌入合适表述、相关事项的免责条款等避免可能出现的税务风险。

4.6.2 被我国税务机关认定为居民企业的税务风险

本案例的中间控股公司即使不按我国法律成立或者实际管理机构不在我国境内,但出于"实质重于形式"的原则,中间控股公司可能被我国税务机关认定为居民企业,从而承担无限纳税义务。《企业所得税法》第二条规定,居民企业是指依法在中国境内成立,或者依照外国(地区)法律成立但实际管理机构在中国境内的企业。《企业所得税法实施条例》第四条规定，实际管理机构是指对企业的生产经营所得、人员、账务、财产等实施实质性全面管理和控制的机构。居民企业身份一旦被认定，主要会影响企业所得税的缴纳，需要就境内、境外全部所得进行纳税，同时作为中国税收居民企业向非居民企业股东支付股息时需要代为扣缴预提所得税，会对企业现金流造成一定程度的影响。

为避免此类现象的发生，一方面，中国香港、卢森堡中间控股公司需要开展活跃业务，产生足额收入，保证符合"实质重于形式"的原则；另一方面，在中间控股公司所在地区进行相关贸易活动时严格按当地税负率进行税款缴纳，并备案纳税申报单。这样才能避免可能存在的居民企业认定风险。

4.6.3　被认定为内部关联交易的税务风险

本案例的企业满足控股比例要求，属于关联方，故其交易可能会被认定为关联交易，双方税务机关会对其交易进行纳税调整。根据《公司法》的规定，关联交易是指公司控股股东、实际控制人、董事、监事、高级管理人员与其直接或间接控制的企业之间的关系，以及可能导致公司利益转移的其他关系。依据上述定义可知，在本案例中，认定闻泰科技与安世半导体或其他中间控股公司是否具有关联关系，除法律条文中明确列举的以外，还应根据是否可能导致公司利益转移的实质来认定。在实务中，关联交易主体可能表现为多种形式，比如，母公司和子公司、同一母公司控制的子公司、相互持股公司、因生产经营控制而形成的关联公司等。不当关联交易主要是关联方利用非公允的价格在关联方之间输送利益，导致公司遭受经济上的损失。

依照以上规定，闻泰科技为避免被认定为内部关联交易，应该做到以下四点：一是完善各方之间的关联交易定价机制，实现对公司利益的基本保证；二是规范关联交易审批流程，降低不当关联交易概率；三是强化外部监管措施，建立关联交易信息披露制度；四是在母子公司的相关业务活动中进行留底备案。

4.7　持有阶段小结

根据持有阶段税负分析，直接控股架构及现行控股架构下的整体税负率偏高。荷兰安世半导体需在当地缴纳股息预提所得税，提高了企业在荷兰当地的税负率的同时，也拉高了并购集团整体税负率。在本案例中，我们通过在荷兰安世半导体和中国香港裕成控股间安插一层卢森堡中国控股公司 SPV，并根据卢森堡税法规定、中国香港的双边税收协定等来进行税收规划。

5　退出阶段税收规划

5.1　退出阶段的税收规划思路

在退出阶段中，当前涉及退出业务的主流方式有资产转让退出和股权转让退出两种方式。资产转让退出是指转让子公司所拥有的一切资产，包括实物形态资产和非实物形态资产，随后在子公司注册地清算并注销该公司；股权转让退出是指闻泰科技通过转让搭建的中间控股公司的股权间接转让安世半导体股权。在优化控股架构的基础上，闻泰科技应该在此环节选择合适的并购业务退出方式，以使退出成本最低。

5.2　资产转让方式下的税负分析

闻泰科技可以采用资产转让的方式退出对荷兰安世半导体的资本投入，主要通过以下三个方面来实现：

（1）转让安世半导体公司的所有资产，随后清算并注销该公司；

（2）转让卢森堡中间控股公司的所有资产，随后清算并注销该公司；

（3）转让中国香港中间控股公司的所有资产，随后清算并注销该公司。

单从税务角度分析，闻泰科技通过资产转让方式实现并购业务退出的税务成本较高。在资产转让的过程中，不仅会涉及企业所得税的征税问题，也会涉及其他税种的征纳，包括增值税、资本利得税、土地税、印花税等多项税种的征收问题。因此，为了降低退出成本，不建议闻泰科技采用资产转让的方法退出并购。

5.3　股权转让方式下的税负分析

5.3.1　直接控股架构下的股权转让

如果闻泰科技未进行税收分析，采用直接控股架构进行并购交易的退出，此时闻泰科技想要通过股权转让的方式实现资本退出就只能将安世半导体的股权直接转让给第三方。其税务处理可以从两个层面来进行分析：

5.3.1.1　税收协定层面

《中荷税收协定》第十三条"财产收益"第4款和第5款规定：

"四、缔约国一方居民转让股份取得的收益，如果该股份价值的50%（不含）以上直接或间接来自位于缔约国另一方的不动产，可以向该缔约国另一方征税。"

"五、缔约国一方居民转让其在缔约国另一方居民公司的股份取得的收益，如果该收益的收款人在转让行为前的12个月内，曾经直接或间接拥有该公司至少25%的股份，可以在该缔约国另一方征税。但对转让在被认可的证券交易所上市的股票取得的收益，当该居民在转让行为发生的纳税年度内所转让股票的总额不超过上市公司股票的3%的情况下，仅荷兰（居民国）有征税权。"

5.3.1.2　国内税法层面

根据荷兰税法的规定，实质性股权收入包括实际持有居民企业和非居民企业股份所产生的股息与资本利得，这些收入按统一税率26.9%征税。因为闻泰科技自并购后持有荷兰安世半导体100%的股份，所以闻泰科技转让荷兰安世半导体的股份取得收益时，资本利得税为26.9%。

如表 11 所示，一方面，荷兰要对闻泰科技征收 26.9% 的资本利得税；另一方面，闻泰科技作为中国企业，其货物入境时应办理贴花完税手续，其适用"产权转移书据"税目 0.05% 的税率。

表 11　直接股权架构下的税种分析

税种	税率/%	具体规定
资本利得税（荷兰）	26.9	与上述资产转让相同
中国印花税	0.05	根据《中华人民共和国印花税暂行条例》的规定，财产所有权转让属于产权转移书据征税范畴，应缴纳产权转移书据印花税，税率为 0.05%

由此可知，闻泰科技直接转让股权将会面临两种税种的征收，但相较于资产转让方式退出所承担的税负成本较低。在直接控股方式下进行并购交易退出前应当就历史遗留问题及累计利润消化于持有阶段建立的中间控股架构，能够更大程度地降低并购方闻泰科技的税负水平。此乃方案一。

5.3.2　间接控股架构下的股权转让

方案二：如果闻泰科技选择转让香港中间控股公司，则需要承担股权转让金额 0.26% 的香港印花税。根据中国大陆和中国香港签订的税收协定①，闻泰科技无须就转让香港中间控股公司缴纳资本利得税，仅需要缴纳印花税。但为防止在中国香港地区设立的中间控股公司被认定为有来自中国香港地区当地的收入，控股公司应准确划分源于境内和境外的所得，进行纳税申报，并保存相关申报表及会计凭证以备查验。

方案三：如果闻泰科技选择处置卢森堡中间控股公司，一方面，根据中国香港和卢森堡签订的双边税收协定规定，卢森堡就该笔转让交易不征收资本利得税；另一方面，由于中国香港仅就源于其境内的所得征收所得税，也不会就该笔境外股权转让收益征税。因此，在理想的状态下，该方案买卖双方仅需就转让所得在香港缴纳 0.26% 的印花税。

股权架构转让方案对比（一）见表 12。

表 12　股权架构转让方案对比（一）

方案	退出方式	涉及税种
方案一	直接控股架构	荷兰资本利得税（26.9%）
方案二	转让中国香港中间控股公司	中国香港印花税（0.26%）
方案三	转让卢森堡中间控股公司	中国香港印花税（0.26%）

---

①　根据中国香港利得税法规规定，资本利得税采用地域来源征税原则。香港子公司在香港经营任何行业、专业或业务而获得的所得，属于源于香港的所得，应缴纳香港利得税。

5.4 不同退出方案下的税负对比

股权架构转让方案对比（二）见表13。

表13 股权架构转让方案对比（二）

方案		相应税率
资产转让		企业所得税税率为15%、资本利得税税率为26.9%
股权直接转让	方案一	资本利得税税率为26.9%，中国印花税税率为0.05%
股权间接转让	方案二	中国香港印花税税率为0.26%
	方案三	中国香港印花税税率为0.26%

由于资产转让涉及税种较多，无法匹配。表14仅列方案一至方案三的税费对比。假定闻泰科技收购安世半导体的相关利得共为1 000万元。

表14 方案一至方案三的税费对比

方案		相应税费
股权直接转让	方案一	1 000×26.9%+1 000×0.05%=269.5（万元）
股权间接转让	方案二	1 000×0.26%=2.6（万元）
	方案三	1 000×0.26%=2.6（万元）

5.5 退出阶段小结

根据以上分析，闻泰科技采用资产转让方式实现资本退出的税务成本很高，在此项业务中不仅需要缴纳企业所得税，还会涉及各种潜在的税种征收。因此，并购方往往不会选择这种方法进行并购交易退出。在股权转让中，相对于间接股权转让，直接股权转让会面临荷兰当地26.9%的资本利得税。因此，基于现实角度和税务分析层面，我们建议闻泰科技在进行资本退出时，采用间接股权转让办法，即方案二和方案三。

6 案例总结与启示

6.1 案例总结

6.1.1 并购全过程税收规划

闻泰科技并购安世半导体的税收规划分析贯穿并购阶段、持有阶段、退出阶段的并购全过程。在此过程中，企业可以通过不同方案的分析比较选择符合企业利益最大化、税务成本最小化的合理安排。

并购阶段税收规划设计包括跨境并购企业标的、股权架构、融资结构的不同选择。一是在并购企业标的方面，资产并购较股权并购涉及税种广泛，较股权并购在并购阶段产生的税负更重，且资产并购手续复杂、耗时较长、业务承接存在风险，难以满足闻泰科技并购安世半导体战略的需求，由此闻泰科技最终选择股权并购方案。二是在股权架构方面，相较于直接控股与单层控股架构，双层间接控股架构能够帮助企业搭建收购阶段融资安排的合理结构，并为持有阶段利息汇回提供节税空间。三是在融资结构方面，债权融资比股权融资在税务方面更加具有优势，同时在"内保外贷"的融资模式下，有助于企业通过境外借款，将利息费用下沉子公司产生税盾效应，从而减轻企业税收负担。

持有阶段税收规划主要考虑持股架构及股息汇回方式对集团整体税负的影响，但基于中国税法对高新技术企业的低税率式税收优惠，我们通过计算发现，在本案例提出的三种持股方案下，股息即使汇回境内也无须补缴税款，故在本案例中对集团整体税负率及地区税负率起到决定性因素的是股权架构的设置。我们选择在境外增加一层卢森堡中间控股公司，利用卢森堡税法规定及双边税收协定来避免该笔分红在荷兰缴纳股息预提所得税，从而达到降低集团整体税负率的目标。

退出阶段税收规划是跨境并购业务中的最后一环，主要包括退出方式的选择，不同退出方式会影响资本利得的纳税方向。在方式选择中，资产转让相较于股权转让涉及的税种相对较多，流转层数更多，且需要在多地缴纳资本利得税、企业所得税等，增加闻泰科技的税收负担，因此闻泰科技在最终选择退出安世半导体的并购业务时采用了股权转让的方式。股权转让中的间接股权转让能够有效降低税负，闻泰科技仅需在中国香港缴纳印花税，这为退出阶段的资本利得汇回提供了节税空间。

6.1.2 并购全过程税务风险的考量

并购阶段存在目标公司历史重大税务风险、双重纳税风险及间接转让股权的涉税风险。面对目标公司潜在的历史税务风险，闻泰科技需要加强对安世半导体涉税事项进行尽职调查，尤其需要识别和发现其是否存在现实和潜在的税务风险、企业经营未决事项及法律纠纷问题。面对双重纳税风险，企业需要合理安排境外 SPV 的投资经营活动，确保中间控股公司在其所在国存在商业实质，同时充分了解涉税国家税收政策及双边协定规定，从税务角度研究风险管控与规避。面对间接转让股权存在的涉税风险，企业需加强与国内、国外税务机构之间的沟通交流，在股权转让协议签署的一个月内，及时向税务机关说明间接转让股权的相关事宜，从维护企业自身经济利益角度主动控制和降低税务风险。

持有阶段存在合同责任不明确的风险、被认定为居民企业的风险和内部关联交易风险。为避免出现合同不明确问题，闻泰科技与安世集团需对并购重组业务中的涉税项目予以充分确认。为避免在间接控股架构下，中间控股公司可能被认定为不具有商业实质的空壳公司，闻泰科技需要符合"实质重于形式"的原则，在中间控股地区进行实质经营活动。本案例中的持股比例近乎达到全资控股，为避免认定为内部关联交易，闻泰科技需要完善各方之间的关联交易定价机制，规范关联交易审批流程与留底备案。

退出阶段分为资产转让和股权转让两种退出方式的相关成本与风险。通过比较分析发现，采用间接股权转让的方法处置中间控股公司，对并购方闻泰科技来讲是最优选择。由于涉及税负多，税收成本较高，企业采用直接股权转让方式会面临荷兰当地26.9%的资本利得税，在居民国（荷兰）产生较高税收负担。而间接股权转让能够通过在其他国家（地区）设立中间控股公司的方式，减少资本利得税、企业所得税等。

6.2 案例启示

6.2.1 合理的股权架构能够有效控制境外利润汇回时的税务成本

企业控股架构设计包括直接控股和间接控股。直接控股是指境内公司直接控制境外目标公司，结构简单、成本较低，但缺少双边税收协定或需缴纳高额预提所得税。间接控股方式通过中间控股公司来控制目标公司，可以充分利用双边或多边税收协定来降低企业税负。企业将中间控股公司注册在"税收洼地"或签订税收协定国家，能够利用被并购企业所在地及"避税港"的税收法规有效降低整体税负率。近年来，随着各国和国际组织对企业跨国并购避税问题的高度重视，企业需合理防范税务风险，尽可能避免税收损失。

6.2.2 合理的融资架构能够充分发挥资本弱化的税盾作用

根据当前世界各国税法的普遍性规定，股权融资需支付的股息红利不能在税前扣除，而债权融资方式支付的借款利息能够在税前扣除。因此，提高债务融资的比例能增加利息作为财务费用的税前扣除，具有显著的节税效应。在此基础上，并购企业通常借助第三方或关联方实现在高税率国家（地区）扣除利息，发挥债务融资的税盾作用，但失调的融资比例也会导致税务风险的增加。因此，企业组织跨境并购时应充分考虑后 BEPS 时期各国关于税基侵蚀和利润转移行动计划的最新进展，结合公司资金状况，统筹考虑各国税法的资本弱化条款，以及包括可扣除限额、能够扣除的利息费用性质等在内的利息支付的相关规定。

6.2.3 合理的税收规划能提高税务合规性

我国企业在跨境并购活动中逐步提升对程序正当性的关注度，建立行之有效的税务风险管理体系对企业应对税务风险具有独特作用。企业需要运用信息技术不断完善企业组织架构，建立各层级人员有效沟通机制，最终建立科学高效的税务管理体系。在并购前，能够对目标公司所在地的税收政策和各地所签订的税收协定等进行充分了解；在并购过程中，能够对并购交易框架设计等进行税务合规检查；在并购完成后，能够不断监察税收环境变化和加强税务成本管理。

6.2.4 良好的税企合作为企业"走出去"提供有力支撑

跨境并购需要税企双方充分合作，助力交易顺利进行。跨境并购企业在并购事前、事中、事后需要和税务机关保持充分沟通，在按照国家相关法律法规要求及时向税务机关提供纳税信息的基础上，保证涉税信息真实、准确、完整，出现国际纳税问题及税收争议时主动向税务机关咨询求助；在税务机关方面需要精准对接"走出去"企业投资需求,通过税企联动积极向跨境并购企业推送相关税收政策与税收协定,展开跨境并购税收风险辅导与宣传教育,持续对企业提供税收服务保障和税收指引。因此,企业和税务机关应通力合作,形成良好的税企合作关系,为中国企业走向世界提供支撑,实现高质量"走出去"。

参考文献

［1］石玉琴,李爱华.我国企业海外并购动因及风险探析:以闻泰科技并购安世半导体为例［J］.国际商务财会,2023(18):71-74,80.

［2］张玉婷.闻泰科技跨国并购安世集团的策略研究［D］.兰州:兰州财经大学,2024.

［3］耿红玉.企业融资活动中的纳税筹划［J］.河北企业,2023(8):111-113.

［4］罗柏儿.企业跨境并购中股权收购的国际税务筹划研究［D］.广州:广东财经大学,2022.

［5］王新玉.腾讯并购 SUMO GROUP 的控股架构税务筹划［D］.青岛:青岛科技大学,2022.

［6］吴孝杰.一带一路背景下我国企业海外并购中的税务风险防范研究［D］.长沙:湖南大学,2018.

［7］叶红,尤姜,郑天成,等.中国企业海外并购的典型税务风险及应对［J］.国际税收,2015(4):22-26.

［8］巴海鹰,谭伟.中国企业跨境并购的税务风险识别与应对［J］.国际税收,2021(9):73-79.

点评

面对新冠病毒感染疫情后国内需求不足、部分行业产能过剩及经济回升复杂性上升的挑战，中国积极通过高水平对外开放和高质量共建"一带一路"倡议推动经济高质量发展。在此背景下，半导体等新兴产业成为转型升级的关键动力，吸引国内企业跨境并购海外成熟半导体企业，以加速技术更新和产业优化。然而，在跨境并购中的税务挑战不容忽视，需综合考虑财务、法律、人力资源等因素，并适应国际税收规则的新变化。本文对闻泰科技成功收购安世半导体的案例进行分析，论述了该企业如何通过精细的税收规划与企业战略相融合，有助于为中国企业"走出去"提供税务处理的建议和参考。

本文从收购、持有、退出三个阶段分别分析了闻泰科技并购案的税务问题，分析结构比较完整。在分析过程中，不局限于闻泰科技实际并购方式，进一步建议在多层控股架构下的情况，并同时将实际并购方式和该优化的并购方式进行了对比分析，内容更加丰满，非常有说服力。除此之外，本文还有一个显著的特点，即在并购阶段的论述中引入了融资方面的分析，对不同的融资方式和工具的效果进行了对比。同时，在全文的阐述过程中，作者进行了多次数据测算，使得本文的方案优劣比较更加清晰，更容易被读者接受。

本文虽具有上述优点，但在某些地方还存在一些不足。文中开头说到海外并购更有利，但并没有列举海外并购相较于境内收购或者其他方式的优势；本文引用的一些税收文件不太准确，一是文件名不完整，二是引用的文件不恰当；在对香港的税制进行举例时，没有对最新的离岸被动收入免税政策进行更新，导致分析结论可能不准确；有的内容不太匹配章节的主题，比如在持有阶段的分析中，对税务风险的分析稍微有些偏离主题；另外就是有些税收概念、法规还有待更正确地理解和使用，比如预提所得税的纳税人到底是哪个实体，债资比是存量还是变量，资金关联无息融通是否符合独立交易原则等。

总体来说，本文把闻泰科技并购案例剖析得很深入、很生动，值得推荐给读者。具体建议如下：一是在退出阶段，除资产转让和股权转让外，还可以分析一下减资和撤资；二是在文中需注意前后照应，比如最后的启示中提到良好的税企合作为企业"走出去"提供了有力支撑，但在正文中却没有对税企合作进行相应的阐述。

点评人：刘维涛（毕马威中国，税务总监）

江丰电子跨境并购涉税问题分析

王凌云　余逸杨　赵子茹　成　昱

【摘要】为了提高自身盈利能力，江丰电子策划通过境内外资本收购美国知名靶材行业企业 Soleras。在此次跨境并购交易中有三次重要交易：首先，境外 PE 通过 Silverac US 反三角收购 Soleras 美国控股，提前锁定标的公司；其次，境内并购基金共创联盈通过收购 Silverac Stella 间接控制 Soleras；最后，江丰电子向共创联盈收购 Silverac Stella 股权，间接控制 Soleras，完成收购计划。反三角合并协同并购基金的收购模式是上市公司常用的收购方法。本文拟通过分析上述企业并购业务的涉税处理，探寻可能存在的风险，同时思考政策的差异与不足，从而为意图采用该收购模式的企业提供参考与合规风险提示。

【关键词】跨境并购；反三角合并；并购基金；涉税处理；风险

33

1　案例背景

近年来，我国相关部门发布了多项支持文件来推动镀膜材料相关产业的发展。2016 年 2 月，工业和信息化部、国家发展和改革委员会、财政部、科技部发布《关于加快新材料产业创新发展的指导意见》，提出要加快发展先进基础材料。2016 年 10 月，工业和信息化部发布《产业技术创新能力发展规划（2016—2020 年）》，有色金属工业重点发展方向包含大尺寸靶材等制备技术，电子信息制造业重点发展方向包含集成电路及专用设备上的靶材等关键材料。2018 年 11 月，国家统计局发布的《战略性新兴产业分类（2018）》将磁控溅射设备及高性能靶材制造列为国家重点支持的战略性新兴产业。2019 年 10 月，在国家发展和改革委员会发布的《产业结构调整指导目录（2019 年本）》中，将铝铜硅钨钼等大规格高纯靶材、真空镀膜材料归属为产业政策鼓励类项目。

1.1　公司基本情况

宁波江丰电子材料股份有限公司（以下简称"江丰电子"）创立于 2005 年，是一家专业从事高纯度溅射靶材的研发、生产和销售的高新技术企业。其产品包括钽靶、铝靶、钛靶等，主要应用于半导体等领域，是目前国内溅射靶材行业龙头，打破了日美企业在高纯金属溅射靶材市场的垄断。

江丰电子于 2017 年在创业板上市，募集资金主要用于年产平板显示器用钼溅射靶材坯料、电子超级高纯铜及高纯铝等项目的建设；募集资金将为企业向产业链上游延伸打下良好基础，有望逐步摆脱对日依赖，增强自主可控供应能力。

2018 年，江丰电子开始策划对 Soleras 进行收购。2020 年 3 月 9 日，中国证监会受理了江丰电子关于发行股份及支付现金购买资产并募集配套资金暨关联交易事项的申请。

1.2　并购方案介绍

2018—2019 年，江丰电子及大股东通过联合境内外并购基金，来收购美国知名靶材行业企业 Soleras，并拟通过发行股份并募集配套资金将该公司从并购基金手中收购进入上市公司。

本次交易肇始于 2017 年 11 月。江丰电子创始人姚力军（大股东）及 JiePan（副总裁、董事）了解到美国 Soleras 的控股股东 Element 有意出售其控制的 Soleras 美国控股的全部股权，包括其 100% 控制的 Soleras 比利时、Soleras 美国和梭莱江阴及子公司在内的全部生产经营主体。姚力军及 JiePan 经与 Soleras 的股东和管理团队进行多次沟通，并联合汉德资本对 Soleras 进行了尽职调查，初步达成了收购 Soleras 的意向，交易过程见图 1。

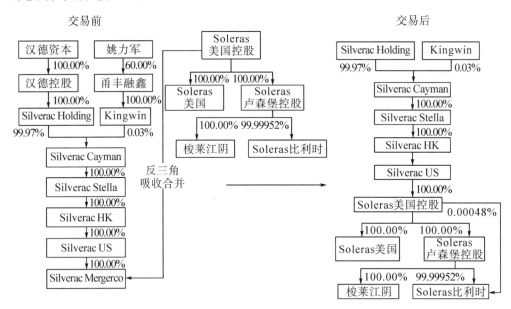

图 1　初次交易过程

对 Soleras 的收购分为三个阶段：

（1）境外收购部分。江丰电子大股东联合境外并购基金汉德资本收购 Soleras 美国控股，完成境外部分交割。该笔交易于 2018 年 7 月完成。

（2）境内收购部分。江丰电子大股东、江丰电子联合专业投资机构及外部投资者搭建并购基金，从境外的收购主体受让美国 Soleras 控股的股权。该笔交易于 2019

年7月完成。2018年12月25日，海鑫汇投资、甬丰融鑫、江丰电子、姚力军等发起设立境内并购基金共创联盈。2019年5月31日，共创联盈与Silverac Cayman签署《股权买卖协议》，Silverac Cayman将其持有的Silverac Stella 100%的股权以230 917 819美元的价格转让给共创联盈。2019年7月17日，Silverac Stella股权完成交割，共创联盈持有Silverac Stella 100%的股权，并通过Silverac Stella间接持有目标公司Soleras美国控股100%的股权，从而使得共创联盈间接持有最终标的Soleras 100%的股权。

图2是前次交易过程。

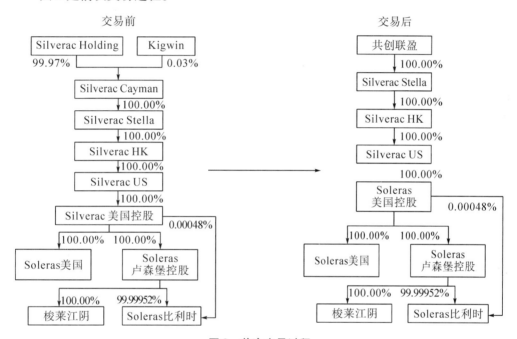

图2　前次交易过程

（3）上市公司收购部分。江丰电子通过发行股份并募集配套资金，从并购基金手中收购Soleras美国控股。

江丰电子拟向共创联盈发行公司境内上市人民币普通股（A股）股票36 884 384股并支付现金33 000万元作为对价，购买其持有的标的资产。本次交易完成后，Silverac Stella成为江丰电子的全资子公司。江丰电子通过Silverac Stella间接持有最终标的Soleras，即Soleras比利时、Soleras美国和梭莱江阴及子公司在内的全部生产经营主体100%的股权。

2019年8月，江丰电子召开董事会，审议了发行股份并募集配套资金收购Soleras的相关议案，拟以发行股份及支付现金的方式购买交易对方共创联盈持有的标的公司Silverac Stella 100%的股权。

图3是本次交易过程。

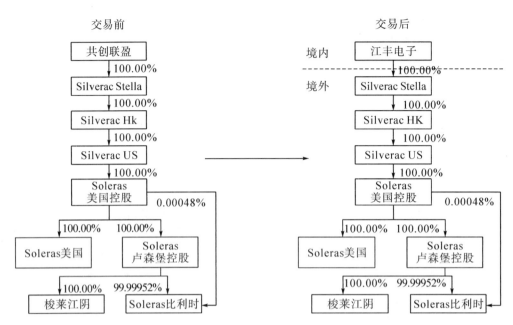

图 3　本次交易过程

2　反三角合并部分的涉税处理与思考

反三角合并是国内公司收购国外公司常见的操作模式。反三角合并的流程为，并购母公司设立全资子公司，将相当于目标公司资产的对价（母公司股票或现金对价）注入子公司，然后由子公司与目标公司实施吸收合并，子公司并入目标公司，子公司的主体资格消失，目标公司存续。

反三角合并具有能够使得目标公司继续存续，保留目标公司的名称与商誉，有利于巩固收购方在目标行业中的经营地位，目标公司所持有的特许经营许可权、知识产权许可等不受影响等优点，所以在并购中得到广泛应用。

2.1　具体合并过程

在本案例中，江丰电子借助海外资本汉德控股（欧洲并购基金）提前锁定目标公司 Soleras 美国控股，通过设立境外股权架构进行反三角合并。具体合并流程如下：

（1）在境外设立 Silverac Cayman 及下属特殊目的公司。汉德控股设立的 Silverac Holding 与江丰电子实际控制人姚力军控制的 Kingwin 投资了 Silverac Cayman，然后由 Silverac Cayman 设立了 Silverac Stella、Silverac HK、Silverac US 及 Silverac Mergerco 等特殊目的公司，并由 Silverac Cayman 以层层注资的方式向 Silverac US 提供收购目标公司 Soleras 美国控股 100% 股权的资金。

（2）签署《合并协议》，收购 Soleras 美国控股 100% 的股权。目标公司 Soleras

美国控股、首次交易买方 Silverac US 及设立专门用于合并的子公司 Silverac Mergerco、卖方代表 Element 共同签署了《合并协议》，约定 Soleras 美国控股与 Silverac Mergerco 以反三角方式吸收合并。首次交易支付价款为 19 510.25 万美元。2018 年 7 月 19 日，Soleras 美国控股与 Silverac Mergerco 就上述合并事宜签署了《合并协议》。

反三角合并步骤为：Silverac US 将现金对价注入下属子公司 Silverac Mergerco，由 Silverac Mergerco 将其全部资产以及现金对价交付给 Soleras 美国控股进行兼并，Soleras 美国控股以现金对价从原股东 Element 等手中回购其股权，然后 Soleras 美国控股以其全部股权向 Silverac US 收购 Silverac Mergerco 股权，合并完成后，Silverac Mergerco 注销，Soleras 美国控股存续，反三角合并完成，见图 4。

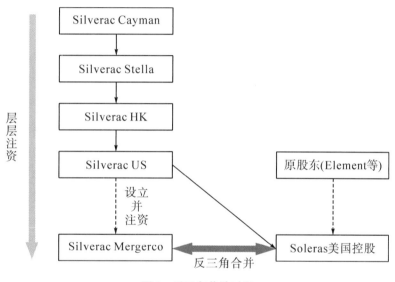

图 4 反三角收购过程

2.2 美国的税务处理

在并购交易中，并购方以一定对价购买被并购方的资产或股票，以获取对方的经营能力或其控制权，而被并购方通过向并购方转让资产或股票以获得相应的经济利益。在这个过程中涉及的转让或置换行为具有可税性，纳税人应根据税法规则确认收益或损失。

美国对并购交易的所得税处理区分了应税三角合并及免税三角合并。根据《美国税法典》的规定，符合税法所规定的法定条件的三角合并即可享受免税处理[①]。在满足免税条件的三角并购交易中，权益投资者与其投资利益之间的联系并未割裂，没有显性货币流入，其交易的增值部分体现在或者隐藏在非货币性交易性资产的入账价值中。在这种情形下，对纳税人进行征税，会增加纳税人的税收负担，阻碍并

---

① 免税处理指允许纳税人递延纳税，递延至其投资利益真正实现。

购交易的顺利进行。此外，在此类并购交易中，权益投资者的资本仅发生了形式上的变动，而并没有改变其资本实质，所以应允许纳税人递延纳税，递延至其投资利益真正实现。而企业用现金对价进行支付则目标公司的股东原享有的投资利益完成了结算，不再继续持有相关权益，不再满足股东权益的连续性，应就股权转让所得缴纳所得税。在本案例中，该项反三角合并属于应税收购行为，目标公司纳税属性保持不变，而目标公司 Soleras 美国控股股东以收到的交易对价公允价值与 Soleras 美国控股调整后的税基之间的差额确认股权转让收益，缴纳个人所得税或企业所得税。Silverac US 通过支付现金的方式取得目标公司 Soleras 的股权，当期不进行税务处理，其所支付的现金对价作为其取得股权的计税基础。江丰电子借助国外资本汉德控股提前锁定目标公司股权，利用现金对价进行交易能够避免增加收购公司的股东数量以及避免稀释收购公司原股东的投票权，同时有利于汉德控股在完成交易后顺利退出。

2.3 中美关于反三角收购的政策思考

反三角合并的特殊并购结构能够满足更多交易的特殊需求，未来会有更多应用场景。但是我国目前的税法中并没有针对其作出专门的规定，因此难以对企业的三角合并实践进行指导。通过分析发现，我国现行税制中《关于企业重组业务企业所得税处理若干问题的通知》（财税〔2009〕59 号，以下简称"59 号文"）的规定已经比较贴近美国的反三角合并的税收制度，但一些地方还需要进一步完善。

（1）股权支付定义的完善。区别于美国联邦税法中规定的"控股企业"（并购公司的控股母公司），《企业重组业务企业所得税管理办法》（国家税务总局公告 2010 年第 4 号，以下简称"4 号文"）第六条对 59 号文中的"控股企业"解释为由本企业直接持有股份的企业，强调以下层企业的股份作为支付对价。该解释与股东权益的连续性相悖。当并购子公司用下层控股企业的股权进行交易，目标公司的股东取得的是并购公司控股企业的股权，无法通过持有并购公司的控股母公司的股票而间接持有目标公司的权益。若将控股企业的解释恢复为并购公司的控股母公司，则更加符合企业重组的实质，更加遵从权益连续性原则。

（2）特殊性税务处理规定的完善。59 号文中的特殊性税务处理与《美国税法典》中反三角合并的免税处理规定相近，都是允许纳税人递延纳税，递延至其投资利益真正实现，免税要件的构建也有相似之处，但是在适用免税处理的要件上还存在区别。《美国税法典》中的反三角合并免税条件见表 1。

表1　《美国税法典》中的反三角合并免税条件

《美国税法典》第 368（a）（2）（E）条款
反向三角合并（reverse triangular merger）的免税条件如下： （1）控股母公司对于作为实际参与并购的子公司具有控制权； （2）目标公司在合并后继续存续，而并购子公司解散； （3）目标公司在交易中获取的对价是控股母公司具有表决权的股票； （4）目标公司在合并后除收取母公司的股票对价外，继续持有其在合并前实质性的所有资产，并且持有并购子公司实质性的所有资产，但基于并购之目的，由控制母公司转移给并购子公司的资产除外； （5）合并后并购母公司取得对目标公司的控制权

《美国税法典》中的反三角合并免税的条件（3）要求收购公司股权支付的是"控股母公司具有表决权的股票"，而 59 号文对股权支付的具体类型没有明确规定；条件（5）中的"取得对目标公司的控制权"，其中美国所得税中的"控制"要求为，持有表决权股票的占表决权总数 80% 及以上，以及其他类别股票总数的 80% 及以上（双重 80% 标准）。而 59 号文要求"收购企业购买的股权不低于目标企业股权的 50%"。由此可见，我国的特殊性税务处理规定的适用范围更广，这对我国的资本市场发展具有一定的激励作用。但是 59 号文要求收购企业在该股权收购发生时的股权支付金额不低于其交易支付总额的 85%，该比例高于《美国税法典》中的支付比例，是我国对企业使用特殊性税务处理的一种限制。在未来我国的并购市场进一步发展，税收征管制度更加完善后，可以考虑降低该支付比例。

（3）资产划转规则的完善。在反三角合并中，若要适用免税处理规定，收购公司的控股母公司需向收购公司注入自身股权作为收购对价，从划转方的角度视同股权转让。当前，我国税制中的《国家税务总局关于企业所得税应纳税所得额若干问题的公告》（国家税务总局公告 2014 年第 29 号，以下简称"29 号公告"）、《财政部 国家税务总局关于促进企业重组有关企业所得税处理问题的通知》（财税〔2014〕109 号，以下简称"109 号文"）以及《国家税务总局关于资产（股权）划转企业所得税征管问题的公告》（国家税务总局公告 2015 年第 40 号，以下简称"40号公告"），给出了相关特殊性税务处理，一定程度上可以保证满足递延纳税处理的并购交易整体涉税处理的一致性。

3　"上市公司+PE"并购模式涉税处理与风险思考

3.1　并购基金涉税处理

《国务院关于进一步优化企业兼并重组市场环境的意见》（国发〔2014〕14 号）规定，各类财务投资主体可以通过设立股权投资基金、创业投资基金、产业投资基金、并购基金等形式参与并购重组。并购基金的设立拓宽了上市公司融资渠道，增加了融资的及时性，放大了杠杆。在上市公司独立开展的并购活动中，上市公司通常通过定向增发等再融资方式以及银行贷款等方式募集资金，相应的融资条件要求高，程序烦琐并且存在很多不确定性。"上市公司+PE"的并购模式逐渐成为企业并购的常用手段。上市公司通过设立并购基金进行收购，主要资金由外部融资获得，在预先锁定优质标的的同时，增强了资本的流动性。在上市公司利用并购资金锁定标的公司后，可以等待合适的时机进行二次并购，其间上市公司可以充分了解标的公司的相关情况，从而在二次并购后能够顺利整合。通过"上市公司+PE"的并购模式进行标的公司的收购，上市公司等相关投资者能够从并购交易中获取更高收益。

江丰电子在收购标的公司 Soleras 的筹划中引入了并购基金宁波共创联盈股权投资基金。海鑫汇投资（PE）、甬丰融鑫、江丰电子、姚力军等出资设立共创联盈，并由共创联盈向中原信托进行贷款完成跨境并购，然后江丰电子再从共创联盈手中收购 Silverac Stella。这样，不仅通过资金杠杆完成了收购，还一定程度上避免了债务风险。

利用并购基金进行收购是上市公司并购方案中的常用手段。共创联盈实质上为有限合伙企业。本文将根据合伙企业相关税法规定以及其他普适性法规对共创联盈设立、存续、退出三个阶段的涉税问题进行分析。

3.1.1　设立阶段

设立阶段主要会涉及印花税的缴纳。海鑫汇投资和甬丰融鑫作为普通合伙人，江丰电子与姚力军等作为有限合伙人共计出资 81 700 万元设立共创联盈。根据《中华人民共和国印花税法》的规定，应对"印花税税目税率表"列明的合同、产权转移书据和营业账簿征收印花税，其中应税营业账簿的计税依据为账簿记载的实收资本（股本）、资本公积合计金额。但是有限合伙企业出资额不计入"实收资本"和"资本公积"，不征收印花税。

3.1.2　存续阶段

并购基金在存续期间产生的收益源于投资于目标公司所产生的利息、股息、红利，根据《财政部　国家税务总局关于合伙企业合伙人所得税问题的通知》（财税〔2008〕159 号），合伙企业生产经营所得和其他所得采取"先分后税"的原则，以每一个合伙人为纳税义务人，缴纳个人所得税或企业所得税。但是在共创联盈存续期间，Silverac Stella 不曾分配股利，因此不涉及相关所得税问题。

在江丰电子正式交易 Silverac Stella 股权前，江丰电子将其持有的共创联盈份额以江丰电子实际出资额加上按照中国人民银行发布的一年期银行贷款利率 4.35% 和江丰电子实际向共创联盈出资天数计算的利息作为交易对价，出让给共创联盈有限合伙人拜耳克咨询和姚力军。江丰电子应按 4.35% 的利率计算的利息作为计税基础缴纳企业所得税。张辉阳以出资额平价转让其股份给旸肇咨询、孙凯。根据《中华人民共和国个人所得税法实施条例》第六条第（八）项的规定，张辉阳因以平价出售，所以计税基础为 0。在实际税务处理中，税务机关对内部份额转让的对价难以监管，而纳税人的转让对价是否公允将会影响其应纳税所得，所以我们对其转让对价的公允性进行了分析。共创联盈的合伙份额价值来自 Silverac Stella 的股权价值，在共创联盈存续期间，Silverac Stella 既没有进行股利分配也没有进行增资减资，所以共创联盈合伙人持有的份额价值与实际出资额保持一致，因此江丰电子与张辉阳的内部份额转让对价公允。

3.1.3　退出阶段

股权转让退出时，共创联盈应就股权转让所得"先分后税"，由各合伙人根据出资比例对应所得缴纳个人所得税或企业所得税。在本案例中，共创联盈以230 917 819 美元（约 16.03 亿元）从 Silverac Cayman 手中购买 Silverac Stella 100% 的股权。在共创联盈控制期间，Silverac Stella 并没有进行股利分配，所以不存在股息红利所得的涉税处理。江丰电子拟以 160 288.01 万元购买共创联盈持有的标的公司 Silverac Stella 100% 的股权。相当于共创联盈以近乎平价的价格进行交易，计税基础为共创联盈取得的股权转让收入减去收购 Silverac Stella 的初始投资金额和合理费用的余额，各出资人根据出资额负担相应所得税。根据《会计准则——外币折算》的规定，以历史成本计量的外币非货币性项目，仍采用交易发生时的即期汇率折算，不改变其记账本位币金额。因此，在分析共创联盈买卖 Silverac Stella 100% 的股权的交易所涉及的所得税时，可以排除汇率对所得税的影响。

2021 年 12 月 30 日，《关于权益性投资经营所得个人所得税征收管理的公告》（财政部税务总局公告 2021 年第 41 号，以下简称"41 号公告"）出台，就权益性投资经营所得的个人所得税征收管理有关问题的调整进行了公告，其核心内容是"持有股权、股票、合伙企业财产份额等权益性投资的个人独资企业、合伙企业（以下简称'独资合伙企业'），一律适用查账征收方式计征个人所得税"。在以上分析中，都是按照查账征收的情况进行的涉税处理分析。由于 41 号公告并未明确是否需要补缴税款，若共创联盈之前适用核定征收方式，应向税务机关主动报送其持有的权益性投资情况，并不断完善合伙企业账簿记录情况，避免税务处罚。

综上所述，对于共创联盈相关交易事项的涉税处理分析，共创联盈在参与此次并购交易过程中并没有通过股权的买卖获得高收益，该项股权并购交易存在一定的税务风险。

3.2　江丰电子收购 Silverac Stella 的风险控制

江丰电子从共创联盈手中收购 Silverac Stella，即为"上市公司+PE"并购模式中的二次并购。

3.2.1　风险控制

作为共创联盈有限合伙人的江丰电子在共创联盈买入 Silverac Stella 时，已经间接持有 Soleras 美国控股的部分股权。然而，2019 年 9 月 30 日，江丰电子却将其持有共创联盈的股权全部转让给其他合伙人，江丰电子退出了共创联盈。

如果江丰电子想要获得标的公司 Silverac Stella 100% 的股权，完全可以直接从共创联盈其他合伙人手中购买股权，从而对共创联盈实现 100% 控股，完成本次交易。

但江丰电子却是先退出共创联盈，再从共创联盈手中购买 Silverac Stella。主要原因如下：

（1）偿债压力大。江丰电子的资产负债率较高，2018 年和 2019 年的资产负债率都超过了 50%。这说明，江丰电子有 50%的钱来自外部的借款，一旦外部环境发生变化，如银行等金融机构收回贷款，而公司内部运营资金又不足时，恐怕就会面临很大的资金风险，甚至导致资金链断裂。

与此同时，共创联盈向 Silverac Cayman 收购 Silverac Stella 100%的股权时，其实缴注册资金 81 700 万元仅为交易对价 161 642.47 万元的一部分，剩余的 80 000 万元来自中原信托的信托贷款。也就是说，共创联盈收购 Silverac Stella 的同时形成了 80 000 万元的负债。如果江丰电子直接从共创联盈其他合伙人手中购买股权并将共创联盈作为自己的全资子公司，那么这 80 000 万元的负债就要由江丰电子来承担，将会导致江丰电子的资产负债率由 52.91%提高至 58.35%（见表 2），无疑使得资产负债率较高的江丰电子更加雪上加霜，增加其偿债压力。

表 2　2017—2019 年江丰电子部分偿债能力指标

偿债能力指标	2019 年 12 月 31 日	2018 年 12 月 31 日	2017 年 12 月 31 日
流动比率	1.232	1.155	2.319
速动比率	0.746	0.856	1.546
现金流量比率	0.142	0.007	0.209
资产负债率/%	52.91	58.35	35.51

（2）缺乏现金。江丰电子的偿债能力比率均较低，企业的财务弹性较差，目前持有的债务已有压力，若加上新的债务，则偿债压力更大。江丰电子 2019 年的经营活动产生的现金流量净额只有 9 463 万元，远远比不上如果共创联盈成为子公司带来的债务 80 000 万元；此外，江丰电子的现金流量比率较低，说明企业的现金流缺乏。江丰电子 2018 年的经营活动产生的现金流只有 512.5 万元，2019 年的经营活动产生的现金流为 9 463 万元，如果直接从共创联盈其他合伙人手中购买股权，可能无法拿出足够的现金来购买，所以江丰电子首先退出共创联盈从而避免增加公司的资金压力。

（3）缓解共创联盈后续的偿债压力。虽然江丰电子退出了共创联盈，但江丰电子的大股东姚力军仍在共创联盈中持有 19.83%的股份，同时姚力军为江丰电子与共创联盈的股权质押合同提供反担保，所以江丰电子通过发行股份用以支付对价，可以使得共创联盈在本次交易所得江丰电子股份锁定期满后，通过减持股份的方式偿还中原信托 80 000 万元的贷款。

（4）贷款合同的约定。江丰电子的负债总额较大，而通常债权人为了保护自己的权益，都会在合同中约定一些保护性条款，比如限制其他长期债务等，从而防止自己的债务被稀释，因此江丰电子的原债权人可能会限制江丰电子继续引入新的债务。

综上所述，我们认为江丰电子先退出再收购股权是出于风险控制的目的。

3.2.2 收购价格的相关风险

3.2.2.1 平价转让

从前文的并购方案可以得知，在前次并购过程中，共创联盈以 16.03 亿元的价格获取 Silverac Stella 100% 的股权，而本次江丰电子拟以发行股权和支付现金的方式，从共创联盈方获取 100% 的股权，作价为 16.03 亿元，两次交易价格接近一致，视作平价转让，而该笔股权交易支付占比为 79.4%，未达到 59 号文中特殊性税务处理要求的比例，适用一般性税务处理，即适用 59 号文第四条第三款的规定：被收购方应确认股权、资产转让所得或损失；收购方取得股权或资产的计税基础应以公允价值为基础确定；被收购企业的相关所得税事项原则上保持不变。因此，应当以16.03 亿元作为该笔股权交易的计税基础，共创联盈确认股权转让所得几乎接近 0元，进而该笔交易的所得税费也几乎为 0。下面我们初步分析可能存在平价转让的税务风险，分别对自然人股东以及法人股东可能会面临的税务风险进行分析。

针对自然人股东，根据《国家税务总局关于股权转让所得个人所得税计税依据核定问题的公告》（国家税务总局公告 2010 年第 27 号）第二条第一款的规定，公司申报的股权转让价格低于对应的净资产价格是无正当理由的，可视为计税依据明显偏低，税务机关有权参照每股净资产或纳税人享有的股权比例所对应的净资产份额核定股权转让收入。由于共创联盈为有限合伙制企业，其自然人合伙人应按照个体工商户生产经营所得计算缴纳个人所得税，同时部分自然人合伙人同时担任江丰电子股东，因此共创联盈与江丰电子关于该笔股权的平价转让很有可能被税务机关认定为逃避税收，而我国也不乏税务机关针对合伙人企业个人股东平价转让进行纳税调整的先例[①]，江丰电子该次转让行为也存在一定税收风险。

对共创联盈中的法人股东来说，依据《中华人民共和国企业所得税法》第四十七条的规定："企业实施其他不具有合理商业目的的安排而减少其应纳税收入或者所得额的，税务机关有权按照合理方法调整。"《中华人民共和国企业所得税法实施条例》第一百二十条则进一步指出，"不具有合理商业目的，是指以减少、免除或者推迟税款为主要目的。"区别于个人股东，法人股东低价转让股权没有可直接援用的客观核定征收依据，只有概括性、原则性的规定。尽管如此，如果法人股东低价及平价转让股权，也会引起税务机关关注，税务机关可能依据上述规定，对法人股东启动一般反避税调查。一旦发现法人股东实施不具有商业目的的安排而减少其应纳税收入，税务机关将调增应纳税所得额，同时，法人股东的税务信用等级评定也将受到影响。

根据《交易报名书草案》中的披露信息，我们发现该交易对价是基于评估值确定的，具有公允性，可以排除其平价转让的税务风险，但是发现了其可能存在高估商誉的风险。

---

① 对于自然人将股权平价转让至名下公司是否属于正当理由，实践中有不同结论：a. 据《辽宁鼎际得石化股份有限公司 IPO 保荐书》：营口市老边区地方税务局答复：暂未查到此行为征收个人所得税相关政策依据，暂按 67 号公告视为有正当理由，不征收个人所得税。b. 东莞税务局答复：不属于有正当理由的情形。

43

3.2.2.2　标的高估风险

《交易报名书草案》写明，截至评估基准日 2019 年 8 月 31 日，标的公司股权的评估值为 226 143 160 美元，折合人民币 160 288.01 万元，较其归属于母公司所有者权益账面价值 55 744 150 美元增值 305.68%，预估增值幅度较大。这一草案很快就收到了深交所的"问询函"，对模拟收购形成的占收购后资产总额为 40.61% 的商誉进行质询，江丰电子虽然在回函中给出了合理的理由，但是在 2020 年 7 月新《交易报名书草案》中仍存在高估商誉的问题。

股权转让的价格估值不仅需要在税务方面进行考量，还受到多种因素的影响，企业不同的商业模式会产生不同的估值模式，不同估值方法、不同参考对象的选择，以及标的公司的状况，都会引起股权价格的估计差异。在《中华人民共和国公司法》及相关法律中，除对国有股权的转让估价做了限制性规定以外，对于普通股权转让价格的确定并没有具体的规定，"协商价法""出资额法""净资产价法""评估价法"或者以拍卖价、变卖价作为股权的转让价格的方法，是目前市场上比较常见的股权估值方法，收购公司会根据目标公司的商业模式，如资产构成比重、是不是新兴行业、已开拓的销售渠道、公司的经营状况、发展前景、参与竞买人数和企业的战略计划等选择不同的估值方法。同时，收购方还会考虑某些战略目的，比如渗入市场、垄断市场、获得协同效应等因素。种种因素会使得股权估值复杂、难以确认其合理性。而目前市场上的股权收购，都存在收购方愿意支付的对价高于目标公司的实际价值，也就是估值过高的情况，高估值会使得风险被放大，不仅在税务方面存在风险，也存在很多其他风险。

就本案而言，高估商誉产生的原因可能是业绩承诺较高，而评估机构采用了收益法，指标确定主观性较强，所以可能高估评估价格，虚增商誉。商誉的高估存在以下四个方面的问题：

（1）由于商誉的初始计量是合并方所支付的交易对价与被合并方净资产公允价值的差额，因此具有很大的不确定性，容易导致泡沫化商誉的产生，使商誉沦为合并价差的兜底科目；

（2）在我国现行会计准则下，使用部分商誉确认法，即在合并报表中不确认归属于少数股东权益的商誉，这种在商誉上的信息不对称性很有可能导致大股东通过内幕交易调节商誉价值，侵占少数股东权益；

（3）对上市公司而言，商誉减值测试具有很强的主观性，所以公司可以通过计提大额商誉减值准备，对公司的盈余管理进行操纵；

（4）多数上市公司在评估被合并公司的价值时都采用收益法，而这种方法会导致商誉被高估，一旦未来被合并公司的盈利状况出现问题，则会使得商誉计提大量减值，企业利润严重受损，危害广大投资者的利益。

在本案例中，江丰电子的合并商誉受到了深圳证券交易所的关注，企业进行并购交易时并不能只关注税务风险，还应关注其他合规风险。

3.2.3　从税务角度看其他收购方式

在企业收购中涉及的企业所得税处理主要包括一般性税务处理与特殊性税务处

理。特殊性税务处理能够递延纳税义务。我们根据江丰电子的公开披露信息，结合 59 号文中特殊性税务处理的满足条件进行了分析（见表 3）。

表 3　特殊性税务处理规则应符合的条件

	股权收购同时符合如下条件时，适用特殊性税务处理规定：
《财政部 国家税务总局关于企业重组业务企业所得税处理若干问题的通知》（财税〔2009〕59 号）《财政部 国家税务总局关于促进企业重组有关企业所得税处理问题的通知》（财税〔2014〕109 号）	（1）具有合理的商业目的，且不以减少、免除或者推迟缴纳税款为主要目的；（2）收购企业购买的股权比例不低于被收购企业全部股权的 50%；（3）企业重组后连续 12 个月内不改变重组资产原来的实质性经营活动；（4）收购企业在该股权收购发生时的股权支付金额不低于其交易支付总额的 85%；（5）企业重组中取得股权支付的原主要股东，在重组后连续 12 个月内不得转让所取得的股权

　　江丰电子系半导体生产领域的公司，主营溅射靶材的研发、生产和销售，而收购 Silverac 系公司战略要求，意在控制美国知名靶材行业企业 Soleras，具有合理商业目的，收购股权达到 100%。而针对表 3 中的第（4）条规定，收购江丰电子拟以发行股份及支付现金的方式购买共创联盈持有的标的公司 Silverac Stella 100% 的股权，江丰电子以股份支付对价 127 288.01 万元，占本次交易总金额的 79.40%；以现金支付对价 33 000 万元，占本次交易总金额的 20.60%，因此该项交易并未考虑是否符合特殊性税务处理条件。

　　若要满足特殊性税务处理条件，按最低股权支付比例 85%，根据现支付比例的股价计算每股股价为 34.51 元，需要 39 485 802 股，不考虑发行股份募集配套资金的影响，本次交易完成后共创联盈持股比例为 15.29%，姚力军直接持有江丰电子 61 832 716 股，通过江阁投资、宏德投资间接控制江丰电子 14 688 152 股，姚力军合计可支配的公司股份占上市公司总股本的 29.63%，仍为控股股东及实际控制人，本次交易将不会导致上市公司的控制权变更，即使当前该项交易以平价完成。江丰电子收购的 Silverac Stella 股权的入账价值则按照其原计税基础确定，当期不缴纳所得税，从税负上看，与特殊性税务处理相一致。从税务筹划以及税务风险管控角度看，提高其股权支付比例以达成特殊性税务处理具有合理性，在实际税负一致的前提下，可以合理规避税收风险。

　　但在选择一般性税务处理或特殊性税务处理时，必须考虑转让后的持有目的。江丰电子的收购事项是为了提高盈利能力，与其未来经营战略有关，未来将长期持有并用于经营，所以我们建议对该收购事项进行特殊性税务处理。但是如果该项收购事项未来还涉及二次转让，那么进行应税处理可能会是更好的选择。

45

4 该跨境交易风险提示

4.1 间接转让中国应税财产被重新定性的风险

在 Silverac US 收购 Soleras 美国控股股权的交易中，转让方卖方代表 Element 为美国税收居民，而 Soleras 美国控股间接持有的梭莱江阴 100% 的股权是中国居民企业股权。因此，该项交易可能存在间接转让中国应税财产的风险。下文将结合《国家税务总局关于非居民企业间接转让财产企业所得税若干问题的公告》（国家税务总局公告 2015 年第 7 号，以下简称"7 号公告"）进行分析。

4.1.1 分析交易是否符合"非居民企业间接转让中国应税财产"定义（是否适用 7 号公告）

7 号公告第一条中对间接转让中国应税财产的定义如表 4 所示。

表 4　7 号公告第一条分析

7 号公告中对间接转让中国应税财产的定义	分析
间接转让中国应税财产，是指非居民企业通过转让直接或间接持有中国应税财产的境外企业（不含境外注册中国居民企业，以下称境外企业）股权及其他类似权益（以下称股权），产生与直接转让中国应税财产相同或相近实质结果的交易，包括非居民企业重组引起境外企业股东发生变化的情形。间接转让中国应税财产的非居民企业称股权转让方	①转让方直接转让的企业为 Soleras 美国控股，是美国的税收居民，属境外企业，其持有中国应税财产； ②该交易属于"产生与直接转让中国应税财产相同或相近实质结果的交易"：本交易除间接转让了梭莱江阴的股权外，还间接转让了美国比利时经营主体和卢森堡控股主体的股权，与直接转让梭莱江阴的股权存在一定的不同，但实践中税务机关对"相近实质结果"的理解可能趋于宽泛，本次转让亦可能被认定属于该范围

结论：本次交易应属于 7 号公告所适用的"非居民企业间接转让中国应税财产"的交易。

4.1.2 分析交易是否具有合理的商业目的[①]

如果本次交易被认定为"通过实施不具有合理商业目的的安排，间接转让中国居民企业股权等财产，规避企业所得税纳税义务"，则应"重新定性该间接转让交易，确认为直接转让中国居民企业股权等财产"。因此，重点在于分析该交易是否具有合理商业目的，以此来判断是否需要在中国缴纳企业所得税。

（1）对于 7 号公告第五条中"安全港规则"的适用进行分析。

7 号公告第五条规定："与间接转让中国应税财产相关的整体安排符合以下情形之一的，不适用本公告第一条的规定：（一）非居民企业在公开市场买入并卖出同一上市境外企业股权取得间接转让中国应税财产所得；（二）在非居民企业直接持有

税务案例解析与点评：跨境并购与涉外税

[①] 7 号公告对合理商业目的的分析逻辑按优先级先分析第五、六条，再分析第四条，最后判断是否需要分析第三条。

并转让中国应税财产的情况下，按照可适用的税收协定或安排的规定，该项财产转让所得在中国可以免予缴纳企业所得税。"

分析：

①在本案例中，Soleras 美国控股不是上市企业，不满足第一款的情形。

②对于第二款，在本案中需要分析的是：在卖方直接持有并转让梭莱江阴100%的股权的情形下，是否可以根据双边税收协定免于在中国缴纳企业所得税？在本案例中，转让方卖方代表 Element 等为美国税收居民，因此可以适用中美税收协定。

表 5 是直接持有并转让对《中美税收协定》财产收益条款的适用情况分析。

表 5 直接持有并转让对《中美税收协定》财产收益条款的适用情况分析

《中美税收协定》相关条款	分析	结论
《中美税收协定》第十二条第四款规定，缔约国一方（美国）居民转让一个公司（中国）股本的股票取得的收益，该公司的财产又主要直接或者间接由位于缔约国（中国）一方的不动产所组成，可以在该缔约国征税①	由于目前暂不了解梭莱江阴的不动产构成价值比例②，建议以土地使用权与厂房账面价值在过去36个月中的公允价值估计，以及梭莱江阴股权在过去36个月中的公允价值估计相关资料，进一步判断"股份价值"与"中国不动产价值"之间的比例关系	根据现有的信息，尚不足以得出被间接转让的梭莱江阴的不动产价值超过其总资产价值的50%从而需要在中国交税的结论。因此，需要对其他条款进行进一步分析
《中美税收协定》第十二条第五款规定，缔约国一方（美国）居民转让第四款所述以外的其他股票取得的收益，该项股票又相当于参与缔约国一方（中国）居民公司的股权的 25%，可以在该缔约国征税	Soleras 美国控股对梭莱江阴的间接持股比例在转让前一直是100%，超过25%	适用该条款，中国税务机关可以对其征税

综上所述，上述间接转让股权的交易不符合 7 号公告第五条第二款的规定，有必要根据 7 号公告做进一步分析。

（2）对于 7 号公告第六条中"白名单规则"的适用进行分析。

7 号公告第六条：间接转让中国应税财产且同时符合以下条件的，应认定为具有合理商业目的。见表 6。

---

① 关于股份价值的确认。59 号文规定：《中新税收协定》第十二条第四款以及国税发〔2010〕75 号所附条文解释所述的公司财产和不动产均应按照当时有效的中国会计制度有关资产（不考虑负债）处理的规定进行确认和计价，但相关不动产所含土地或土地使用权价值额不得低于按照当时可比相邻或同类地段的市场价格计算的数额。纳税人不能按上款规定进行可靠计算的，相关资产确认和计价由税务机关参照上款规定合理估计。

② 在公司披露的 Silverac Stella 合并报表里没有记载梭莱江阴的不动产，仅有梭莱比利时及美国的不动产记录。如据此判断可能不满足本款的要求。

表 6　7 号公告第六条分析

"白名单规则"条款	分析
（一）交易双方的股权关系具有下列情形之一： 1. 股权转让方直接或间接拥有股权受让方 80% 以上的股权； 2. 股权受让方直接或间接拥有股权转让方 80% 以上的股权； 3. 股权转让方和股权受让方被同一方直接或间接拥有 80% 以上的股权。 ……	在本案例中，由于转让方 Soleras 美国控股与被转让方 Silverac US 没有任何控股关系，因此不符合该款的股权比例规定
（二）本次间接转让交易后可能再次发生的间接转让交易相较于在未发生本次间接转让交易情况下的相同或类似间接转让交易，其中国所得税负担不会减轻	本次间接转让交易后若 Sliverac US 或其上层公司实体再次间接转让梭莱江阴，如果被认定为直接转让梭莱江阴的股权，则需适用《中美税收协定》中的财产收益条款，需要征税。相比而言，未发生本次间接转让交易情况下的相同或类似间接转让中国应税财产交易，即 Soleras 美国控股的股东将梭莱江阴间接转让给任意其他买方，也会因相同的原因无法免于在中国征税，故其中国所得税负担不会减轻
（三）股权受让方全部以本企业或与其具有控股关系的企业的股权（不含上市企业股权）支付股权交易对价	本次反三角方式吸收合并的支付方式为 Silverac US 将现金直接汇入共管账户（100% 的比例现金支付）。不符合该款全部以股份为支付对价的要求

综上所述，本案所涉及的间接股权转让没有同时满足 7 号公告第六条规定的可以直接认定交易具有合理商业目的的情况，需继续分析。

（3）对 7 号公告第四条"黑名单规则"的适用进行分析。

7 号公告第四条规定：除第五条和第六条规定情形外，与间接转让中国应税财产相关的整体安排同时符合以下情形的，无须按本公告第三条进行分析和判断，应直接认定为不具有合理商业目的。见表 7。

表 7　7 号公告第四条分析

"黑名单规则"条款	分析
（一）境外企业股权 75% 以上价值直接或间接来自中国应税财产	在公司已披露的财务数据中，比利时的不动产、无形资产价值较高，占有较大比重，第一款很可能不符合
（二）间接转让中国应税财产交易发生前一年内任一时点，境外企业资产总额（不含现金）的 90% 以上直接或间接由在中国境内的投资构成，或间接转让中国应税财产交易发生前一年内，境外企业取得收入的 90% 以上直接或间接源于中国境内	需结合梭莱江阴及其他公司具体的股息分配数据进行判断

表7(续)

"黑名单规则"条款	分析
(三)境外企业及直接或间接持有中国应税财产的下属企业虽在所在国家(地区)登记注册,以满足法律所要求的组织形式,但实际履行的功能及承担的风险有限,不足以证实其具有经济实质	Soleras 美国控股和卢森堡控股均为控股实体,无实际经营业务,不利于其具有商业实质的判定
(四)间接转让中国应税财产交易在境外应缴所得税税负低于直接转让中国应税财产交易在中国的可能税负	该项反三角收购在美国属于应税行为,按照 21% 的税率缴纳企业所得税,因此间接转让梭莱江阴在美国的所得税税负低于直接转让梭莱江阴在中国的所得税税负,符合第四款条件

综上所述,现有信息不能同时满足第四条规定的情形,不属于可以直接认定交易不具有合理商业目的的情况,需继续分析。

(4)对 7 号公告第三条进行分析。

判断合理商业目的,应整体考虑与间接转让中国应税财产交易相关的所有安排,结合实际情况综合分析。见表8。

表8　7号公告第三条分析

第三条条款	分析
(一)境外企业股权主要价值是否直接或间接来自中国应税财产	缺乏信息,无法判断
(二)境外企业资产是否主要由直接或间接在中国境内的投资构成,或其取得的收入是否主要直接或间接来源于中国境内	缺乏信息,无法判断
(三)境外企业及直接或间接持有中国应税财产的下属企业实际履行的功能和承担的风险是否能够证实企业架构具有经济实质	Soleras 美国控股和卢森堡控股均为控股实体,无实际经营业务,在集团架构中仅承担单一控股职能,没有其他经济意义
(四)境外企业股东、业务模式及相关组织架构的存续时间	Soleras 美国控股和 Soleras 卢森堡控股分别成立于 2011 年和 2012 年,有助于说明该架构不是短时间内搭建出来的
(五)间接转让中国应税财产交易在境外应缴纳所得税情况	在美国缴税但低于直接转让、中国香港的企业不缴税、开曼群岛的企业不缴税
(六)股权转让方间接投资、间接转让中国应税财产交易与直接投资、直接转让中国应税财产交易的可替代性	Soleras 美国控股是控股公司,直接或间接控股了多家生产经营实体,转让该公司可以达到转让整条业务线的目的,是直接转让梭莱江阴达不到的效果。直接转让 Soleras 美国还可能达到规避直接转让梭莱江阴所需的国内审批及交易流程的效果。因此,间接转让和直接转让可能不具有替代性
(七)间接转让中国应税财产所得在中国可适用的税收协定或安排情况	该项交易不适用《中美税收协定》中免税的情况
(八)其他相关因素	—

综上所述，虽然仍有部分信息缺失，无法判断相关条款，但从现有分析中也可得知该间接转让股权的行为存在被认定为不具有合理商业目的的风险，因此存在被中国税务机关重新定性该交易为直接转让中国应税财产的风险。

4.1.3 合规风险

（1）自愿报告。

根据 7 号公告第九条的规定，间接转让中国应税财产的交易双方及被间接转让股权的中国居民企业可以向主管税务机关报告股权转让事项。

卖方 Element 等、买方 Silverac US 以及 Soleras 美国控股，都可以根据 7 号公告进行间接转让股权交易的申报。

（2）买方的代扣代缴义务。

根据 7 号公告第八条的规定，间接转让不动产所得或间接转让股权所得按照本公告规定应缴纳企业所得税的，依照有关法律规定或者合同约定对股权转让方直接负有支付相关款项义务的单位或者个人为扣缴义务人。

Silverac US 作为付款方对相关税费负有代扣代缴义务。

（3）未及时扣缴的后果。

根据 7 号公告第八条的规定，扣缴义务人未扣缴，且股权转让方未缴纳应纳税款的，主管税务机关可以按照《中华人民共和国税收征管法》及其实施细则的相关规定追究扣缴义务人责任；但扣缴义务人已在签订股权转让合同或协议之日起 30 日内按本公告第九条规定提交资料的，可以减轻或免除责任。

根据《中华人民共和国税收征管法》第六十九条的规定，拟义务人应扣未扣、应收而不收税款的，由税务机关向纳税人追缴税款，对扣缴义务人处应扣未扣、应收未收税款 50% 以上、3 倍以下的罚款。

在 Silverac US 未扣缴且卖方及 Soleras 美国控股均未缴纳应纳税款的情况下，主管税务机关可以按照《中华人民共和国税收征管法》相关规定追究 Silverac US 的责任，具体为对 Silverac US 处以应扣未扣税款 50% 以上、3 倍以下的罚款。但若 Silverac US 在签订股权转让合同之日起 30 日内按规定提交了交易资料，可以减轻或免除责任。

本文建议，买方与卖方需在事前充分沟通，商定申报期限及申报和缴税主体，并对违约责任作出明确规定。

4.2 考虑受控外国企业（CFC）的认定

《特别纳税调整实施办法（试行）》（国税发〔2009〕2 号）规定：受控外国企业是指由居民企业，或者由居民企业和居民个人控制的设立在实际税负低于 12.5% 的国家（地区），并非出于合理经营需要对利润不作分配或减少分配的外国企业。根据《中华人民共和国企业所得税法》的相关规定，其不作分配或减少分配的利润须计入对其实施控制的居民企业的当期收入并在中国纳税。

表 9 是 CFC 界定标准分析。

表 9　CFC 界定标准分析

条件	分析
（一）由中国境内的居民或企业单一持有 10% 以上有表决权股份，且共同持有该外国企业 50% 以上股份	江丰电子 100% 控股境外的 Silverac Stella、Silverac HK、Silverac US 公司，符合本条件
（二）境外壳公司的注册地的国家（地区），实际税负低于 12.5%，而且该国家（地区）并不在国家税务总局所指定的名单之列	国税函〔2009〕37 号文指定了 12 个非低税率国家（低税率检验白名单），分别为美国、英国、法国、德国、日本、意大利、加拿大、澳大利亚、印度、南非、新西兰和挪威。不包括开曼群岛和中国香港。江丰电子 100% 控股的 Silverac HK 和 Silverac Stella，有可能被认定为"受控外国企业"
（三）境外壳公司的利润不做分配或减少分配，并非出于合理经营需要	需进一步获取 Silverac Stella 和 Silverac HK 向境内分配股息的情况

综上所述，江丰电子 100% 控股的 Silverac HK 很有可能被判定为"受控外国企业"，因此需重新对利润进行分配，缴纳企业所得税。

建议纳税人谨慎安排海外投资，使其不属于受控外国公司的范围。

4.3　SPV 和纯持股公司需满足经济实质要求

4.3.1　关于 Silverac Stella（2018 年在开曼群岛设立）

根据开曼政府 2018 年颁布的《2018 年国际税务合作（经济实质）法》及 2019 年后陆续发布的《地理移动活动的经济实质指南》等政策规定，相关主体（Legal Entity）从事的每一项相关活动（Relevant Activity）均应满足经济实质要求。Silverac Stella 在开曼群岛设立且没有其他国家（地区）的税收居民身份证明，属于"相关主体"，从事的"纯控股活动"属于"相关活动"，应遵从相应的经济实质要求；纯控股活动应满足降低的经济实质测试（Reduced ES Test）的要求；在开曼群岛有足够（adequate）的员工与办公场所持有、管理其他实体的股权。若不能满足经济实质要求，相关实体会面临信息交换、公司除名、罚款/监禁等惩罚。

对此，本文给出如下建议：

（1）增加开曼群岛控股公司的经济实质，以满足经济实质法案的经济实质要求。开曼群岛作为纯持股实体，较容易满足经济实质要求，只需增加与管理股权相适应的工作人员和工作场所即可。

（2）结合经营业务及境内外战略布局等，重新规划海外控股平台的设立地及业务安排。在全球加强反避税监管的大环境下，BVI、开曼群岛的公司架构反而更容易成为中国及其他国家税务机关关注的对象。可以选择其他国家（地区）作为合适的境外控股平台设立地。

（3）就结构中仍需选择开曼群岛的公司控股平台架构的，可考虑从不同税务居民身份的角度进行筹划。为尽可能地降低税务风险并满足法律及商业需求，可考虑将开曼群岛的公司申请成为其他国家（地区）税务居民身份，从而无须考虑开曼群岛的经济实质法的要求。

4.3.2 关于 Silverac HK（2018 年在中国香港成立）

因 2021 年中国香港被欧盟理事会列入"非合作司法辖区灰名单"，2022 年中国香港特别行政区立法会就修订《税务条例》（IRO Cap. 112）、细化香港离岸被动收入豁免制度（Foreign Source Income Exemption Regime for Passive Income）发出咨询，以解决现行税收法律并未要求取得离岸被动收入的中国香港企业必须具备经济实质而导致的双重不征税问题。中国香港特别行政区政府承诺于 2023 财年生效实施新制度。《2022 年税务（修订）（指明外地收入征税）条例草案》中要求：针对任何跨国企业集团（MNE）的成员实体，无论其收入或资产规模如何，其在中国香港获得的收入均须满足经济实质要求。

Silverac HK 无实际经营业务，为纯持股的特殊目的公司。对于纯股权持有实体，需要遵从中国香港注册及存档规定；股权的持有和管理活动在中国香港进行（自行或外包）；需要有足够的人力资源及处所以开展指定的经济活动（持有和管理该实体在其他实体中的股权参与）。

与开曼群岛和 BVI 类似，纯持股实体的经济实质要求较低，但最低也要求有一名香港代名董事和对外包活动的监管。建议企业密切关注离岸受益豁免规定的动向，自我评估 Silverac HK 是否能够满足经济实质的要求。可参照开曼群岛等地经济实质法的实务经验，聘用具备资格的秘书公司予以管理等。

5 案例总结

江丰电子于 2017 年 11 月至今，采取反三角兼并协同并购基金的并购模式，拟完成一起跨境收购业务，可分为三个阶段：第一阶段大股东联合并购基金，以反三角式吸收合并目标公司；第二阶段联合上市公司设立国内并购基金，完成跨境收购；第三阶段联合上市公司发行股份并募集配套资金，收购境内并购基金持有的目标公司股权。并购基金和反三角式兼并在其中占据重要战略规划地位，因此本文针对分析不同阶段、不同收购主体、不同收购行为在不同国别下所面临的税务处理，进一步思考这一收购过程可能涉及的税务以及其他合规风险，同时对比性地思考国内外政策的差异。

（1）谨防间接转让中国应税财产被重新定性的风险。通过合理的资产、经营、管理的调配，使其符合 7 号公告的相关规定，规避某些高风险交易，同时企业应当结合综合因素考量，使其经济活动的实质得到税务机关的支持。

（2）警惕平价转让税务风险。依据有关税法及税收文件的规定，低价及平价转让股权可能会牵涉公平交易价格的确定、例外情形及核定方式、股权转让行为界定、股权原值的确认、纳税申报等法律问题，反而可能会面临更高的涉税法律风险，应予以防范。

（3）谨慎安排境外股权架构。遵循"实质重于形式"的原则，在合规的前提下，选择合理的投资框架、融资和业务模式，寻找最佳的降低纳税成本的路径，从而规避税收风险。

（4）对我国税收政策发展的思考。我国目前的税法对于并购重组，尤其是三角并购未有专门规定，对市场交易的指导作用有限，存在滞后性。参考美国及其他国家的立法实践，建立一套较为完善的并购税制，将有助于提高我国企业市场资源的配置效率，并促进企业进一步成长。

参考文献

［1］雷霆. 美国公司并购重组业务所得税制研究：原理、制度及案例［M］. 北京：中国法制出版社，2014.

［2］吴幼铭. 免税重组中股权支付的边界：以优先股支付为例［J］. 金融法苑，2017（1）：99-109.

［3］张也丽. 中美两国并购重组的税收政策比较研究［D］. 上海：上海海关学院，2016.

［4］张春燕. 美国三角并购税务处理规则的思考［J］. 国际商务财会，2015（5）：29-32.

［5］洪彬. 论我国企业三角并购所得税制的构建［D］. 上海：华东政法大学，2015.

［6］孙景新，蔡曦蕾. 解析三角并购：以美国公司法为视角［J］. 金融法苑，2009（2）：68-79.

［7］曹子豪. 上市公司联合私募机构并购模式的风险应对案例研究［D］. 长沙：湖南大学，2021.

［8］曾泉. 设计海外投资架构时应考虑的税务风险［J］. 涉外税务，2013（5）：38-40.

［9］古成林. 国际税收实务与典型案例分析［M］. 上海：立信会计出版社，2021.

［10］吴健，姜新录，朱昌山，等. 企业重组财税处理实务与案例［M］. 北京：中国财政经济出版社，2020.

点评

　　本文体现了作者综合运用国际税收知识分析国际并购案例的能力，并从收购、持有、退出三个阶段进行全面分析，结构布局完整，语言流畅，体现了作者严谨的学术态度。尤为值得称赞的是，作者在案例收集与法规研究方面投入了大量精力，展现了细致入微的研究精神，并在每部分具体分析过程中，对各种路径进行了案例比较和量化分析，能够清晰展示各种路径的优劣势。本文关注了税负因素，也关注了融资、资本结构等因素，体现了作者具有综合分析的能力，能够将理论知识进行活学活用。

　　本文的优点：

　　1. 分析角度全面。本文选题紧扣社会热点，通过详尽的案例分析，深入探讨了反三角合并在美国税务处理中的具体应用，以及不同类型股东（如合伙企业、有限责任公司、个人）在资产转让所得过程中的纳税义务。同时，围绕并购、持有、退出三个环节分析了股息、利息、财产转让所得的税务处理，以及相关环节中的税收风险考量及关注点。此外，引入了间接转让的税务判断逻辑、受控外国企业认定、开曼群岛的实质经济法案及中国香港 FSIE 政策等，对国际税与国内税进行了综合考量。

　　2. 直观展示。本文就不同路径下的税负情况，大量运用了抽象的假设数据，直观展示了每个步骤中的税负情况。本文大量运用了图形展示股权架构，运用了表格进行综合对比，能够直观清晰地进行表达。

　　本文的不足之处：

　　1. 对于并购流程背后的深层动因及策略考量（如设立境外控股公司收购标的公司的目的、反三角合并相较于直接股权收购的优势等）缺乏深入探讨，往往一项大型国际并购案例都有商业目的，所有的安排都应该为商业目的服务，文章对于商业目的的分析还可以补充，建议作者在未来研究中加深对并购策略背后动机的剖析。同时，建议作者从收购、持有、退出几个角度先分析案例并购路径设计的优劣势。

　　2. 对相关税收政策的依据需要保持严谨。在中美反三角收购政策对比及国内税收政策完善的建议部分，作者直接以美国税收政策为参照，未充分考虑国内市场环境、税收现状及政策差异，一定程度上削弱了相关建议的实用性。在探讨 PE 出售股权时采用特殊性税务处理的议题中，作者提出合伙企业有机会适用特殊性税务处理的观点，然而目前尚无法规支持这一论点。关于开曼公司税务居民身份转换的建议，虽具有一定的创新性，但缺乏对转换后税负影响的全面评估，建议作者在提出具体建议时，应综合考虑多方面的因素，增强建议的可落地性。此外，在国际并购中既涉及多个国家的税收政策，也涉及相关税收协定政策，建议注明项目所在国、中间控制层所在国的相关税收政策来源。弄清所在国或地区国内法对非居民企业税收的具体规定，比如巴西、新加坡对股息的预提税是如何规定的。

其他建议：

1. 希望作者在保持全面性分析问题的同时聚焦核心问题，提升内容与案例的关联性和针对性。

2. 图表还可以进一步优化和直观。比如在股权架构图中，每个方框里面的公司能够统一使用简称，并能注明所在国家（地区），就能够让读者一目了然掌握架构情况。

点评人：张平（毕马威中国税务合伙人）

能源企业跨境并购税务分析

——以兖煤澳大利亚跨境并购联合煤炭为例

刘同妍　杨　涵　杨　鹄　刘小虎

【摘要】 近年来，跨境并购已经成为我国"走出去"企业采用最多的国际化投资形式，而企业"走出去"是我国共建"一带一路"倡议中的重要一环，也是响应"十四五"规划中深化改革开放的号召。在跨境并购中，合理的税务筹划方案能够有效减轻企业的税收负担，提高企业投资效益。本文以兖煤澳大利亚跨境并购联合煤炭为税务案例，从收购、持有、退出三个阶段分析其税收成本、税收风险及应对措施，并在兖煤澳大利亚现有方案的基础上设计了"中国香港+英国"的双层中间控股优化方案。在收购阶段从 SPV 地点、控股层级、融资方式等角度进行分析；在持有阶段从股息分配、资本结构等角度展开分析；在退出阶段从退出层级、退出方式等角度分析比较企业税负及风险。最后通过对案例分析过程的再思考，提出了一些跨境并购建议。

【关键词】 跨境并购；能源企业；税务筹划；税务风险

1　案例背景介绍

1.1　案例选择原因

在共建"一带一路"倡议的引领下，越来越多的中国企业积极推进国际化经营，以提升在国际市场中的竞争能力，实现在全球范围内的资源配置。据商务部数据，2013—2020 年，中国对"一带一路"共建国家累计直接投资流量为 1 398.5 亿美元，年均增长 8.6%。《区域全面经济伙伴关系协定》（RCEP）的生效进一步减少了区域内的投资壁垒，也使对外投资环境更加稳定透明，吸引了更多中国企业扩大对外投资布局，跨境并购已经成为我国"走出去"企业采用最多的国际化投资形式。研究企业跨境并购中出现的税务问题关系到企业税收成本的核算和税收风险的防范，不仅有助于降低"走出去"企业在跨境投资中的税务成本，提高企业对外投资的质量效益，还有助于企业以高水平"走出去"构建新发展格局，建立更高水平的对外开放型经济新体制。

能源行业是我国企业跨境并购与投资的最主要行业之一①。兖煤澳大利亚并购

---

① Mergermarket 数据显示，2020 年我国能源行业跨境投资规模约为 663.81 亿元，约占同期投资总额的 8%。

联合煤炭是 2017 年度中国企业十大跨境并购案例之一。分析这一典型案例对其他能源类企业及中国"走出去"企业在澳大利亚跨境并购的税务筹划与风险防范有一定借鉴意义。

1.2 相关公司简介

1.2.1 兖州煤业股份有限公司

兖州煤业股份有限公司(以下简称"兖州煤业"①)是国内的一家大规模煤炭生产企业,由山东省的兖矿集团控股。1998 年,兖州煤业分别在香港、纽约(后于2017 年退市)、上海等地上市;2012 年,兖州煤业子公司在澳大利亚上市。自此之后,兖州煤业成为国内第一家,也是到目前唯一一家在境内与境外三地拥有上市平台的大型煤炭生产企业。在经历了 20 多年的发展后,兖州煤业的经营业务从初期单纯的生产煤炭,到现在已经开发多个领域,如电力、煤化工、煤矿机电装备制造与钾矿资源开发;主要经营区域也从山东省慢慢扩展到了陕西省、山西省与内蒙古自治区,并且扩展至海外的澳大利亚与加拿大两个国家,已经成功发展为三足鼎立(包含山东本部、陕蒙基地以及澳大利亚基地)的大规模国际化能源集团。经过本次并购,兖州煤业会有更好的发展前景。

1.2.2 兖煤澳大利亚有限公司

兖煤澳大利亚有限公司(以下简称"兖煤澳大利亚")在 2004 年成立于澳大利亚,2012 年上市,它是兖州煤业海外资源战略开发的一个重要平台,兖州煤业持有该公司 78% 的股权,对其实施控制。澳大利亚的煤炭资源十分丰富,是全球规模第一的煤炭能源出口国,因此兖州煤业在澳大利亚成立了子公司,以方便拓展海外市场。2004 年,兖煤澳大利亚在澳大利亚实施了一系列并购,其中包含格洛斯特煤矿、澳思达煤矿以及菲利克斯公司等。在资源版图逐渐扩大的同时,由于多年来一直采用全负债收购的方式进行扩张,兖煤澳大利亚资产负债率居高不下,财务状况日益恶化,截至 2016 年年底攀升至 82.4%(见表 1)。为偿付高额利息费用,加上近年来煤炭价格连续下滑,毛利降低,兖煤澳大利亚连年亏损,2012—2016 年亏损近百亿元。

表 1 是 2012—2016 年兖煤澳大利亚并购前的经营情况。

表 1　2012—2016 年兖煤澳大利亚并购前的经营情况

项目	2012 年	2013 年	2014 年	2015 年	2016 年
营业收入/亿美元	13.66	15.3	14.32	13.19	12.38
净利润/亿美元	3.75	-8.32	-3.54	-2.91	-2.27
资产负债率/%	76.37	87.23	66.75	78.55	82.40
财务费用(含手续费、汇兑损失)/亿美元	0.84	5.76	2.94	2.78	3.23

数据来源:澳大利亚证券交易所上市公司年报。

---

① 2021 年 10 月 29 日,兖州煤业发布公告,公司 A 股证券简称由"兖州煤业"变更为"兖矿能源"。

经过长期的脱困，兖煤澳大利亚已经意识到，单凭兖煤澳大利亚现有的资产质量很难走出困境，加强管理虽然对脱困工作的意义重大，但若无外部优质资源的引入，将很难"激活"兖煤澳大利亚。正是在这样的背景下，一个优质的并购机会出现在眼前。

1.2.3 联合煤炭公司

联合煤炭公司是澳大利亚公司，主要生产顶级半软焦煤与动力煤，是澳大利亚最大的生产半软焦煤与动力煤的煤矿企业之一。联合煤炭公司拥有优质的煤炭资源，生产开发地区主要集中在新南威尔士州的猎人谷，拥有两个面积较大的露天矿区；同时，该公司的资源储备也很充足，旗下控股约 2 000 万吨级的矿井。凭借这些优势，再加上临近出口市场，联合煤炭公司在世界煤炭市场上极具竞争力。由于市场大环境，2015 年大多数煤矿都受到了较大打击并出现亏损，整个煤炭行业处于低谷期，但当时的联合煤炭公司仍然盈利，税前利润总计约为 10.95 亿元，这反映了联合煤炭公司的现金流状况以及盈利能力都十分稳定。

表 2 是兖煤澳大利亚和联合煤炭公司的概况。

表 2　兖煤澳大利亚和联合煤炭公司的概况

项目	兖煤澳大利亚	联合煤炭公司
控股公司	兖州煤业	力拓集团
成立时间	2004 年	1960 年
经营业务	煤炭的开采、洗选加工和销售	
2016 年年末总资产/亿元	384.19	93.6
2016 年年末总负债/亿元	316.48	29.87
资产负债率/%	82.4	32
2016 年营业额/亿元	62.11	173.28
2016 年净利润/亿元	−11.39	19.28
可采储量/亿吨	6.44	11.98

数据来源：公司对外披露信息。

从表 2 可以看出，兖煤澳大利亚在并购前（2016 年）虽然拥有较高的总资产，但其资金来源主要是负债，营业额不足联合煤炭公司的一半，净利润也为负值。从产量方面看，联合煤炭公司的可采储量极高，由此可知，在并购后，兖煤澳大利亚可以改变经营状况，通过引入优质增量资产，盘活存量资产。

1.3　收购过程简介

2017 年年初，力拓集团宣布与兖煤澳大利亚就联合煤炭公司交易达成收购意向，兖煤澳大利亚可以采取以下两种方式进行支付：一是一次性支付 23.5 亿美元；二是首期支付 19.5 亿美元，外加交割后 5 年每年支付 1 亿美元，合计 24.5 亿美元。

国际巨头嘉能可有限公司（以下简称"嘉能可"）在力拓集团股东大会召开前宣布，要以共计 25.5 亿美元的资金（首期支付 20.5 亿美元，外加交割后 5 年每年支付 1 亿美元，合计 25.5 亿美元）收购联合煤炭公司 100% 的股权。

兖煤澳大利亚在嘉能可提出竞价后快速作出了先后两次反击。除进一步提高出价之外，兖煤澳大利亚已通过大部分政府审批，母公司不仅为其提供了 2.25 亿美元的履约押金，还与力拓集团签署了财务保证函，保证兖煤澳大利亚并购资金的到位。因此，力拓集团董事会认为，与嘉能可相比，兖煤澳大利亚完成并购的可能性更大。最终，兖煤澳大利亚与力拓集团约定共计花费约 24.5 亿美元收购其持有的联合煤炭公司的全部股权。

这是近年来国际煤炭市场上最大的并购事件，获得了境内外的广泛关注。此次成功的跨境并购，对兖煤澳大利亚来说是绝路逢生，兖煤澳大利亚从一家一股独大、实际资不抵债、长期亏损的僵尸企业，脱胎变为一家资产财务状况优良、发展前景较好的澳大利亚第一大煤炭专业生产商。在成功跨境并购后，兖煤澳大利亚的资产负债率大幅下降；原煤产量增长一倍，产品的现金成本及现金流状况大幅改善，盈利能力大大增强。除此之外，兖煤澳大利亚还与世界煤矿行业的巨头合作，引入战略投资者，完成了混合所有制改制，提升了企业的市场形象。

图 1 是力拓集团和兖煤澳大利亚收购联合煤炭公司的过程。

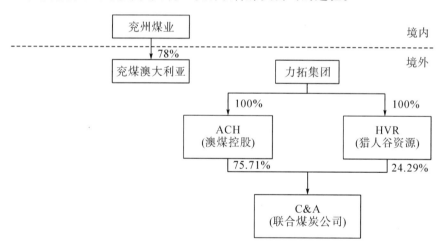

图 1　力拓集团和兖煤澳大利亚收购联合煤炭公司的过程

如果兖煤澳大利亚通过银行贷款募集资金，资金成本将侵吞全部利润，此次并购将失去价值，因此兖煤澳大利亚采用了配股和定向增发方式筹集 24.5 亿美元，其配股发行 235 亿股股份，同时向机构投资者定向增发 15 亿股股份，其中母公司兖州煤业认购了 100 亿股。同时，兖州煤业将其持有的 18 亿美元混合债转换为对兖煤澳大利亚的 180 亿股份（转换价格为每股 0.1 美元）以保持其控制权。在配股融资、混合债转股之后，兖州煤业对兖煤澳大利亚的持股比例下降，但仍保留了控制权，这样就解决了并购资金的来源问题。

图 2 和图 3 分别是兖煤澳大利亚并购前、并购后的股权结构。

59

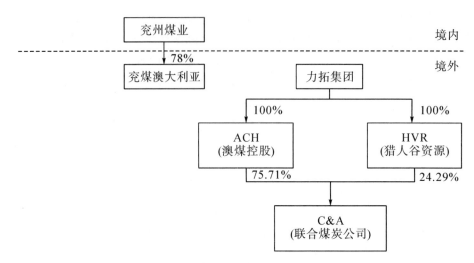

图 2　兖煤澳大利亚并购前的股权结构

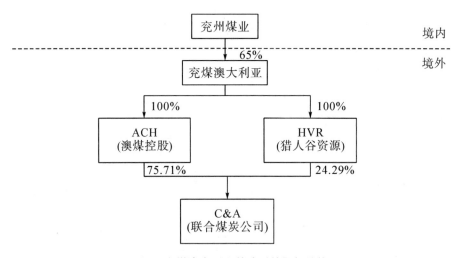

图 3　兖煤澳大利亚并购后的股权结构

2　收购阶段税务筹划及风险分析

2.1　现行税收成本分析

兖州煤业采用直接持股①的方式控制兖煤澳大利亚的股权。由于我国和澳大利亚都不是低税率国家，该持股方式缺乏灵活性，相应的税务成本也较高。

具体来说，如果兖州煤业需要利用所持有的兖煤澳大利亚股份进行并购重组或者部分转让，那么兖州煤业有可能在澳大利亚或者我国面临较高的税务成本。假设

---

① 由于兖煤澳大利亚通过澳大利亚居民企业持有联合煤炭股权，并不影响其税负，故忽略此处的持股情况。下同。

兖州煤业转让部分兖煤澳大利亚的股份，首先该股权转让有可能需要在澳大利亚或者我国境内确认转让所得[1]；其次根据澳大利亚税法的相关规定（如表3所示），非居民企业转让澳大利亚不动产或公司股份，可能需要在澳大利亚缴税，这种直接股权转让行为有可能面临两国双重征税的风险。

表3　澳大利亚非居民企业资本利得税有关政策[2]

澳大利亚非居民企业仅就其源于澳大利亚境内的所得缴纳所得税，也包括被认定为源于澳大利亚境内的收入，特别是针对澳大利亚应税房地产的资本利得。 一般而言，澳大利亚非居民企业出售澳大利亚应税财产取得资本利得需按照30%的税率纳税	例外情况： （1）出售持股比例不超过10%的澳大利亚公司股权； （2）出售的澳大利亚公司股权直接或间接拥有澳大利亚物业（如土地、房地产）的比例不超过50%。 满足以上两个条件之一的非居民企业可免除对资本利得部分的纳税义务

澳大利亚居民企业是指在澳大利亚注册成立的企业，或虽然不是在澳大利亚成立但在澳大利亚从事经营活动且主要管理机构位于澳大利亚的企业，或其具有控制表决权的股东是澳大利亚居民企业。

不满足上述条件的企业则为澳大利亚非居民企业，非居民企业对源于澳大利亚境内的所得负有纳税义务。

2.2　税务筹划分析

我国企业进行跨境并购税务筹划的方式主要包括控股架构设计以及融资架构设计。但同样地，任何一种税务筹划方式，都存在其限制以及风险。因此，采用任何一种方式前，都需要充分了解该措施实施的限制条件，以及企业采用该方案后可能会面临的风险。

2.2.1　股权结构的税务筹划（控股架构设计）

一般而言，控股架构设计主要有直接投资和间接投资两种方式。直接投资是指境内的母公司直接向国外的投资标的公司进行投资；而间接投资是指境内的母公司先在境外设立一家或多家中间控股公司或投资平台，之后再由该公司向投资标的公司进行投资。

境外股息汇回是目前跨国企业收回现金流的常用方法，而股权转让则是跨国企业实现资本退出的主要方式。控股架构设计可以使企业在上述过程中尽可能少地承担税负成本，减少利润流失。

具体来说，在跨境并购的项目中，控股架构设计的方法主要是选择合适的中间

---

[1]　《中华人民共和国企业所得税法》第三条规定，居民企业应当就其来源于中国境内、境外的所得缴纳企业所得税。《中华人民共和国企业所得税法实施条例》第七条第三款规定，权益性投资资产转让所得按照被投资企业所在地确定。故该项转让所得属于境外所得，居民企业负有无限纳税义务，需缴纳企业所得税。

[2]　参照澳大利亚税法《1997年所得税评估法》（ITAA 1997）第855分部第5节、第25节和第960分部第195节。

控股平台，在中间控股平台设立子公司。如此一来，标的企业的利润在汇回境内的过程中，不会直接将利润转入境内，而是先将利润汇入中间控股平台，再通过中间控股平台汇入境内。一般来说，中间控股平台与目标企业所在国，以及与中国都签订有税收协定，尽可能避免利润在流动过程中的损失，帮助企业实现跨境并购投资利益的最大化。

在本案例中，兖州煤业通过直接投资方式向澳大利亚的标的公司进行投资。这种投资方式可能会导致企业将来面临双重征税的风险。因此，我们尝试对此案例的控股架构设计进行改进，这些改进方案不是企业实际发生的，而是根据企业实际情况重构的假设。

2.2.1.1 离岸架构中的 SPV 地点选择原因

表 4 是当前国际上企业进行跨境并购时，基于上述环节考量后经常选择的控股架构平台所在地的优缺点分析。

表 4　控股架构平台所在地的优缺点分析

国家或地区	优点	缺点
开曼群岛、英属维尔京群岛	法制健全，税负较低，方便上市融资，有明确规定便于确立商业实质	容易面临罚款甚至注销的风险
中国香港	对海外收入免税，且无股息与资本利得税；离中国大陆更近，更加便于确立商业实质	税收协定网络相对狭窄，针对股权交易环节可能会被征收印花税
新加坡	离中国大陆较近，税收协定网络较为广泛；税负低，对达到要求的国际或地区公司的总部与营运中心提供了较为丰富的税收优惠政策	对享受股息收入免税的要求相对较高，为此将限制控股架构设计的灵活性；股权交易环节可能会被征收印花税
荷兰、卢森堡等	税收协定网络较为广泛；税负成本较低，股权交易环节均不征收印花税，可享受欧盟税收优惠政策	税收制度存在较大不确定性，后续可能存在一些常见的监管和税务争议问题
英国	税收协定网络较为广泛；税负成本较低	当地的税法规定较为复杂，税务筹划及后期的管理成本较高

综上所述，我们考虑在收购阶段将中间控股层设置在中国香港与英国，一方面，中国香港和英国两地都是国际上有名的"避税港"，存在税收优惠政策；另一方面，兖州煤业本就在中国香港设有全资子公司，因此将其作为境外中间控股公司也十分合适。具体股权架构设计如图 4 所示。

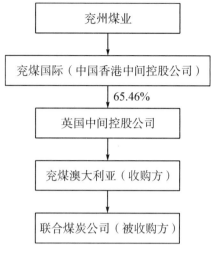

图4　股权架构设计

在SPV地点的选择上，中国香港与英国都具有税收优惠政策，通过设立英国SPV将中国香港与澳大利亚串联起来，可使各地税收优惠政策发挥作用。

英国SPV的具体作用（以预提所得税为例）：根据澳大利亚税收协定网络可知，澳大利亚与中国香港之间没有签订税收协定豁免澳大利亚股息预提税，因此，如果直接在中国香港设置中间控股公司，较难达到税务筹划的目的。但是澳大利亚与英国之间签有税收协定，可以豁免澳大利亚股息预提税，且税收协定对英国公司的商业实质有具体要求，因此选择通过英国SPV可以合理避免股息预提税风险。

2.2.1.2　离岸架构中的SPV层级选择原因

在并购联合煤炭公司之前，兖煤澳大利亚多年亏损，负债率高且经营状况不佳，上述因素导致兖煤澳大利亚的市值不断下降，不被资本市场关注、交易冷清，企业作为上市公司也基本失去了融资功能。如果仅成立一层SPV公司进行债权融资，其杠杆作用的放大功能受限，投资人基于理性假设与风险偏好而不愿投入资金；而设立多层SPV公司，可以利用不同SPV公司的杠杆效应层层融资。因此，兖州煤业可以通过设立多层SPV公司，合理利用杠杆效应筹集并购所需资金。

2.2.2　融资结构的税务筹划（融资架构设计）

虽然本案例在收购阶段采用的融资方式是股权融资，不涉及利息所得税预提问题，但这并不意味着股权融资是成本最低、最合理的融资形式。因此，我们在这里对融资工具的选择进行讨论，以确定最适合的融资形式。

金融市场不断发展，融资工具也越来越多，除常见的银行借款、自然人借款、发债等类型外，还存在可转换公司债券、永续债等新型金融工具，不同融资工具的选择可能带来不同的税务结果。

以中国企业并购澳大利亚的公司为例，假设澳大利亚的子公司当年的经营收入为1 000万美元，如表5所示，两种不同融资方式下的实际税率相差20%，不难发现，采用债权融资方式进行海外并购的税收效益明显。

表 5 不同融资方式的税负比较

项目	股权投资	债权投资
经营收入/万美元	1 000	1 000
支付利息/万美元	—	(1 000)
应税所得/万美元	1 000	—
应缴企业所得税（30%）	300	—
分配的股息或利息/万美元	700	1 000
预提所得税（10%）①	—	100
中国投资者得到的现金收入/万美元	700	900
实际税率/%	30	10

在对收购阶段进行税务筹划时，我们已经确定债权投资这种融资形式。紧接着，我们需要在"境内融资转贷"和"内保外贷"两种方式中做出选择。"境内融资转贷"方式与"内保外贷"方式安排如图 5 所示。

"境内融资转贷"方式   "内保外贷"方式

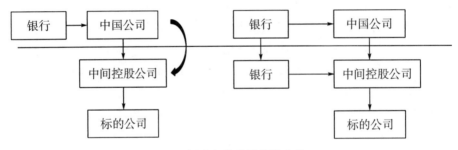

图 5 融资架构常见设计方法

首先，我们将融资市场选择在境外，即采用"内保外贷"② 的方式。这是因为：一方面，我国存在严格的外汇管制，即便企业从境内募集到人民币资本，也面临许多阻碍。而注册在离岸地的 SPV 公司的资金转移没有政府限制，资金的调拨非常方便，无论是投资还是分红均不受影响。另一方面，"内保外贷"是企业跨境投资中普遍采用的融资方式，政府配套的监管措施较少，因而通过这种方式进行融资大大简化了业务流程，加快了融资速度。其次，境外融资还可以降低汇率风险，调节母公司产生的汇兑损益影响，使得汇兑风险保持在可控范围内。

---

① 参照国家税务总局中国居民赴澳大利亚投资税收指南 2.2.2.7 部分和澳大利亚税法《1936 年所得税评估法》（ITAA 1936）第 128F 分部第 8 节，居民企业向非居民企业支付利息时一般按 10% 的税率扣缴预提所得税，但在双边税收协定的情况下，非居民企业可以享受较低的预提所得税税率。澳大利亚与中国、英国（不符合豁免条件）签订的税收协定中约定的税率均为 10%，与中国香港无税收协定。

② "内保外贷"是指境内银行为境内企业在境外注册的附属企业或参股投资企业提供担保，由境外银行给境外投资企业发放相应贷款。担保形式为：在额度内，由境内的银行开出保函或备用信用证为境内企业的境外公司提供融资担保，无须逐笔审批，和以往的融资型担保相比，大大缩短了业务流程。

接着，我们来测算采用"内保外贷"方式相较于"境内融资转贷"方式可以带来的节税效应，结果如表6所示。假定：联合煤炭公司拥有足够的利息费用扣除空间，可以实现利息抵税效应，且利息费用为1 000万美元。

表6 兖州煤业注资联合煤炭公司的税负对比分析　　单位：万美元

流程	项目	"境内融资转贷"方式	"内保外贷"方式
联合煤炭公司纳税情况	（假设）利息费用	1 000	1 000
	企业所得税节税额	（1 000×30%）=300	（1 000×30%）=300
	可向中间控股公司汇出利息金额	1 000	0
	利息预提税金额	（1 000×10%）=100	0
	节税总额	200	300
兖州煤业纳税情况	收到利息金额	900	0
	增值税金额	（900×6%）=54	0
	收到利息应纳税所得额	1 000	0
	收到利息应纳所得税额	1 000×25%=250	0
	利息境外已纳预提税抵免	100	0
	应补缴所得税额	150	0
	境内纳税总额	204	0

从表6可以看出，通过境外直接贷款的方式对联合煤炭公司进行注资，相较于"境内融资转贷"，可以产生更大的节税效应。虽然两者都可以在联合煤炭公司产生利息抵税效应，但若采取"境内融资转贷"的方式，利息汇入境内时，需要按利息收入缴纳相应增值税及所得税；若采取境外直接贷款的方式，不仅可以抵减联合煤炭公司应纳税所得额，还无须承担利息汇入境内的税负。因此，在本案例中，兖煤澳大利亚选择境外直接贷款的方式注资联合煤炭公司能产生更好的节税效果。

2.3　收购阶段的税务风险及应对措施

2.3.1　间接股权转让存在隐形风险

绝大多数国家对非居民企业间接转让居民企业股权所得不征税。只有少数国家（包括澳大利亚）对非居民企业间接转让居民企业股权拥有征税权。由于联合煤炭公司所控股的子公司——沃勒塔港煤炭服务有限公司位于澳大利亚，因此间接转让该子公司的股权可能会受到澳大利亚税法的限制。应对方法如下：兖州煤业应该主动了解澳大利亚的相关税法，规避风险；同时，通过收购协议条款明确相关责任和义务，避免不必要的税务成本。

2.3.2　外汇汇兑与管制风险

兖煤澳大利亚对联合煤炭公司的并购涉及24.5亿元现金对价，在对价支付环节，可能涉及外汇汇兑风险，汇兑时汇率变动可能导致资金缩水。因此，兖煤澳大利亚可以合理利用外汇市场金融工具实现资金的保值，降低外汇汇兑风险，也可以直接从融资方取得美元资金，以减少不必要的汇兑。

3 持有阶段税务筹划及风险分析

3.1 控股架构税务筹划分析

兖州煤业的澳大利亚子公司兖煤澳大利亚在完成对联合煤炭公司的并购后，持有阶段需要重点考虑在将利润返还给中国境内的过程中，该如何搭建合适的境外控股架构，使企业整体所承担的税负尽可能低，从而实现整体利益的最大化。

设置合理的境外税收结构，需要考虑的是在境外分红汇回国内过程中所需承担的所得税费用与预提税费用。澳大利亚的企业所得税税负为 30%，比我国的企业所得税税率（25%）要高 5%，但签订了双边税收协定的国家可以将未缴纳澳大利亚企业所得税的股息预提税降低至 15% 乃至更低，澳大利亚对外支付利息的预提税率为 10%。经过合理调整已付税股息与未付税股息比例和资本结构，可以减轻一定的税收负担，使得境外所得税率低于我国企业所得税税率，但在将利润汇回国内时需要补缴税款，造成利润流失，因此可以设置中间控股公司，将利润留存在境外，有助于资金的整体协调，以及避免被补征税款。

在上述税务筹划过程中，我们需要注意澳大利亚国内税法中两个独特的定义，即已付税股息和未付税股息。已付税股息是指澳大利亚居民企业给股东发放的股息（已经缴纳澳大利亚公司所得税），那么此类股息无论是发放给澳大利亚居民股东还是发放给境外非居民股东，均无须再承担额外的税负。未付税股息是指在特定情形下，澳大利亚居民企业分配的股息是未缴纳公司所得税的，那么在将该部分股息分配给股东时，澳大利亚政府按规定要向其征税，本案例涉及的主要是预提所得税，如果兖煤澳大利亚分配股利给中间控股公司或母公司，澳大利亚政府会按照 30% 的预提所得税税率征收，如果签订有双边税收协定，那么按照双边税收协定中规定的预提所得税税率征收。未付税股息产生的特定情形在澳大利亚税法中有详细规定，比如填补以前年度亏损，那么本年度的未分配利润中就有部分无须缴纳公司所得税。

在澳大利亚签订的税收协定中，与部分国家签订了持股到达规定比例后，可以以 5% 的预提所得税税率纳税甚至不缴纳股息预提税的条款，而《中澳税收协定》中的股息预提所得税税率为 15%，因此，运用上述免除股息预提税条款进行境外控股架构设计可以有效降低境外税负。

最后，根据《财政部 税务总局关于完善企业境外所得税抵免政策问题的通知》（财税〔2017〕84 号）的规定，在满足持股比例不低于 20% 且境外抵免层级最多不超过五层的情况下，企业在境外已经负担的税负可以抵免，因此，在设置中间控股公司时应注意层数，避免无法享受我国的税收抵免政策。

3.2 现行控股结构下的税负

兖州煤业在跨境收购联合煤炭公司时，并未进行境外控股架构设计，兖州煤业采用直接控股的方式控制兖煤澳大利亚的股权。现行股权架构如图 6 所示。

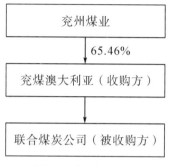

图 6 现行控股架构

在现行控股架构下，持有阶段分红所需要考虑的税负主要有澳大利亚当地的企业所得税与股息预提税。假设在现行控股架构下，兖煤澳大利亚将所有利润先按 30% 缴纳企业所得税再进行分配，并且未进行资本结构调整，那么兖煤澳大利亚在持有阶段进行股息分红对税负带来的影响主要有两个。

3.2.1 澳大利亚当地的税务影响

澳大利亚当地的公司所得税税率为 30%，同时，在分配已缴纳澳大利亚公司所得税的利润给非居民企业时，不征收预提税；而分配没有缴纳澳大利亚公司所得税的利润时，征收 30% 的股息预提税，已经签订税收协定的则可以享受较低的预提所得税税率。

以兖煤澳大利亚 2018 年经营状况为例，根据兖煤澳大利亚 2018 年年报，当年兖煤澳大利亚所得税税前利润为 11.72 亿澳元，该利润应缴纳企业所得税税额为 $11.72 \times 30\% = 3.52$ 亿澳元，假设按持股比例应汇入中国的金额为 $(11.72 - 3.52) \times 65\% = 5.33$ 亿澳元，税前利润总额为 $5.33 \div (1 - 30\%) = 7.61$ 亿澳元，该利润已缴纳兖煤澳大利亚所得税税额为 $7.61 \times 30\% = 2.29$ 亿澳元。该笔利润在流出澳大利亚时，根据澳大利亚国内法的规定，无须缴纳预提所得税。

3.2.2 中国境内的税务影响

兖州煤业现行控股结构满足持股比例不低于 20% 以及境外抵免层级不超过五层的条件，兖煤澳大利亚在澳大利亚缴纳的税款可以抵免。该笔分红的税前利润有 7.61 亿澳元，在澳大利亚已缴纳 2.29 亿澳元企业所得税并无预提所得税，境外已承担税负 2.29 亿澳元，可间接抵免。该笔分红在中国境内应承担的税负与抵免限额为 $7.61 \times 25\% = 1.90$ 亿澳元，仍有 $2.29 - 1.90 = 0.39$ 亿澳元无法在境内抵免。综上所述，无论该笔分红是否汇回国内，其税负率都为 $2.29 \div 7.61 = 30\%$。

3.3 税务筹划后间接控股架构下的税负

在并购过程中，兖州煤业可以运用澳大利亚本地的税收政策以及其与不同国家的税收协定，利用间接控股架构并购联合煤炭公司，适当设置境外控股公司进行税务筹划，达到降低税负的效果。

根据澳大利亚对付税股息不征收预提所得税，对未付税股息按税收协定征收预提所得税的政策，可以在保证一定的已纳税分红的情况下，尽可能多地分配未付税股息，我们假设将这一比例定为50%。

另外，《中澳税收协定》中的预提所得税税率为15%。中国与美国、日本、法国、新西兰、挪威、英国、瑞士、芬兰、马来西亚和墨西哥10个国家签订的税收协定中规定：持股达到规定比例后，股息预提税为0。

兖州煤业可以利用上述规定，设立如前文所述的中国大陆—中国香港—英国—澳大利亚的境外控股架构。这一控股架构并不复杂，主要增加了中国香港和英国作为中间控股公司所在地。

中国香港税收优惠较多，可以作为境外资金留存地。而英国中间控股公司则是根据其与澳大利亚的税收协定，如果股息的受益所有人是直接持有支付股息的公司至少10%的投票权的公司，那么预提所得税税率为5%。如果受益所有人是拥有股份的另一缔约国公司的居民，且其拥有的股份占支付股息的公司12个月表决权的80%或更多，则股息不应在支付股息的公司为居民的缔约国一方征税。

目前，兖州煤业控股比例达到10%，可以享受5%的优惠预提所得税税率。兖州煤业可以提前搭建好控股架构，通过英国的控股公司控制兖煤澳大利亚的股份，那么未纳税分红在支付给英国控股公司时，预提所得税税率为5%。同时，根据英国的参股免税规定，对于满足以下条件之一的境外股息，英国政府对该笔收入不征收企业所得税：一是支付股息的公司实际上由收取股息的英国控股公司控制，二是股息由普通股支付，三是资本不可赎回，四是股息大部分由证券投资所得。

因此，该笔分红无须缴纳英国的企业所得税；另外，根据英国国内法的规定：不管股息是否在英国支付，对股息都没有预提所得税。这样，源于澳大利亚的经营所得在中间控股层就不产生税负，只需在汇回中国时缴纳25%的企业所得税。

3.3.1　澳大利亚当地的税务影响

不同于不经过任何税务筹划，由于通过设置未付税股息的比例为50%并且设立了英国中间控股公司，那么，兖州煤业所收到分红在澳大利亚当地缴纳的公司所得税为7.61×50%×30%＝1.14亿澳元，已缴纳公司所得税部分按照澳大利亚的规定免征预提所得税，而未缴纳公司所得税部分的预提所得税（按照英国与澳大利亚之间的税收协定征收）为7.61×50%×5%＝0.19亿澳元。故兖州煤业在澳大利亚总共承担的税负为1.14＋0.19＝1.33亿澳元，该笔分红到达上层控股公司英国的金额为6.29亿澳元。

3.3.2　中间控股公司的税务影响

根据英国参股免税的规定，英国对该笔收入不征收企业所得税，同时根据英国国内法，对股息不征收预提所得税，因此该笔分红在英国当地无额外税负。

从英国汇出的股息到达位于中国香港的全资子公司兖州煤业国际（控股）有限

公司，中国香港自身的税负低，并且仅就中国香港本地取得的所得征税。另外，根据中国香港税收制度的规定，其不就股息征收预提所得税，因此对中国大陆境内企业来说，选择中国香港作为中国控股公司的地点，便于将资金保留在境外用于再投资。该笔分红到达中国香港后，中国香港同样未增加额外税负。

综上所述，来自澳大利亚经营所得的分红，在流经中间控股公司时均无税务影响，税负为 0。

3.3.3 中国大陆的税务影响

如果选择将利润留在香港中间控股公司，那么该笔分红承担的税负率为 $1.33 \div 7.61 = 17.5\%$。

如果选择将股息分红汇回国内，那么需要就该笔所得缴纳境内所得税。根据《关于完善企业境外所得税抵免政策问题的通知》（财税〔2017〕84 号，以下简称"84 号文"），目前持股比例与境外抵免层级都符合相关规定，那么该笔分红在澳大利亚已缴纳的税负可以在中国境内应纳税额中抵免，所需缴纳的境内企业所得税为 $7.61 \times 25\% - 1.33 = 0.57$ 亿澳元。最终税负率为 $(1.33 + 0.57) \div 7.61 = 25\%$。

3.4 运用资本结构进行税务筹划下的税负

由于澳大利亚对外支付利息的预提所得税税率为 10%，低于澳大利亚 30% 的公司所得税税率，也低于《中澳税收协定》中 15% 的股息预提税税率。在未纳税分红比例有限的情况下，可以通过调整兖煤澳大利亚的债务资产比例进行节税。

首先需要考虑资本结构可以调整的范围，根据澳大利亚的资本弱化规定，债务权益比例最高为 1.5∶1。其次需要考虑由哪一所在地公司提供贷款，从而保证境外税负最小化。如果选择由英国公司借款给澳大利亚公司，根据英国国内法的规定，要对该利息征收 19% 的企业所得税，在抵免预提税后，利息经由英国公司时会增加 9% 的税负[①]；如果选择由中国香港公司提供借款，尽管中国香港对控股公司的境外收入不征税，但根据中国香港税收条例的规定，境外利息视为源于中国香港的经营所得，故该笔利息将征收 16.5% 的利得税，在抵免预提所得税后，利息经由中国香港公司时会增加 6.5% 的税。因此，在最小化境外税负和收入汇回国内的情况下，澳大利亚项目借款的最佳途径是中国母公司。

因此，兖州煤业可以在进行境外控股架构设计的同时，将部分所需资金的负债部分由中国香港或中国母公司借贷给澳大利亚子公司，借由较低的 10% 的利息预提所得税来降低澳大利亚经营所得分红所需承担的境外税负。但是提高债资比可能会引发股东对公司的信心降低、财务风险提高、企业信誉与市场地位受损等问题，同时，兖煤澳大利亚在 2018 年前后的经营政策是降低资产负债率。该方法的使用可能会对公司发展造成影响。

综上所述，运用资本结构进行税务筹划的方法尽管可行，但不符合兖煤澳大利亚的发展规划，同时降低的税负率并不足以抵消兖煤澳大利亚稳步上升所带来的利润。

---

① 税收政策参照国家税务总局中国居民赴英国投资税收指南 2.2.1.5 部分。

3.5 税负对比

为了更直观地看到税务筹划所带来的税负影响，同样以 2018 年兖煤澳大利亚税前净利润为例，具体税负率如表 7 所示。

表 7　间接控股结构架构税负率

项目	直接控股结构 （未调整已纳税分红比例）	直接控股结构	间接控股结构
税前净利润/亿澳元	7.61	7.61	7.61
未付税股息部分/亿澳元	0	3.81	3.81
已付税股息部分/亿澳元	7.61	3.81	3.81
缴纳所得税（30%）	2.29	1.14	1.14
已付税股息 （无须缴预提所得税）	5.33	2.67	2.67
所需缴纳预提所得税	0 （澳大利亚规定已纳税分红 无须缴纳预提所得税）	0.57 （中澳预提所得税 税率为15%）	0.19 （当前控股比例下 英国的股息预提所得税 税率为5%，英国参股免税）
国内现金收入/亿澳元	5.33	5.91	6.29
境外税负总额/亿澳元	2.29	1.71	1.33
境内需缴纳税款/亿澳元	0	0.20	0.58
税负率 （不汇回境内）/%	30	22.44	17.5
境内税负率 （汇回境内）/%	30	25	25

从表 7 可以看出，通过调整未付税股息的比例，境外税负率降低了大约 7.5%，而通过设立中国香港与英国中间控股公司，相较于直接控股结构，境外税负率进一步降低了 5%，最终税负率为 17.5%。综合来说，通过适当的税务筹划，兖煤澳大利亚的利润在境外所享受的节税效果非常明显，能够为兖州煤业的跨国经营投资计划留出更多资金。

而如果选择将股息汇回中国境内，虽然整体税负上升为 25%，但是税负更多地缴纳给了中国的税务机关。兖州煤业属于国有企业，从宏观上考虑，选择进行税务筹划更加有利于保障国家税收。

3.6 持有阶段的税务风险

兖州煤业在持有阶段进行税务筹划以降低境内外税收负担时，同样存在一定的风险。许多国际大企业都曾利用开曼群岛、英属维尔京群岛等避税地转移利润避免纳税，针对该类行为，各个国家为了保障本国的税收利益积极进行各种反避税活动与合作，比如经济合作与发展组织（OECD）出台的以税基侵蚀和利润转移（BEPS）、"双支柱"税改等反避税措施。因此，兖州煤业在税务筹划时应注意两个常见风险。

3.6.1 实质经营风险

在本文提出的税务筹划方案中，为合理避税，假设兖州煤业在英国这个税收协定广泛、税收政策优惠的地区设立了中间层公司，同时利用其设立的兖煤国际（中国香港中间控股公司）作为中间控股公司。如果这两个地区没有给予其对于居民纳税人的资格认定，那么就会被认定为空壳公司，无法享受双边税收协定的优惠。而澳大利亚、中国香港、英国对于法人居民纳税人的认定条件为注册所在地标准与公司实际管理控制中心所在地标准，如果境外子公司在当地注册，但实际管理机构包括管理人员、工作人员、办公设备以及主要业务都在中国境内，依据实质重于形式原则，可能会被认定为中国企业，无法享受当地的税收优惠甚至会被重复征税。

同时，在税务筹划中，国际上为了防止税收协定被滥用，广泛采用了受益所有人制度：只有在受益所有人是缔约国另一方居民的情况下，才能够享受税收协定中有关股息、利息、特许权使用费、财产转让收益等消极收入的税收优惠待遇。国际上，在受益所有人的认定标准上有两种不同的意见：一是英美法系主张的法律实质标准，其立足相关交易的法律关系，以法律规定为基础，判断重点在于缔约国一方居民（包括公司法人或自然人）是否对其从来源国获得的股息、利息和特许权使用费有法律上的支配与控制权；二是OECD范本规定的经济实质性标准，其立足经济活动交易的本身，并不局限于双方法律关系，其认定重点在于所得的收取方是否实质享有了所得的经济利益，即该笔所得在经济上最终由谁受益。不同的国家在面对受益所有人纠纷时，法院所参照的标准也有所不同。

在本案例中，由于位于香港的兖煤国际（中国香港中间控股公司）承担着兖州煤业境外投资的责任，无须担心受益所有人问题。而我们所提出的税务筹划方法的核心政策是澳大利亚与英国之间签订的双边税收协定，兖州煤业在进行税务筹划时应该主要关注《英澳税收协定》中关于受益所有人的判定标准以及澳大利亚政府关于此类案件的判定标准。在《英澳税收协定》中的第10条股息中写明：

1. 作为缔约国居民的公司为征税目的而支付的股息，即由缔约国另一方居民实际拥有的股息，可在该另一国征税。

2. 此种股息也可在支付股息的公司为居民的缔约国纳税，并按照该国的法律征税，但所征收的税款不得超过：（a）股息总额的5%。（b）所有其他情况下股息总额的15%。

3. 尽管有本条第2款的规定，如果股息的受益所有人是拥有股份的另一缔约国公司的居民，且其拥有的股份占支付股息的公司12个月表决权的80%或更多，则股息不应在支付股息的公司为居民的缔约国一方征税。股息受益所有人的公司是指：（a）其主要类别的股份在规定的认可证券交易所上市，并经常在一个或多个认可证券交易所买卖；（b）由一家或多家公司直接或间接拥有，其主要类别的股份在规定的认可证券交易所上市，并定期在一个或多个认可证券交易所交易；（c）不符合本款（a）项或（b）项的要求，但缔约国一方的主管当局根据该国法律确定，作为股息的受益所有人的公司及其经营行为的设立、收购或维持，其主要目的之一不是根据本公约获得利益。缔约国一方的主管当局在拒绝根据本项给予本公约的利益之前，应与缔约国另一国的主管当局协商。

从上述规定中我们可以看出，尽管英国与澳大利亚之间的双边税收协定带来的预提所得税税率十分优惠，但对于受益所有人的规定也较为严苛。因此，在本次税务筹划中，兖州煤业应该主要关注如何保证英国 SPV 的受益所有人可以得到澳大利亚政府的认可。在这里，（a）（b）项要求上市公司，如果仅仅为了节约税收成本而建立一个上市公司得不偿失。因此，我们认为可以尝试从（c）项：合理的商业目的入手，让英国 SPV 公司承担部分实质经营业务，比如说承担部分兖煤国际（中国香港中间控股公司）的总部管理功能，或者将欧洲的投资业务从原来的卢森堡部分转移到英国伦敦的中间控股公司中，还可以利用并购过程中的融资手段，将担保职责或融资职责交给英国 SPV 公司。

澳大利亚地广人稀，自然资源十分丰富，拥有极多的优质矿产资源。对能源企业来说，如果想要进军国际市场，澳大利亚是一个不容忽视的国际资源平台，从长期来看，设立英国 SPV 公司并填充其商业实质带来的长期收益相较于成本是更可观的。

3.6.2 CFC 风险

CFC 税制设立的目的在于，防止跨国公司通过人为安排将利润转移到未从事实质经营活动且设立在低税地或避税地的境外子公司等实体。2015 年，OECD 发布 BEPS 第 3 项《制定有效受控外国企业规则》，严格并细化了 CFC 税制。国家税务总局针对避税行为也制定了一系列相关条例，将"并非由于合理经营需要而对利润不作分配或者减少分配"作为重点关注的对象。同时，我国税法规定，出于对境外投资的管理，如果企业进行股权投资，将所得的利润保留在境外低于 12.5% 的税率地区不作分配；如果企业没有合理的经营需要，则该笔利润依旧会被计入当期收入而征税。CFC 面临特别纳税调整的风险增大。

兖州煤业应该在遵守税法规定的前提下，防范 CFC 风险。从短期来看，我国 CFC 税制在认定标准、豁免标准等方面的规定不够细化，且相关案例较少，各地自由裁量权过大。因此，境内母公司应积极准备举证资料，包括举证"出于合理的经营需要""主要取得积极经营活动所得"或"举证该境外公司在当地实际税负高于 12.5%"。同时主动消化和平衡利润，做好成本与收入配比，控制留存在境外的利润。从长期来看，我国 CFC 税制也会不断修订完善。因此，对于境外必要的中间层公司，应充实其经营实质，保证其有合理的商业目的并开展实质经营，尽可能提高境外子公司的所得比重，实现积极收入与消极收入相协调。

4 退出阶段的税务筹划及风险分析

依据前文我们对兖州煤业在持股阶段所提出的假设进行中间层公司持股的税务筹划后，其股权架构如图7所示；在进行退出阶段的税务筹划时，根据未来全球经济形势的不同，可以将其分为兖煤澳大利亚的退出和兖州煤业的退出两个部分。

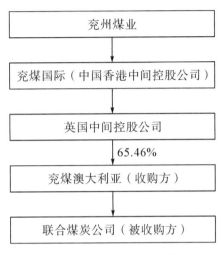

图 7　兖州煤业的股权架构

4.1　兖煤澳大利亚退出阶段的税务筹划

在全球经济下行的大背景下，如果将来联合煤炭公司出现业绩下滑、技术无法支持或者其他问题，导致该业务板块无法维持下去，兖煤澳大利亚可能会出于对未来发展的考虑，退出对联合煤炭公司的并购，并将其进行转让。兖煤澳大利亚的资本退出可以采用资产转让、股权转让两种方式，并通过以下两种途径实现：一是转让联合煤炭公司的资产，随后清算并注销该公司；二是直接转让联合煤炭公司的股权。

4.1.1　资产转让方式下的税负分析

单从税务的角度来说，通过出售东道国公司的资产实现投资退出的税务成本通常较高，因为除所得税外，还可能涉及其他各种潜在的高额税收。联合煤炭公司是澳大利亚居民企业，在转让其资产的过程中可能会涉及企业所得税、商品及服务税（增值税）、资本利得税、工资税、土地税、印花税等税种的征税问题。

因此，在资产转让过程中会承担较高的税收费用，增加兖煤澳大利亚退出并购的成本。从减少退出成本的角度来说，不建议兖煤澳大利亚采取资产转让的方式退出并购。

4.1.2　股权转让方式下的税负分析

如图8所示，兖煤澳大利亚持有联合煤炭公司100%的股份，若采用股权转让的方式退出对联合煤炭公司的并购，此时应将联合煤炭公司的股权直接转让给第三方。

依据澳大利亚税法的规定，澳大利亚居民企业转让其在境内居民公司的股份取得收益时，主要会涉及资本利得税和印花税。

图 8　股权架构设计

如表 8 所示，一是澳大利亚将对联合煤炭公司征收 30% 的资本利得税；二是由于兖煤澳大利亚位于澳大利亚的维多利亚州，其转让澳大利亚公司股权的印花税为 5.5%。因此，兖煤澳大利亚采取股权转让的方式只会面临两项税种的征收，与资产转让方式相比，承担的税负成本较轻，有利于企业的资金运作，建议兖煤澳大利亚在退出阶段采取股权转让的方式。但需要注意的是，为节省退出环节税负，在转让前应该逐步消化累积利润。

表 8　联合煤炭公司股权转让过程所涉及的税收

税种	税率/%	具体规定
资本利得税	30	与上述资产转让相同，此处不赘述
印花税	5.5	维多利亚州的印花税税率一般为 5.5%

4.1.3　不同退出方案下的税负对比

为了更清晰地对比兖煤澳大利亚通过以上不同方案退出并购时所承担的税负，本节将其总结归纳，如表 9 所示。

表 9　退出方式税负测算对比

退出方式	税负归纳
资产转让	企业所得税（30%）、商品及服务税（10%）、资本利得税（30%）、工资税（5.45%）、土地税（1.6% 或 2%）、印花税（4%）
股权转让	资本利得税（30%）、印花税（5.5%）

综上所述，从减少税务成本、手续便利程度等角度考虑，建议兖煤澳大利亚在退出其对于联合煤炭公司的并购并将其转让时，采用股权转让的方式。

4.2　兖州煤业退出阶段的税务筹划

若是全球经济长时间复苏无力，进而引发类似于 2008 年的世界金融危机，兖州煤业从公司存续的角度出发，有可能放弃其在澳大利亚所有的经营活动，将兖煤澳大利亚公司涉及的业务板块都进行转让。兖州煤业退出并购的方式主要有资产转让和股权转让两种，并通过以下两种途径实现：一是转让兖煤澳大利亚公司的资产，随后清算并注销该公司；二是转让搭建的中间控股公司股权以间接转让兖煤澳大利亚的股权。

4.2.1 资产转让方式下的税负分析

兖州煤业转让兖煤澳大利亚资产的过程与兖煤澳大利亚转让联合煤炭公司相同，但由于兖煤澳大利亚位于澳大利亚的维多利亚州，与联合煤炭公司所处的新南威尔士州在工资税、土地税、印花税的规定上略有不同。

兖煤澳大利亚是澳大利亚居民企业，在转让其资产的过程，同样会涉及多项税种的征收问题，从而增加兖州煤业转让兖煤澳大利亚的成本，因此不建议兖州煤业采取资产转让的方式退出其在澳大利亚的经营活动。

4.2.2 股权转让方式下的税负分析

4.2.2.1 直接控股架构下的股权转让

如图 9 所示，假如兖州煤业未进行税务筹划，采用直接控股的架构，那么，在兖州煤业想要退出并购时，就只能将兖煤澳大利亚的股权直接转让给第三方。其税务处理可以从两个维度进行分析。

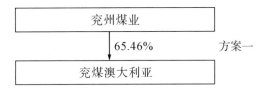

图 9　直接控股架构下的股权转让

（1）税收协定层面。

依据《中澳税收协定》第 13 条"财产转让"第 4 款之规定："缔约国一方居民转让一个公司的股票或类似权益取得的所得或收益，该公司的财产又全部或主要由第六条所述的位于缔约国另一方的不动产所组成，可以在该缔约国另一方征税。"

（2）国内税法层面。

依据澳大利亚税法的规定，非居民企业出售澳大利亚应税财产取得资本利得需按照 30% 的税率纳税，除非：一是出售持股比例不超过 10% 的澳大利亚公司股权，二是出售的澳大利亚公司股权直接或间接拥有的澳大利亚物业（如土地、房地产）比例不超过 50%。

由于兖州煤业在并购后持有兖煤澳大利亚股份的比例为 65%，且兖煤澳大利亚拥有澳大利亚的物业比例也远超 50%，因此兖州煤业在转让兖煤澳大利亚的股份取得收益时，不可避免地会涉及澳大利亚的资本利得税和印花税。

如表 10 所示，一是澳大利亚将对兖州煤业征收 30% 的资本利得税。二是兖州煤业位于中国境内，根据《国家税务局关于印花税若干具体问题的解释和规定的通知》规定：合同在国外签订的，应在国内使用时贴花，对涉及股权转让的书据和凭证，其适用"产权转移书据"税目所规定的 0.05% 的税率。由于兖煤澳大利亚位于澳大利亚的维多利亚州，转让其股权的印花税为 5.5%，因此，兖州煤业采取股权转让的方式将会面临三项税种的征收。与资产转让方式相比，其承担的税负成本较轻，有利于企业的资金运作。但需要注意的是，为节省退出环节税负，在转让前应该逐步消化累积利润。

表 10　兖州煤业股权直接转让过程所涉及的税收

税种	税率/%	具体规定
资本利得税	30	与上述资产转让相同，此处不赘述
中国印花税	0.05	根据《中华人民共和国印花税暂行条例》的规定，财产所有权转让属于产权转移书据征税范畴，应缴纳产权转移书据印花税，税率为 0.05%
澳大利亚印花税	5.5	兖煤澳大利亚位于澳大利亚的维多利亚州，而维多利亚州的印花税税率一般在 5.5%

4.2.2.2　间接控股架构下的股权转让

如图 10 所示，假设兖州煤业在持有阶段进行了税务筹划，采用间接控股架构（除英国中间公司持股比例为 65.46% 以外，其余持股比例均为 100%）。在该架构下，兖州煤业选择股权转让的方式退出并购，那么，它可以选择转让位于中国香港或英国的中间控股公司的股权或者兖煤澳大利亚的股权。

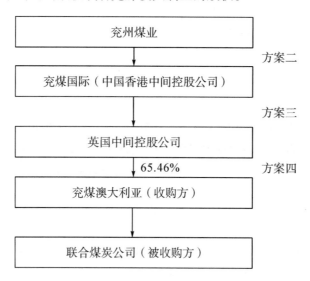

图 10　间接控股架构下的股权转让

从税收协定的视角来看，在澳大利亚与大部分国家（包括中国）签订的税收协定中都有规定，对非居民企业"转让"其居民企业股权的，并且该居民企业的基础价值由该国境内不动产组成，澳大利亚将保留征税权。澳大利亚也是全球极少数对该项行为征税的国家。

在本案例中，股权转让的直接交易方系中国兖州煤业和股权受让方，以及标的公司为中国香港或英国中间控股公司，交易方以及标的公司与澳大利亚没有直接关系，且不动产并非"位于中国香港的不动产"，从国际上间接转让股权适用税收协定财产收益条款的一般经验来看，通常不会涉及澳大利亚征税的问题。

因此，这里涉及一个非常具有争议且值得探讨的问题，即非居民企业间接转让股权国内法与税收协定冲突和协调适用的问题。若兖州煤业转让中间控股公司的行为适用《中澳税收协定》，可能需要满足两个前提条件：一是澳大利亚税法将间接股权转让重构为直接股权转让；二是在中澳税收协定层面，将中间控股公司（中国香港、英国）予以否定，视为兖州煤业直接转让兖煤澳大利亚的股份；或者将《中澳税收协定》财产收益条款第4款中的"转让"扩大解释为包含间接股权转让。

在此，我们仅需要讨论的是第二个前提条件，即澳大利亚和中国两个缔约国如何解释和适用"财产收益"中"股份—不动产"条款（或该款"转让"是否包含非居民企业间接转让股权的情形）的问题。具体如下：

首先，依据《中澳税收协定》第3条"一般定义"以及第13条"财产收益"，并未对第13条"财产收益"中的"转让"作出明确之定义，但依据第3条"一般定义"第3款"缔约国一方在实施本协定时，对于未经本协定明确定义的用语，除上下文另有解释的以外，应当具有该国适用于本协定的税种的现行法律所规定的含义"之规定，应适用缔约国国内法对"转让"进行解释，尤其应当优先适用相关税法的解释。

其次，依据澳大利亚、中国两个缔约国对协定条款的国内法解释来具体分析，若两者的解释不一致，则需要启动《中澳税收协定》第24条"协商程序"，以期达成一致；若两者的解释保持一致，则按照一致的解释执行。具体如下：

（1）澳大利亚对"股份—不动产"条款的解释与适用。

根据2006年澳大利亚财政部所发布的税法修正案中的第四章——资本利得税与外国居民，其与旧法相比，新增了如何适用澳大利亚签订的税收协定"财产收益"中"股份—不动产"条款的规定："外国居民在外国实体的资产价值主要来自澳大利亚不动产的非投资组合权益的处置将受到澳大利亚资本利得税的约束。"引入了间接持有澳大利亚不动产权益概念，以加强澳大利亚的外国居民资本利得税的税基，无论该权益是直接持有还是间接持有。

由于兖州煤业在并购后持有兖煤澳大利亚股份的比例为65%，且中国香港中间控股公司或英国中间控股公司的价值50%以上都来自兖煤澳大利亚公司，而兖煤澳大利亚公司又拥有澳大利亚境内的11座煤矿，因此，可以适用《中澳税收协定》"股份—不动产"条款。

（2）中国对"股份—不动产"条款的解释与适用。

依据《中新协定条文解释》（国税发〔2010〕75号）对第十三条"财产收益"第四款的解释：

"我国对外所签协定有关条款规定与中新协定条款规定内容一致的，中新协定条文解释规定同样适用于其他协定相同条款的解释及执行。"

"按第四款规定，如缔约国一方居民持有某公司的股份，不论该公司是缔约一方的公司还是缔约对方的公司，只要该公司的股份价值的50%以上（不含50%）直接或者间接由位于缔约对方的不动产所构成，则缔约国一方居民转让该公司股份取得的收益，无论其持股比例是多少，不动产所在国对股份转让收益都有权征税。如果新加坡居民拥有某中国境外公司的股份，如果该公司股份价值的50%以上直接或间接由位于中国境外公司的不动产所构成，则上述新加坡居民转让该中国境外公司股份（股票）取得的收益，中国作为不动产所在国根据本款规定拥有征税权（但一般情况下如果不动产所在国国内法对此类情形下的转让收益不征税，即使协定规定有征税权，也并不意味着不动产所在国一定要征税）。"

因此：

首先，鉴于《中澳税收协定》第13条"财产收益"第4款规定与《中新税收协定》第13条"财产收益"第4款规定在"内容"实质上（并非文字语句完全）保持一致。故此，可以适用《中新协定条文解释》的相关解释。

其次，从上述解释举例来看，在本案例中，即便中国居民持有澳大利亚境外公司（外国公司，即本案中的中国香港或英国中间控股公司）的股份，只要该外国公司股权价值的主要部分（50%以上）直接或间接由澳大利亚的不动产所构成，澳大利亚仍然具有征税权。可见，中国对该款中的"转让"的解释是包含"间接转让"之义的。

综上所述，我们的倾向性看法如下：澳大利亚根据其国内法和《中澳税收协定》，对兖州煤业转让中间控股公司这一行为享有优先征税权。

方案二：假如选择转让中国香港中间控股公司，那么，就需要承担股权转让金额0.2%的香港印花税，买卖双方均需缴纳。同时，根据《中澳税收协定》第13条第4款以及澳大利亚税法的规定，澳大利亚拥有最终的征税权。

由于中国香港中间控股公司为非居民企业，还需就股权所得在澳大利亚计算缴纳30%的资本利得税。

方案三：假如选择处置英国中间控股公司，一方面，根据中国香港和英国签订的双边税收协定中的第13条，由于在英国并不存在"位于英国的不动产"，故排除了英国的征税权，中国香港独占征税权；另一方面，由于中国香港仅就源于香港境内的所得征收所得税，香港也不会就该笔境外收益收税。但是，就该股权转让交易，买卖双方需共同在香港缴纳0.2%的印花税，由于英国中间控股公司为非居民企业，还需就股权所得在澳大利亚缴纳30%的资本利得税。

方案四：直接处置兖煤澳大利亚的股权。由于英国中间控股公司为非居民企业，按照澳大利亚与英国的税收协定，是需要承担30%的澳大利亚资本利得税和英国印花税的；在英国，以契约金额作为计税依据，股票、股权转让契约的适用税率为0.5%。

表11是兖州煤业股权间接转让过程所涉及的税收。

表 11　兖州煤业股权间接转让过程所涉及的税收

方案	税种及税率
方案二	中国香港印花税（0.2%）、澳大利亚资本利得税（30%）
方案三	中国香港印花税（0.2%）、澳大利亚资本利得税（30%）
方案四	英国印花税（0.5%）、澳大利亚资本利得税（30%）

4.2.3　不同退出方案下税负对比

为了更清晰地对比兖州煤业通过以上不同方案退出并购时会承担的税负，本节将其总结归纳，如表 12 所示。

表 12　退出方式税负测算对比

退出方式	税种及税率
资产转让	企业所得税（30%）、商品及服务税（10%）、资本利得税（30%）、工资税（4.85%）、土地税（0.2%~2.55%）、印花税（5.5%）
股权直接转让	方案一：资本利得税（30%）、中国印花税（0.05%）
股权间接转让	方案二：中国香港印花税（0.2%）、资本利得税（30%） 方案三：中国香港印花税（0.2%）、资本利得税（30%） 方案四：英国印花税（0.5%）、资本利得税（30%）

综上所述，通过出售东道国公司的资产退出并购的税务成本通常较高。因为除所得税外，还可能涉及其他各种潜在的高额税收，所以资产转让的方式我们暂不考虑；而股权直接转让和股权间接转让都会面临 30% 的资本利得税，印花税的税负差距可以忽略不计，但前文对于兖州煤业的持股架构采取了间接持股的假设。因此，从现实和税务角度出发，建议兖州煤业在退出其对兖煤澳大利亚的并购并将其进行转让时，采用股权间接转让中的方案二或方案三。

5　案例总结与启示

5.1　案例总结

本文主要分为以下几个部分：

第一部分为案例背景。本部分介绍了案例选择原因、相关公司情况、收购过程以及融资方式，为下一步的案例分析做铺垫。

第二部分为收购阶段税务筹划分析。本部分通过分析现行持股框架下的税收成本、各国的税收政策，确定选择"中国香港+英国"的双层中间控股架构。在融资方式的选择上，通过比较债权融资和股权融资、境内融资转贷和境外直接贷款的税收成本，认为境外直接贷款的债权融资方式对企业更加有利。最后，分析了间接股权转让、汇兑及外汇管制等风险。

第三部分为持有阶段税务筹划分析。本部分首先分析了持有阶段税务筹划的基本思路，分析并计算了现行控股架构和"中国香港+英国"的双层中间控股架构下企业分配股息的税负，认为中间控股架构有利于节约税收成本，进一步运用资本结构进行税务筹划可行但不符合企业经营目标；最后分析了实质经营和受控外国公司认定等风险。

第四部分为退出阶段税务筹划分析。本部分分析了兖煤澳大利亚退出时采用资产转让、股权转让方式下的相关成本及风险，认为股权转让为最佳方式；分析了兖州煤业退出时采用资产转让、股权直接转让和间接转让三种方式下的相关成本及风险，认为股权间接转让为最佳方式。

5.2 案例启示

5.2.1 合理利用离岸结构

在企业进行跨境并购时，合理的控股架构及资金安排能够有效减轻企业的税收负担，中间控股公司的设立往往需要结合集团的商业战略与税收成本进行选择；在搭建离岸架构时，应当全面了解离岸法域的法律环境，选择信誉良好的注册代理人注册 SPV 公司，并按照我国的相关政策，履行规定的审批程序，利用 SPV 公司这种载体进行跨国投资等相关业务。

5.2.2 及时评估税收风险

由于 BEPS 行动计划、"双支柱"方案正在不断地补充和更新，企业设立在低税率国家（地区）或避税港的中间控股公司应该达到合理商业目的，确保符合当地居民纳税人资格，并持续关注最新政策动态。同时，加强与国家税务总局对外税务处的沟通，组建优秀税务团队，着手评估潜在税收风险，最大程度地减少税收风险给企业带来的损失。

5.2.3 分阶段进行整体筹划

借鉴兖煤澳大利亚在跨境并购中采用的税务筹划思路，明确第一目标，抓住并购各阶段的主要矛盾，不断改变税务筹划策略。可以考虑通过暂时牺牲一定的税收利益，达到利益最大化的目的。在建设更高水平对外开放型经济新体制背景下，中国企业海外跨境并购需求越来越多，出于战略考虑，中国企业应该分阶段有重点地进行整体筹划，不仅仅局限于税务筹划。

参考文献

［1］李海容.海外投资并购：实务操作与典型案例解析［M］.北京：法律出版社，2017：64-65.

［2］王素荣.中国企业投资澳大利亚的税务筹划［J］.国际商务财会，2018（5）：7-11.

［3］古成林. 对"走出去"企业跨境并购的税务建议［J］. 国际税收，2019（2）：41-44.

［4］王素荣，于美男. 海外投资资本结构税务筹划研究［J］. 国际商务财会，2015（1）：59-64.

［5］杨昕妍. 中国企业跨境并购税务筹划方案研究［D］. 广州：广东外语外贸大学，2020.

［6］王昱竹. 兖州煤业跨境并购联合煤炭案例研究［D］. 沈阳：沈阳工业大学，2020.

［7］薛雅心，陈炎. 境外投资架构税务风险防范研究［J］. 当代石油石化，2021，29（12）：16-22.

［8］刘军. 兖矿集团澳洲公司海外并购案例分析［D］. 西安：西北大学，2018.

［9］邱明峰. 海外并购中能源类企业价值评估研究［D］. 北京：中央财经大学，2018.

点评

　　本文通过对兖煤澳大利亚并购联合煤炭公司案例进行分析，全面覆盖了跨境并购的三个关键阶段，即收购、持有和退出，并在每个阶段都进行了详细的税务分析。本文结构清晰，逻辑性强，令人印象深刻，突出表现在以下三个方面：

　　1. 具有全面性和系统性，逻辑性强。本文从收购、持有和退出三个阶段全面覆盖了跨境并购的整个生命周期，体现了作者对跨境并购税务问题的系统思考。对并购的背景交代得非常清楚，有助于读者全面了解并购的底层逻辑和动因，这种全面的分析框架有助于读者全面理解跨境并购中的税务考量。

　　2. 多角度分析，理论与实践结合。在每个阶段的分析中，作者都从多个角度进行了探讨。例如，在收购阶段，本文分析了 SPV 地点选择、控股层级设计和融资方式等多个方面。这种多角度的分析方法体现了作者对问题的全面思考。理论与实践相结合的方法使得分析更加贴近实际，增强了文章的实用性和说服力。

　　3. 优化方案设计，定量分析与定性分析结合。作者在兖煤澳大利亚现有方案的基础上，提出了"中国香港+英国"的双层中间控股优化方案。这种创新性的思考展示了作者的分析能力和实践应用能力，也为读者提供了新的思路。本文不仅进行了定性分析，还进行了定量比较，如比较不同方案下的企业税负。这种定量分析增强了文章的说服力和实用性。

　　其他建议：

　　1. 深化国际税收规则分析。建议进一步探讨 OECD 的 BEPS 行动计划、各国反避税规则等国际税收热点问题，分析这些规则对跨境并购的影响，将使文章更具前瞻性和国际视野。

　　2. 强化法律合规性分析，考虑宏观经济因素。建议在税务分析的基础上，进一步探讨各种税务安排的法律合规性，包括对反避税规则、实质重于形式原则等的考量的法律影响的分析，以更加完善跨境并购交易的分析框架。对澳大利亚在并购方面的税收规定，也可以适当完善和补充，以增强并购方案的合理性和说服力。建议在分析中考虑宏观经济因素对跨境并购税务的影响，如汇率波动、通货膨胀等，这将使分析更加全面。

　　3. 关注并购后的整合。在退出阶段的分析中，加入对并购后整合期间税务管理的探讨等。

　　总体来说，本文展现了作者对跨境并购税务问题的深入理解和系统思考能力。通过进一步拓宽国际视野、拓展研究范围、深化分析维度，相信这项研究将更具学术价值和实践指导意义。

点评人：谭伟（毕马威中国税务合伙人）

企业跨境并购税务分析

——以中国广核集团收购 Gamma 项目为例

王雪杨　李坪芳　乔龙洋　高孟翠　高　悦

【摘要】近年来，我国越来越多的企业采取跨境并购、跨境投资的方式"走出去"，而这些企业在"走出去"的过程中由于不同国家的税收政策不同而面临税务风险问题。为了减轻企业税收负担、防范企业税务风险，应该对企业进行合理的税务筹划。本文以中国广核集团有限公司收购巴西 Gamma 能源项目为税务案例，从收购、持有、退出三个阶段分析其税收成本、税收风险，并提出了合理的应对措施，在案例现有方案的基础上增加了新加坡中间控股优化方案。收购阶段，从 SPV 地点、控股层级等角度进行分析；持有阶段，从控股架构、资本结构等角度进行分析；退出阶段，从退出层级、退出方式等角度分析企业的税负及风险。最后对跨境并购企业提出建议。

【关键词】跨境并购；控股结构；税务筹划；税务风险

83

1 案例背景介绍

1.1 案例选择原因

在共建"一带一路"倡议的引导以及经济全球化这一大背景下，我国许多企业为积极响应"走出去"战略，采用最多的对外投资方式即为跨境并购。2005 年之后，我国企业跨境并购的发展非常迅猛，呈现出快速增长的趋势。2016 年，我国企业则开始了"井喷式"快速增长的跨境并购，越来越多的企业通过跨境并购的方式来开拓国际市场、实现多元化经营、扩大竞争优势。在跨境并购过程中，企业会面临各种复杂的税务问题，不同国家（地区）的税收制度和税收政策不同，导致企业遭遇税务风险。而合理的税务筹划不仅能有效防范税务风险，而且能减轻企业税收负担，所以研究跨境并购企业的税务筹划具有现实意义。

新能源行业具有发展潜力，且该行业存在大量并购案例，中国广核集团有限公司收购巴西 Gamma 新能源项目为其中之一，并且此案例为《2021 年中国企业出海跨境并购 50 强》榜单上的案例。国家针对新能源企业出台了大量税收优惠政策，以降低其纳税压力，推动新能源行业发展。而新能源行业容易出现税务筹划问题，比如管理人员风险意识不强导致的税务筹划风险问题、税务筹划人员缺乏专业性导致的税额筹划不合理问题、优惠政策应用不到位导致的无法为企业降低税负的问题等，故研究此案例的税务筹划与风险防范能够对其他新能源跨境并购具有一定的借鉴意义。

1.2 相关公司介绍

1.2.1 中国广核集团有限公司

中国广核集团，原中国广东核电集团，总部位于广东省深圳市，是由国务院国有资产监督管理委员会控股的中央企业。该集团发展较早，其于1994年9月正式注册成立。2013年4月，中国广东核电集团正式更名为中国广核集团，中国广东核电集团有限公司也同步更名为中国广核集团有限公司（以下简称"中广核"）。中广核始终以"发展清洁能源，造福人类社会"为使命，构建了"6+1"产业体系，其业务范围已覆盖核能、核燃料、新能源、非动力核技术、数字化、科技型环保、产业金融等领域，并拥有3个香港上市平台和2个内地上市平台。

1.2.2 中国广核能源国际控股有限公司

中国广核能源国际控股有限公司（以下简称"中广核能源国际"）于2017年11月21日正式成立，为中广核控股公司，定位为中广核境外非核清洁能源产业开发和资产经营平台。多年来，该公司主动融入国家战略，致力于推动"一带一路"共建国家高质量发展，持续深入区域能源合作。目前，中广核能源国际的清洁能源资产已遍布孟加拉国、韩国、马来西亚、巴西、爱尔兰、法国等15个国家，境外控股电力装机规模为1 117万千瓦，位居中国央企前列，主要业务包括气电、风电、光伏发电、生物质发电等领域。中广核能源国际的发展历程如图1所示。

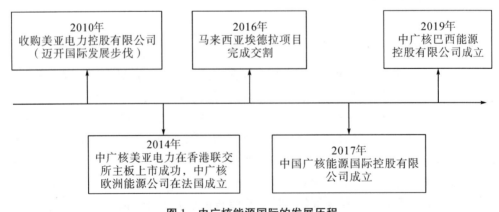

图1 中广核能源国际的发展历程

1.2.3 Gamma新能源项目

Gamma新能源项目位于巴西东北部，并于2017年下半年进行投产。该项目总装机规模为54万千瓦，包括两个在运的太阳能项目（共计45万千瓦）以及一个在运风电项目（9万千瓦）。

1.3 收购过程简介

2017 年 12 月，中广核能源国际开始与意大利国家电力公司进行沟通接触，意大利国家电力公司表示其有意出售 Gamma 项目，以对他们在巴西的业务进行转型调整。2019 年 1 月 16 日，中广核与意大利国家电力公司正式签署 Gamma 项目股权并购协议，并于该年的 6 月 24 日正式完成项目股权交割确认，收购金额为 6.8 亿美元，同时为方便运营管理，成立了中广核巴西能源控股有限公司。这个新成立的中广核巴西能源控股有限公司不仅需要负责运营这次交割的 Gamma 项目，也需要统一运营中广核在此之后在巴西的所有项目。收购前的股权结构如图 2 所示，收购后的股权结构如图 3 所示。

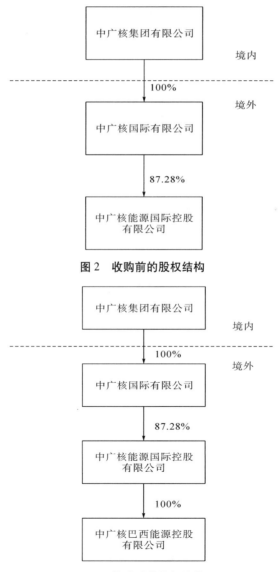

图 2 收购前的股权结构

图 3 收购后的股权结构

85

2 收购阶段税务筹划及风险分析

中广核跨境收购 Gamma 项目并成立巴西能源这一案例的股权结构会在一定程度上增加持有阶段与退出阶段的税收负担。因此，在收购阶段，可以通过优化中广核跨境并购 Gamma 项目并成立巴西能源这一案例的股权结构，从而达到减轻未来税收负担的效果。

2.1 股权结构税务筹划分析

根据以往经验，我国企业在进行跨境并购的过程中，选择的税务筹划方式主要为控股架构设计。因此，企业均需要提前充分了解其实施的限制条件，以及采用此方案后会面临的风险。

2.1.1 改进控股架构设计阐述

一般而言，控股架构设计主要有间接投资和直接投资两种方式。例如，对 Z 公司跨境并购 M 项目来讲，Z 公司可以采用直接对 M 项目进行投资收购的方式；或借助原子公司 B，由 B 公司出资收购 M 公司的方式；也可采用设立一家新公司 C，由 C 公司出资收购 M 公司的方式。在本案例中，中广核则是采用了直接投资的方式，借助其子公司中国香港能源国际公司对 Gamma 项目进行收购。

在跨境并购的项目中，目前跨国企业收回现金流的常用方式为境外股息汇回。在这个过程中，对企业进行控股架构设计，可以让其在股息汇回过程中尽量少承担税负成本，达到利润最大化的目的。这种方法具体是选择一个或几个合适的中间控股平台，进行这样的操作可以使标的企业的利润在回归境内的过程中先将利润汇入这个中间控股平台，而不会直接将利润转入境内。而经过这样一道中间流程的目的是，如果中间控股平台分别与中国和目标企业所在国签订了税收协定，那么就可以减少或者避免利润在流动过程中产生部分损失，来帮助企业实现投资收益的最大化。

故结合以上理论，在一个境内母公司 A 并购国外的 B 公司的案例中，若母公司 A 不直接并购标的公司，而是在与中国和 B 公司所在国均签订了双边税收协定的国家或地区设立一个中间控股公司 C，那么在持有阶段 B 公司的利润汇回境内的过程中，其利润不会直接转入境内，而是将利润先汇入中间控股公司 C，再通过 C 公司汇入境内。此时按照双边税收协定的规定，母公司 A 可以享受到比较低的预提所得税税率优惠。

因此，在本案例中，中广核通过直接投资的方式，借助其子公司中国香港能源国际公司收购巴西一公司的 Gamma 项目，并成立巴西能源公司。这种投资方式可能会导致企业将来面临双重征税的风险。因此，我们尝试对此案例的控股架构设计进行改进。

2.1.2 离岸架构中的 SPV 地点选择原因

国际上的企业跨境并购的案例非常多，且此类案例大多考虑了上述环节的问题，经过对比分析此类案例最后经常会选择的一些国家，从这些国家里我们初步挑选了新加坡和卢森堡作为考虑。

一方面，巴西与中国香港之间并未签订税收协定豁免巴西股息预提所得税，这就意味着当巴西能源实现盈利并向中国香港能源国际公司分配股息时，仍然需要按照25%的比例预提股息所得税。因此，如果直接在中国香港设置中间控股公司，会比较难以达到税务筹划的目的。故我们考虑在巴西与中国香港中间设置一个SPV来减轻公司征收较高额度的预提所得税的负担。另一方面，还要考虑中间控股层国家本身对股息征税的政策。

在选择SPV地点的设置时，我们要考虑巴西对中间控股层国家征收的股息预提所得税和中间控股层国家本身对股息征税的政策。在预提所得税方面，巴西与新加坡和卢森堡之间均签有税收协定。该协定规定，如果巴西企业向新加坡企业支付股息，巴西仅对该企业征收10%的预提所得税；而如果巴西企业向卢森堡企业支付股息，巴西仅对该企业征收16%的预提所得税。在股息征税方面，新加坡国家本身对从海外获得的股息是不征税的，而卢森堡则征收15%的税。又因新加坡和卢森堡分别均与中国香港签有税收协定，规定如果新加坡企业向中国香港企业支付股息，新加坡将对该企业征收15%的预提所得税；如果卢森堡企业向中国香港企业支付股息，卢森堡将对该企业征收8.5%的预提所得税。所以，我们进行了股利分配情况测算，以选择最优中间控股层，如表1所示。假定：巴西能源分配股利为1 000美元。

表1　股利分配情况测算　　　　　　　　　　　　单位：美元

流程	中间控股层在新加坡	中间控股层在卢森堡	不设置中间控股层
初始股利	1 000	1 000	1 000
巴西征收预提所得税	1 000×10%＝100	1 000×16%＝160	1 000×25%＝250
巴西征收预提所得税后股利（利润到达中间控股层）	900	840	750
中间控股层征收股息税	0	840×15%＝126	—
中间控股层征收股息税后（发往中国香港前）	900	714	—
中间控股层征收预提所得税	900×15%＝135	714×8.5%＝60.69	—
中间控股层预提所得税后（利润到达中国香港）	765	653.31	750

从表1可以看出，当巴西能源分配股利为1 000美元时，若将中间控股层设置在新加坡，中国香港能源国际公司能够收到765美元；若将中间控股层设置在卢森堡，中国香港能源国际公司能够收到653.31美元；若不设置中间控股层，中国香港能源国际公司能够收到750美元。但为了排除初始分配股利1 000美元设置的随机性会导致该结果的不可靠，本文又进行了下述测算：

若巴西能源分配股利为x美元，并将中间控股层设置在新加坡，最后到达中国香港的利润为 0.765x 美元 [x×(1-10%)×(1-15%)]；若将中间控股层设置在卢森堡，最后到达中国香港的利润为 0.653 31x 美元 [x×(1-16%)×(1-15%)×(1-8.5%)]；若不设置中间控股层，最后到达中国香港的利润为 0.75x 美元 [x×(1-25%)]。根据测算可知，不管最初巴西能源分配股利为多少，最终到达中国香港的利润均比将中间控股层设置在新加坡的利润高。

根据上述分析，我们考虑在收购阶段就将中间控股层设置在新加坡，其税负低的优点确保了将其作为境外中国控股公司非常合适。具体股权架构设计如图4所示。

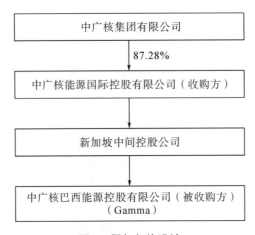

图 4　股权架构设计

2.2　收购阶段的税务风险

2.2.1　双重征税风险

在正常情况下，新加坡 SPV 可将取得的利润不分配给中国母公司而是进行再投资。为了避免被认定为居民企业或受控外国企业而导致双重征税，中广核在搭建新加坡 SPV 时，必须做到提前规划安排。在实践中，其在新加坡的子公司的日常经营活动一定要有合理的商业安排：一是获取税收利益要满足经济实质重于形式原则；二是一切经济活动应当不以获取税收利益为目的。在实践中，如果中广核想利用其在新加坡的子公司取得的收益在本区域开展投资经营，建议其需要在当地有一定的纳税记录，避免实际税负为零，满足以上两点要求则有可能被认定为"合理的经营需要"，则无须将利润分配回母公司缴纳所得税。

2.2.2　转让定价税收相关政策风险

大部分国内企业在进行跨境投资前，对当地的一些相关税收政策不是很了解，虽然在此之中通过一些合理的股权架构的设置，减轻了其境外公司利润回国的成本，但这也造成了企业境内外资金的调拨困难。如在巴西的转让定价税制方面，为防止企业逃避巴西企业所得税纳税义务，巴西政府引入了转让定价法规，并于 1997 年1 月 1 日起实施。该政策规定，若巴西企业与注册在"避税天堂"的企业发生关联，必须满足转让定价规定的要求。对与设在"避税天堂"名单中的国家的关联企业往来，巴西政府规定：不得享受巴西政府有关财政及资本市场的税收优惠政策。因此，企业在进行税务筹划时，应当熟悉当地的税法与优惠政策，相关的税务人员应特别注意当地与我国税制的差异，从而避免因为税制差异对境外投资产生严重影响。

2.2.3 外汇汇兑与管制风险

该项并购涉及 6.8 亿美元的现金对价，在对价支付环节，可能涉及外汇汇兑风险，汇兑时汇率变动可能导致资金缩水。因此，公司可以合理利用外汇市场金融工具达到资金的保值，降低外汇汇兑风险，也可以直接从融资方取得美元资金，以减少不必要的汇兑。

3 持有阶段税务筹划及风险分析

3.1 控股架构税务筹划分析

中广核 100% 控股的企业——中广核能源国际与 Enel（意大利电力公司）在圣保罗签署了巴西 Gamma 新能源项目股权交割确认书，同时成立中广核巴西能源控股有限公司（以下简称"巴西能源"），这也标志着中广核开始进入南美清洁能源市场。持有阶段中广核需要重点考虑在将利润返还给中国境内企业的过程中，该如何搭建合适的境外控股架构，使得企业整体所承担的税负尽可能低，从而实现整体利益的最大化。

要设置合理的境外税收结构，需要考虑的是在境外分红汇回国内的过程中所需承担的所得税费用与预提所得税费用。巴西的实际企业所得税税负包含三个部分。

（1）企业所得税 IRPJ：15%。

（2）IRPJ 附加税：10%（针对年度应税利润超过 240 000 雷亚尔的部分）。

（3）净利润社会赞助费 CSLL：9%（金融机构 2020 年 2 月 29 日之前适用税率为 15%，自 2020 年 3 月 1 日起适用税率为 20%）。

因此，在巴西非金融公司企业所得税最高合计征收税率为 34%。

在上述税务筹划过程中，我们需要注意巴西税法中两个独特的定义，即已付税股息和未付税股息。已付税股息是指巴西居民企业给股东发放的股息已经缴纳巴西公司所得税，那么此类股息无论是发放给巴西居民股东还是发放给境外非居民股东，均无须再承担额外的税负。未付税股息是指在特定情形下，巴西居民企业分配的股息是未缴纳公司所得税的，那么当该部分股息分配给股东时，巴西政府将按规定向其征税。在本案例中涉及的主要是预提所得税，如果 Gamma 项目把股利分配给中间控股公司或母公司，巴西政府将按照本国税率或者税收协定的规定税率征收预提所得税。如果签订有双边税收协定，那么按照双边税收协定中规定的预提所得税率征收。未付税股息产生的特定情形在巴西税法中有详细规定，比如填补以前年度亏损，那么本年度的未分配利润中就有部分无须缴纳企业所得税。

针对股息，在中国和巴西签订的税收协定中，与部分国家订立了持股达到规定比例后，可以以较低税率预提所得税，而《中巴税收协定》中的股息预提所得税税率为10%。因此，利用上述免除股息预提所得税条款来进行境外控股架构设计的方式可以有效降低境外税负。

最后，根据《关于完善企业境外所得税抵免政策问题的通知》（财税〔2017〕84号，以下简称"84号文"）规定，在满足持股比例不低于20%且境外抵免层级最多不超过五层的情况下，企业在境外已经负担的税负可以抵免。因此，在设置中间控股公司时应注意层数，避免无法享受我国的税收抵免政策。

3.2 现行税务筹划下间接控股架构下的税负

在现行税务筹划下，中广核通过中广核能源国际控股收购 Gamma 项目，同时成立巴西能源。现行控股架构如图 5 所示。在现行的间接控股架构下，股权持有阶段分红带来的税负主要可以从巴西当地的税务影响、中间控股公司的税务影响以及中国大陆的税务影响三个方面来进行分析。

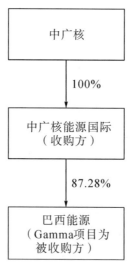

图5　现行控股架构

3.2.1　巴西当地的税务影响

首先，因为巴西能源成立时间较晚，数据较少，所以假设巴西能源 2022 年的税前利润为 m 万雷亚尔。

该利润应缴纳巴西公司所得税税额 m×34%＝0.34m 万雷亚尔，假设将所有税后利润全部汇回中广核，则该笔分红由于已经支付所得税，在汇出巴西前无须再缴纳股息预提所得税。按持股比例应汇回 0.66m×87.28%＝0.576m 万雷亚尔，还原为税前利润总额为 0.872 8m 万雷亚尔，该利润已缴纳巴西公司所得税税额 0.872 8m×34%＝0.296 8m 万雷亚尔。

3.2.2 中间控股公司的税务影响

从巴西汇出的股息到达位于中国香港的子公司中广核能源国际，中国香港自身的税负低，并且仅就中国香港本地取得的所得征税，且根据中国香港税收制度的规定，其不征收股息预提所得税。因此，对中国大陆境内企业来说，选择香港作为子公司注册地，便于将资金保留在境外用于再投资。综上所述，在现行税务筹划下，巴西能源的该笔分红，在流经中间控股公司时无税务影响，税负为0。

3.2.3 中国大陆的税务影响

首先，与直接控股架构下的情况类似，根据84号文的规定，境外已纳税额的抵扣需满足持股比例不低于20%且境外抵免层级最多不超过五层。在现行税务筹划下，中广核间接持有巴西能源87.28%的股份，且仅在境外设立了1家中间控股公司，共2层抵免层级，符合要求。其次，巴西能源的该笔分红还原为税前利润总额为0.872 8m万雷亚尔，已预缴企业所得税0.296 8m万雷亚尔，该金额可间接抵免，因此该笔分红在境外已承担税负0.296 8m万雷亚尔，汇回的分红在中国境内应承担企业所得税负为0.872 8m×25%＝0.218 2m万雷亚尔。因该笔分红在境外已承担税负0.296 8m万雷亚尔＞0.218 2万雷亚尔，故无须补缴税款。综上所述，无论该笔分红是否汇回中国境内，其税负率均为0.296 8m÷0.872 8m＝34%。

3.3 优化税务筹划后的间接控股架构下的税负

图6是优化税务筹划后的间接控股架构。

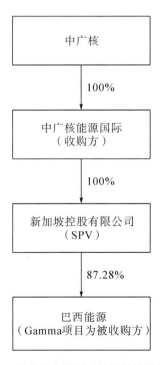

图6 优化税务筹划后的间接控股架构

在并购过程中，中广核可以运用巴西本地的税收政策以及其与不同国家的税收协定，利用间接控股架构并购 Gamma 项目，并适当设置境外控股公司进行税务筹划，以达到降低税负的效果。

首先，根据巴西对已付税股息不征预提所得税，对未付税股息按税收协定征收预提所得税的政策，可以在保证已纳税分红的情况下，尽可能多地分配未付税股息，我们将这一比例设定为 50%。

巴西对直接支付给中国香港的股息征收 25% 的预提所得税，而在巴西与其他部分国家签订的税收协定中规定：持股达到规定比例后，股息预提所得税税率为 10%。中广核可以利用上述规定，设立如前文所述的中国大陆—中国香港—新加坡—巴西的境外控股架构。这一控股架构并不复杂，主要增加了新加坡作为中间控股公司所在地。

中国香港税收优惠较多，可作为境外资金留存地。而新加坡中间控股公司则是根据其与巴西的税收协定规定，如果受益所有人是拥有股份的另一缔约国的公司的居民，且其拥有的股份占支付股息的公司 12 个月表决权的 25% 或更多，那么预提所得税税率为 10%。

这样，源于巴西的经营所得在中间控股层就不产生税负，只需在汇回中国时缴纳 25% 的公司所得税。

3.3.1 巴西当地的税务影响

通过设置未付税股息的比例为 50% 并且设立了新加坡中间控股公司，那么，巴西能源所收到的分红在巴西当地缴纳的公司所得税为 $m×50%×34%=0.17m$ 万雷亚尔，已缴纳公司所得税部分按照巴西的规定免征预提所得税，而未缴纳公司所得税部分的预提所得税则是按照新加坡与巴西之间的税收协定规定计算的，即 $m×50%×10%=0.05m$ 万雷亚尔。在巴西总共承担的税负为 0.22m 万雷亚尔，该笔分红到达上层控股公司新加坡的金额为 0.78m 万雷亚尔。

3.3.2 中间控股公司的税务影响

根据新加坡参股免税的规定，新加坡对该笔收入不征收新加坡公司所得税，同时根据新加坡国内法的规定，不征收股息预提所得税，因此该笔分红在新加坡当地无额外税负。

从新加坡汇出的股息到达位于中国香港的全资子公司中广核能源国际，中国香港自身的税负低，并且仅就中国香港本地取得的所得征税。且根据中国香港税收制度的规定，其不征收股息预提所得税。因此，对中国大陆境内企业来说，选择中国香港作为中间控股公司，便于将资金保留在境外并用于再投资。该笔分红到达中国香港后，中国香港同样未增加额外税负。

由此可知，来自巴西经营所得的分红，在流经中间控股公司时均无税务影响，税负为 0。

3.3.3 中国大陆的税务影响

如果选择将利润留在中广核能源国际，那么该笔分红承担的税负率等于

$0.22m \div 0.872\ 8m = 25.2\%$。

如果选择将股息分红汇回国内，那么需要就该笔分红缴纳境内所得税。根据84号文的规定，当前持股比例与境外抵免层级都符合相关规定，那么该笔分红在巴西已缴纳的税负可以在中国境内应纳税额中抵免，所需缴纳的境内公司所得税为 $0.872\ 8m \times 25\% = 0.218\ 2m$ 万雷亚尔，在境外已承担的税负 $0.22m$ 万雷亚尔不需要补缴所得税。最终税负率为 $（0.22m）\div 0.872\ 8m = 25.2\%$，比现行控股模式下的实际税负率低了 8.8%。

3.4 资本结构税务筹划分析

3.4.1 贷款方的选择

对于 Gamma 项目交易金额 6.8 亿美元，首先我们需要考虑由集团内哪一个分公司向新设立的巴西能源提供贷款，以使集团内部总体税负最小化。如果由新加坡公司向其提供贷款，由于巴西和新加坡之间签有税收协定，根据利息收入的相关规定，巴西就新加坡公司源于巴西能源的利息收入所得按照15%的预提所得税率扣缴预提所得税。且新加坡不会对汇入的利息总额另行征税；如果选择由中广核能源国际提供贷款，巴西没有与中国香港签订税收协定，且对于支付给低税收管辖区实体的利息其需要按25%的税率缴纳预提所得税。因而，与新加坡作为贷款方进行比较，在这种情况下其税负率提高10%。最后考虑由中国公司提供贷款资金，巴西征收利息总额15%的预提所得税，且该已缴税额可以在对其征收的中国税收中抵免。中国对这笔利息需要征收 10% 的企业所得税，故该笔利息将总共征收 25%（15%＋10%）的利得税。综上所述，在以企业集团的贷款利息收入税负最小化为目标时，Gamma 项目借款的最佳途径是新加坡中国控股公司。此外，需要特别说明的是，考虑到新加坡中间控股公司是一个没有实体经营的 SPV 公司的现实情况，新加坡中间控股公司可以选择将利息收入以股息分红的形式汇入对其直接控股的中广核能源国际，中国香港对控股公司的境外收入不征税，故也不会产生额外税负。利息收入税负率如表 2 所示。

表 2　利息收入税负率　　　　　　　单位:%

贷款方	新加坡中间控股公司	中广核能源国际	中国母公司
利息收入税负率	15	25	25

3.4.2 资本结构的设计

对于企业所得税税率较高的境外子公司，跨国公司选择以债权融资的方式注入资金比股权融资方式的节税效应更加明显，税收效率更高。因此，世界各国也纷纷出台资本弱化政策进行反避税。对跨国企业来讲，充分合理利用投资国的资本弱化政策是规避税务风险、进行税务筹划的关键一环。

假设巴西 Gamma 项目的总投资额为 3c 亿美元，息税前利润为 m 亿美元（大于24 万雷亚尔）。考虑到巴西反避税政策中的资本弱化政策，巴西能源应当按照巴西规定的 1∶2 的权益债务比将资本注入 Gamma 项目，即将 c 亿美元以权益资本的形式进行增资并提供 2c 亿美元的债务借款，按照 5% 的比率收取利息。根据巴西税收制度的规定，Gamma 项目产生的借款利息可以在税前抵扣。巴西税率如表 3 所示。

表 3　巴西税率

企业所得税税率	股息预提所得税税率	利息预提所得税税率
34%	10%	15%
巴西的企业所得税税率由三部分组成，即企业所得税 IRPJ15%、IRPJ 附加税 10%（针对年应税利润超过 24 0000 雷亚尔的部分）和净利润社会赞助费 CSLL9%	在 365 天内持股比例≥25%	—

从表 4 中可以看出，无论 m 与 c 的大小关系如何，相较于股权融资，债权融资的节税效应更明显，能更好地发挥税务筹划的作用。值得注意的是，资金由新加坡中间控股公司贷款提供，可以在一定程度上规避财务风险和外汇风险，且避免了现金流占用的发生，不失为一种合理有效的有利于企业长期平稳发展的税务筹划。

表 4　利息收入税负对比

项目	税务筹划	直接投资
总投资（1）	3c	3c
权益融资（2）	c	3c
债务融资（3）	2c	—
息税前利润（4）	m	m
利息支出（5）	2c×5% = 0.1c	0
应纳税所得额（6）=（4）-（5）	m-0.1c	m
应纳所得税（7）= 34%×（6）	0.34m-0.034c	0.34m
母公司取得股息（8）=（4）-（7）	0.66m+0.034c	0.66m
股息预提所得税（9）	0	0
利息预提所得税（10）= 15%×（5）	0.015c	0
母公司实际收入（11）=（5）+（8）-（9）-（10）	0.119c+0.66m	0.66m
境外纳税总额（12）=（7）+（9）+（10）	0.34m-0.019c	0.34m
境内补缴所得税（13）	情况一：若 m≤1/25 c，无须补税 情况二：若 m>1/25 c， 需补税 0.165m-0.006 5c	—
集团纳税总额（14）=（12）+（13）	情况一：0.34m-0.019c 情况二：0.25m	0.34m
税负占 EBIT 的比例（15）=（14）/（4）	情况一：34%-1.9%c/m 情况二：25%	34.00%

3.5 持有阶段的税务风险

跨国企业往往具有相当大的税收规模且税收管理事项较为复杂，因而总是面临更大的税务风险。在实务中，许多国际大企业都采用跨国转移定价的方式，选取国际避税地作为 SPV 设计股权架构，并充分利用税收协定等方法进行税务筹划。经济合作与发展组织（OECD）发布税基侵蚀和利润转移（BEPS）项目规定，以纠正上述避税行为。各国政府也纷纷出台各种反避税政策以规避本国税源的流失，比如转让定价规则、资本弱化政策、受益所有人制度，等等。中广核需要及时了解这些国际政策，以规避轻则纳税调整、重则税收处罚等危及公司声誉和利益的税务风险。

3.5.1 国际经济环境及宏观政策稳定性风险

当前，世界的政治和经济环境十分复杂，各国政策结构不断调整。由此给企业带来的法律和监管风险、政治风险、信息不对称风险等应当引起企业重视。一是各个国家的税法和监管规定可能会在不同时间和不同程度上发生变化，这可能对中广核等大型跨国企业的税务筹划造成风险。例如，政府可能通过修改税法或加强监管来削减跨国企业的避税行为。二是政治不确定性可能会对跨国企业的税务筹划造成风险。政府主导的政策变化、选举结果以及国际贸易争议等都可能会对企业税务筹划产生直接或间接的影响。此外，随着全球透明度的不断提升，国际社会对企业的税收合规性要求也越来越高。许多国家（地区）推出了更加严格和透明的税收信息交换制度，这可能使得一些原本合法的税务筹划变得更具风险。三是在不同国家（地区）的税务规则和政策复杂多变的情况下，企业可能面临信息不对称和失误的风险。企业可能因为缺乏准确和及时的信息而未能有效地进行税务筹划，或者由于误解或错误解释税法规定而引发税务争议。

为了降低这些风险，中广核应建立稳健和合规的税务筹划战略，包括建立专业的税务团队，密切跟踪国际税收法律和政策的变化，确保公司税务的合规性，并审慎评估税务管理风险。对于合法避税，中广核需要基于每个国家（地区）的具体情况进行综合考虑，寻求最佳的税务筹划方案，确保企业在税收事务上的透明度和准确性。

3.5.2 税务政策有效性风险

税务政策直接影响了企业应当设计怎样的股权架构、资本结构、运营模式，以合理有效避税。例如，根据 2014 年开始生效的巴西 CFC 规则，来自境外的受控外国公司的利润需转化为雷亚尔后增加至巴西法律实体的企业所得税计算基数中。这也意味着，在本案例中，无论被参股公司是否进行实际的利润分配，巴西能源都要根据所占持股比例就其海外的参股公司年度利润缴税，因而在巴西能源下设境外子公司是不合理且没有必要的。

3.5.3 享受税收协定待遇风险

如今税务筹划已渐渐成为跨国企业战略管理的重要一环，合理高效利用税收协定进行合理避税也成为跨国企业常用的工具手段，但随之而来的问题是税收协定的滥用。根据巴西的相关规定，如果税收协定规定了更加优惠的税率，受益人需要提供所在国的税收居民身份证明以享受税收优惠待遇。中广核应当向巴西管理当局确认集团内每个实体成员及构成税收居民身份的税收司法管辖区，以规避调查认定风险。

3.5.4 资本弱化风险

为了预防企业过度资本弱化行为导致税源流失的情况发生，巴西制定了一些利息支出在企业所得税前列支的限制性政策，具体包括：一是贷款由关联方发放，二是由在低税收管辖区或受益于优惠税收制度的关联方或非关联方发放贷款。

根据巴西资本弱化的税收规定，巴西能源支付给来自非低税司法管辖区及享有优惠税收制度的税收司法管辖区的境外关联方（无论是法人实体还是自然人）的利息，若该利息费用是企业经营活动所需要的并满足如下条件，则可以在企业所得税税前列支：一是关联方持股巴西能源的，该关联方对巴西能源的债权金额不超过其持有巴西权益价值的 200%；二是关联方未持有巴西能源的，该关联方对巴西能源的债权金额不超过其持有巴西能源权益价值的 200%。由此可见，在保证不触及巴西税收制度底线的前提下，本案例中的中广核在投资 Gamma 项目时能够设计的最大债资比为 2：1。

3.5.5 转让定价调查风险

转让定价是跨国企业在进行关联交易时完成利润输送并进行避税的重要方法之一。巴西的转让定价规定在许多方面都不同于 OECD 国家。巴西的转让定价规则基于法定利润区间和事先确定的计算方法。通常来说，有效规避转让定价调查风险的措施有预约定价安排、相互协商程序等。一方面，关于相互协商程序（MAP），巴西在与新加坡签署的双边税收协定中规定了纳税人从巴西税务机关请求 MAP 应用程序的内容，以有效规避潜在的相关税务风险，这也是本案例中选择新加坡作为 SPV 的一个原因之一。另一方面，由于巴西转让定价规则不太符合 OECD 制定的独立交易原则，巴西仍未出台一个有助于缓解转让定价纠纷的预约定价安排（APA）计划。事实上，在巴西实行 APA 不仅需要出台具体的法律规定，还需要对巴西税收制度进行大力改革，以解除征收 APA 项下所有潜在税款的一般限制。由此可见，在巴西实行 APA 颇为不易。因而，中广核可以转向利用 MAP 程序，以有效规避转让定价调查风险。

3.5.6 低税收管辖区风险

巴西的反避税工作较为完善，从其对支付给低税收管辖区实体的利息按 25% 缴纳预提所得税（高于一般非居民实体 10%）便可以看出。因此，中广核在 SPV 的选择时不能盲目随意地选择任意一个低税区国家，最终可能弄巧成拙，承担不必要的税负，而应充分考虑巴西当局对低税收管辖区的抵制政策规定。

4 退出阶段的税务筹划及风险分析

依据前文，我们对中广核在持股阶段所提出的假设进行中间层公司持股的税务筹划。其优化后的股权架构如图 7 所示。

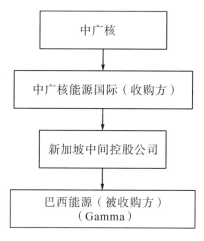

图 7 控股架构

基于全球经济下行的大背景，当企业经营战略或国家经济政策发生改变时，企业可能出于对未来发展的考虑，收缩自己的经营战略，退出对 Gamma 的投资，并将巴西能源进行转让。中广核巴西资本的退出有两种方式。一是资产转让退出：转让目标公司或子公司拥有的资产，包括固定资产、存货、土地使用权等，随后于当地清算并注销该公司。二是股权转让退出：直接将巴西能源的股权转让给第三方；通过转让搭建的中间控股公司的股权以间接转让巴西能源的股权。企业在该环节应该选择合适的退出方式使企业的退出成本最小，充分利用不同地区对于资本利得的税收政策差异，可降低税务成本，从而降低退出成本。

4.1 资产转让方式下的税负分析

中广核可以采用资产转让的方式退出对巴西能源的资本投入，主要通过以下三个方面来实现：一是转让巴西能源的资产，随后清算并注销该公司；二是转让新加坡中间控股公司的资产，随后于当地清算并注销该公司；三是转让中广核能源国际的资产，随后于当地清算并注销该公司。

单从税务的角度来看，中广核在资产转让过程中不仅会涉及所得税的征税问题，也会涉及潜在的高额税收，包括企业所得税、增值税、资本利得税、工资税、土地税、印花税等税种的征收问题。

因此，在资产转让过程中企业会承担较高的税收费用，增加退出并购的成本。从减少退出成本的角度来说，不建议中广核采取资产转让的方式退出并购。

4.2 股权转让方式下的税负分析

4.2.1 直接控股架构下的股权转让

如图 8 所示，如果中广核采用直接控股架构，那么在中广核想要退出资本的过程中，就只能将巴西能源的股权直接转让给第三方，其税务处理可以从税收协定和国内税法两个维度进行分析。此乃方案一。

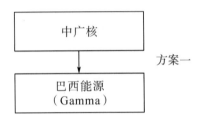

图 8 直接控股架构

（1）税收协定层面。依据《中巴税收协定》第十三条第一条款的规定，一国转让另一国不动产时获得的收益，可以在另一个国家进行征税。

（2）国内税法层面。依据巴西国内的税法规定，当交易双方（买方和卖方）均为非居民实体时，处置位于巴西境内的资产或权利产生的资本利得应在巴西纳税，且相关税款必须由非居民买方在巴西的注册代理人负责缴纳。该注册代理人对收取非居民买方应缴纳的资本利得税负有法律责任。任何形式的资产处置（比如出售、捐献或捐赠）均应当确认资本利得。

处置公司权益或资产（包括资本投资、固定资产和财务投资）产生的资本利得应当按核定利润法或实际利润法计算应税所得。资本利得的金额为该项资产的售价与其账面价值之差。巴西就资本利得征税。根据巴西国内税法的规定，其税率为 15%。

在巴西发行证券不征收印花税。

如表 5 所示，一是巴西将对中广核股权征收 15% 的资本利得税；二是中广核作为中国企业，"国家税务总局关于实施《中华人民共和国印花税法》等有关事项的公告"提到，对于境外单位或者个人纳税人，如果有代理人的，境内代理人作为扣缴义务人要按规定进行印花税的扣缴，向境内代理人所在机构的地区主管税务机关进行申报解缴税款。其适用"产权转移书据"税目万分之五的税率。所以，中广核直接转让股权会面临资本利得税和印花税两种税种的征收。同时，为了降低企业的退出成本，在转让股权前应该逐步消化累积利润。

表5　中广核股权直接转让过程所涉及的税收

税种	税率	具体规定
资本利得税	15%	与上述资产转让相同，此处不赘述
中国印花税	0.5‰	根据《中华人民共和国印花税法》的规定，财产所有权转让属于产权转移书据征税范畴，应缴纳产权转移书据印花税，税率为万分之五

4.2.2　间接控股架构下的股权转让

如图9所示，假设中广核在持有阶段进行了税务筹划，采用间接控股架构。在该架构下，中广核选择股权转让的方式退出投资，那么，它可以选择转让位于中国香港或新加坡的中间控股公司股权或者充煤澳大利亚的股权。

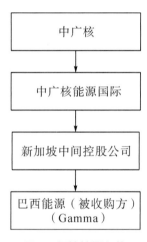

图9　间接控股架构

方案二：如果选择转让中国香港中间控股公司，那么企业就需要承担股权转让金额的0.2%的印花税，并且买卖双方都需要缴纳个人所得税。根据中国大陆和中国香港签订的税收协定，中广核无须就转让中国香港中间控股公司缴纳资本利得税。

中国香港所得税征税模式是以税收来源地为征税基础的，也就是说只有来自中国香港本地的所得利润才会被认定为"应税所得"，而来自中国香港境外的所得利润，就不用在中国香港缴纳资本利得税。

方案三：如果选择处置新加坡中间控股公司，要考虑两个方面的问题。一方面，新加坡和中国香港签订的双边税收协定中规定，新加坡就转让交易不征收资本利得税；另一方面，中国香港仅就源于境内的所得征收所得税。此外，当该笔投资收益汇回境内时，可能会享受到递延纳税的税收优惠。所以，在理想的状态下，这种方案的买卖双方只需要在中国香港缴纳交易金额的0.2%的印花税即可。

中广核股权转让过程所涉及的税负见表6。

99

表 6　中广核股权转让过程所涉及的税负

方案	退出方式	税种及税率
方案一	直接控股架构	巴西资本利得税（15%）、中国大陆印花税（0.5‰）
方案二	转让中国香港 SPV	中国香港印花税（0.2%）
方案三	转让新加坡 SPV	中国香港印花税（0.2%）

4.3　不同退出方式下的税负对比

本节对不同投资退出方式承担的税负进行了对比和归纳总结，如表 7 所示。

表 7　退出方式税负测算对比

退出方式	税负归纳
资产转让	企业所得税（15%）、净利润社会赞助费（9%）、资本利得税（15%）等
股权直接转让	方案一：巴西资本利得税（15%）、中国大陆印花税（0.5‰）
股权间接转让	方案二：中国香港印花税（0.2%）
	方案三：中国香港印花税（0.2%）

综上所述，通过出售东道国公司的资产来实现投资退出这种方式的税务成本通常较高，因为除所得税外，其中还可能涉及其他各种潜在的高额税收，所以站在企业的角度上，往往不会选择这种方式退出；在股权转让中，相对于间接股权转让，直接股权转让将面临 15% 的资本利得税，因为印花税很少，所以印花税的差距影响不大。因此，从现实和税务角度出发，建议中广核在退出其对于巴西能源的投资并将其进行转让时，采用间接股权转让办法，即方案二和方案三。

5　案例总结与启示

5.1　案例总结

本文主要分为以下几个部分：

第一部分为案例背景介绍。本部分从案例选择原因、相关公司简介、收购过程简介三个方面对整体案例进行描述分析。

第二部分为收购阶段的税务筹划及风险分析。本部分通过对中广核现行持股框架下的投资方式、各控股架构平台的税收政策对比以及不同控股架构下股利分配的测算进行分析，确定选取"中国香港+新加坡"的双层中间控股架构。最后，提出收购阶段具有双重征税风险、转让定价税收相关政策掌握风险、外汇汇兑与管制的风险。

第三部分为持有阶段的税务筹划及风险分析。本部分从控股架构和资本结构两方面展开税务筹划分析。首先对现行税务筹划下间接控股和优化税务筹划后间接控股架构下的税负分别进行了测算分析，得出在优化控股架构模式下的实际税负比在现行控股架构模式下降低了8.8%。其次从贷款方的选择和资本结构设计两个方面对中广核跨境并购经营的资本结构框架结构提出建议。我们认为，由新加坡担任并购融资的贷款方，其利息节税效应更优，且考虑到在资本弱化政策的前提下引进债权融资，能够达到理想的节税效果。最后阐明了中广核持有阶段可能存在的税务筹划风险及应对措施。

第四部分为退出阶段的税务筹划及风险分析。本部分对资产转让、股权直接转让和股权间接转让三种不同的退出方式下的税负进行了对比分析，从现实和税务角度出发，建议中广核采用间接股权转让方式退出。

5.2　案例启示

5.2.1　合理的股权架构可以降低企业的税收成本、减少利润流失

在跨国并购的过程中，合理的股权架构可以降低企业的税收成本、减少利润流失。而在搭建离岸架构时，要充分考虑并购双方、中间控股公司所在地的税收政策，除此之外，更应充分了解中间控股公司的法律环境，选择与收购双方所在地均签订有税收协定且法律环境良好的国家（地区）来设立SPV，以达到减轻收购方税收负担的目的。

5.2.2　股权架构的设计需要有效防控税务风险

股权架构的设计应该能够有效地防范税务风险，具体体现在以下三个方面：一是双重征税的风险。为了避免被认定为居民企业或受控外国企业而导致双重征税，收购方在搭建海外SPV时，必须合理安排SPV公司的日常经营活动。二是中间控股公司被认定为非境内注册居民企业的风险。非境内注册居民企业和其他中国居民企业一样，需就其源于全球的所得缴纳企业所得税，故股权架构的设计需要防范这一风险。三是受益所有人身份认定的风险。在选择SPV公司时，应当考虑其所在地关于受益所有人认定的相关规定，防范因不满足受益所有人认定而带来的无法享受股息预提所得税优惠的风险。

5.2.3　需分阶段进行税务筹划

企业进行跨境并购时，需对收购阶段、持有阶段、退出阶段做出合理的税务筹划。重点考虑收购阶段的股权转让的问题、持有阶段利润汇回的问题以及退出阶段股权转让和资本转让的问题。

参考文献

［1］李海容. 海外投资并购：实务操作与典型案例解析［M］. 北京：法律出版社，2017.

［2］古成林. 对"走出去"企业跨境并购的税务建议［J］. 国际税收，2019（2）：41-44.

［3］王素荣，于美男. 海外投资资本结构税务筹划研究［J］. 国际商务财会，2015（1）：59-64.

［4］薛雅心，陈炎. 境外投资架构税务风险防范研究［J］. 当代石油石化，2021，29（12）：16-22.

［5］孟乐之. RCEP 协定下企业在东盟国家投资的税务筹划探究：以上汽通用五菱在印度尼西亚投资为例［J］. 财会通讯，2023（6）：135-138，176.

税务案例解析与点评：跨境并购与涉外税

点评

本文体现了作者综合运用国际税收知识分析国际并购案例的能力，并从收购、持有、退出三个阶段进行全面分析。本文的结构较为清晰，也具有一定的逻辑性。在每部分具体分析过程中，作者对各种路径进行了案例比较和量化分析，能够清晰展示各种路径的优劣势。作者不仅关注了税负因素，也关注了融资、资本结构等因素，体现了作者具有综合分析的能力，能够将理论知识进行活学活用。

本文的优点：

1. 角度全面。全文紧紧围绕国际并购中的并购、持有、退出三个环节进行分析，并分析了股息、利息、财产转让所得的税务处理，分析了相关环节中的税收风险考量及关注点。

2. 直观展示。全文就不同路径下的税负情况，大量运用了抽象的假设数据，直观地展示了每一个步骤中的税负情况。全文大量运用了图形展示股权架构，并运用表格进行综合对比。

本文的不足之处：

1. 对案例的实际情况分析还有待完善。本文基于公开信息进行整理，可能对并购的信息掌握不够导致对案例本身分析较为浅显。往往一项大型的国际并购案例都有其商业目的，所有的安排都应该为商业目的服务，文章对于商业目的的分析还可以补充。同时，参与并购的相关公司还会反复进行研讨和事先进行规划，文章对于案例本身的规划还需要进一步分析。因此，建议作者从收购、持有、退出三个角度分析案例并购路径设计的优劣势，"开宗明义""吃透案例"就能够为进一步优化提供思路和空间。

2. 对相关税收政策的依据需要保持严谨。在国际并购中既涉及多个国家（地区）的税收政策，也涉及相关税收协定政策；建议注明项目所在国（地区）、中间控制层所在国（地区）的相关税收政策来源。准确把握税收政策规定，是进行税务分析和规划的最根本原则。

其他建议：

要全面展示现有股权架构的情况，不能只展示某一个国家（地区）的情况，要综合分析控股层公司的作用。

点评人：肖盛勇（通威股份首席税务师）

103

企业跨境并购中的税务分析

——以美的集团并购德国库卡为例

王学芳　彭华笛　蔡明玉　伍祖彬

【摘要】 近年来，我国深化供给侧结构性改革，旨在调整经济结构，使要素实现最优配置，提升经济增长的质量和数量。而国内企业可以借助日益成熟的资本市场，通过跨国并购的方式来优化资源配置，以达到战略协同的目的，从而实现产业整合升级。在跨国并购中，合理的税务筹划能够有效减轻企业的税收负担和缩短并购的烦琐流程，使得企业更有信心和能力完成跨国并购。在机器人自动化已成为全球发展趋势的背景下，本文以美的集团并购德国库卡为税务案例，从收购、持有和退出三个阶段对并购过程中产生的税收成本、税收风险以及应对措施进行研究。研究发现，无论股息是否汇回中国大陆，优化控股框架的整体税负率都显著低于现行控股框架；而在股息汇回中国大陆的情况下，优化控股框架的整体税负率与直接控股框架持平，但前者能够使税收收入向中国大陆倾斜。

【关键词】 跨境并购；控股架构；税务负担；税务风险

1 案例背景介绍

1.1 案例研究意义

在产业转型升级的背景下，我国当前的需求与生产矛盾突出，产能过剩由传统行业向新兴行业蔓延。为了打破这种局面，国内的公司在积累充足的资金以及丰富的经验后，可以借助日趋成熟的资本市场，通过跨国并购的方式来优化资源配置，以达到战略协同的目的，从而实现产业整合升级。但因为不同国家（地区）的税制不同、不同的行业需要注意的税务风险也不一样，所以跨国并购涉及的税务问题一般具有很强的复杂性和专业性。而税务筹划的优劣是影响到中国企业"走出去"成功与否的重大因素之一，所以对这类案例的研究具有现实意义。

制造过程机器人自动化已成为全球发展趋势。在中国，由于人力成本上涨、质量需求不断增加，机器人销售潜力大。机器人自动化改造可以推动设备自动化、生产透明化、物流智能化、管理移动化与决策数据化，实现订单、供应、研发、生产乃至配送全过程实时监控，大幅提高生产自动化率，建设全智能化工厂。从地域上看，全球机器人产业由日、欧、美三分天下，其中欧洲在工业机器人和医疗机器人领域居于领先地位。库卡集团是全球机器人企业四大巨头之一。并购库卡集团是美的集团股份有限公司（以下简称"美的集团"）从传统家电转变为综合性跨国企业的重要事件，研究该案例可以给我国企业在工业 4.0 时代进行转型提供借鉴思路。美的集团并购库卡集团，反映了我国制造企业对德国技术和高科技产品的需求，也足以表现出我国企业想要搭上"智能制造"这班飞速前进的列车的强烈愿望，这一案例也将会是未来中国企业进行收购的典范之一。

1.2 相关公司简介

1.2.1 美的集团

美的集团 1968 年成立于广东省佛山市顺德区。美的集团是一家集智能家居、楼宇科技、工业技术、机器人与自动化、数字化创新业务五大业务板块于一体的全球化科技公司。迄今，美的集团在全球拥有约 200 家子公司、35 个研发中心和 35 个主要生产基地，业务覆盖 200 多个国家（地区）。

1.2.2 库卡集团

库卡集团（KUKA AKtiengesellschaft）是在德国上市的全球领先的机器人及自动化生产设备和解决方案的供应商之一。库卡集团的主要业务板块有以下三个：一是库卡机器人板块。该板块主要从事开发、制造并销售可应用于自动化制造过程的主要核心机器人及相关的服务和控制器。二是库卡系统板块。该模块主要从事设计和建设涵盖整个工厂价值链的自动化制造系统。三是瑞仕格板块。库卡集团借助其多年在汽车工业中积累的经验，为其他领域研发创新的自动化提供解决方案。

库卡集团是全球机器人应用和系统解决方案领域技术创新的领导者，在金属加工和联结技术中，库卡集团拥有 100 多年的经验。库卡集团早在 1973 年就制造出带有电子机械驱动的六轴机器人，在 1985 年生产出首台有臂关节机器人，在 1996 年推出首套基于计算机的机器人控制系统，在 2006 年制造出全世界首台轻型机器人样品。

1.3 并购过程简介

1.3.1 美的集团布局机器人产业战略

2015 年 8 月 5 日，美的集团发布机器人产业战略：以"智能制造+工业机器人"全面提升美的集团的智能制造水平，以"智能家居+服务机器人"推动美的智慧家居快速发展与生态构建。同时，美的集团通过境外全资子公司 MECCA 首次对库卡集团实现 5.4% 的持股。截至本次要约收购前，美的集团已持有库卡集团 13.51% 的股权。

1.3.2 美的集团通过要约收购成为库卡集团控股股东

表 1 是美的集团通过要约收购库卡集团的股权结构。

表 1　美的集团通过要约收购库卡集团的股权结构

序号	股东名称	持股比例/%
1	J. M. Voith GmbH & Co. Beteiligungen KG.	25.10
2	MECCA（美的集团境外全资子公司）	13.51
3	SWOCTEM GmbH	10.02
4	其他股东	51.37
	合计	100.00

2016 年 5 月 18 日，美的集团召开董事会会议同意公司进行本次要约并购。美的集团拟通过境外全资子公司 MECCA 以现金方式全面要约收购库卡集团的股份，要约收购价格为每股 115 欧元。6 月 28 日，美的集团宣布已与库卡集团签订约束性投资协议，强调并购后将保持库卡集团的独立性并承诺保留库卡集团的工厂及员工至2023 年年末。截至 7 月 6 日，接受本次要约收购的库卡集团股份数量为 17 397 307 股，占库卡集团已发行股份的 43.74%，本次要约收购前美的集团已持有库卡集团13.5% 的股权，按目前接受本次要约收购的库卡集团股份数量计算，本次要约收购完成后，美的集团持有的库卡集团股份将超过 50%，已经满足收购最低 30% 的比例要求。根据本次要约收购的进程安排，在上述要约接受结果公布后两周内（这两周称为"额外要约期"），要约期内未接受要约的库卡集团股东可以继续决定接受要约。额外要约期将于 7 月 21 日 0 时（德国法兰克福当地时间）开始，并将于 8 月3 日 24 时（德国法兰克福当地时间）结束。截至要约期结束，已接受本次要约收购的库卡集团股份数量，加上本次要约收购前公司已持有库卡集团 13.51% 的股权，本次要约收购交割时，美的集团将共计持有库卡集团股份 37 605 732 股，占库卡集团已发行股份的 94.55%。8 月 10 日—12 月 30 日，本次要约收购关于一系列反垄断审查的交割条件已满足。2017 年 1 月 6 日，美的集团完成了本次要约收购中涉及的库卡集团股份的交割工作，并已全部支付完毕本次要约收购涉及的款项。本次要约收购交割完成后，美的集团通过境外全资子公司 MECCA 合计持有库卡集团股份37 605 732 股，约占库卡集团已发行股份的 94.55%。

1.3.3　美的集团全面收购库卡集团的股权并私有化

2021 年 11 月 24 日，美的集团拟通过境外全资子公司 MECCA 全面收购公司控股的德国法兰克福交易所上市公司库卡集团的股权并私有化。本次收购完成后，库卡集团将成为美的集团全资控制的境外子公司，并从法兰克福交易所退市。根据德国当地相关法律法规的要求，本次收购的价格以评估方式确定。经评估，本次收购价格为 80.77 欧元/股，合计收购总价款为 15 052.25 万欧元。5 月 17 日，库卡集团召开年度股东大会审议通过了《广东美的电气有限公司以现金方式全面收购少数股东所持 KUKA 剩余股份》。11 月 16 日，美的集团按照上述评估价格向剩余持有库卡集团股份的少数股东支付了收购价款，美的集团通过境外全资子公司 MECCA 间接合计持有库卡集团 100% 的股权。11 月 26 日，库卡集团已收到境外证券交易所通知，同意库卡集团终止上市并摘牌。

2 并购阶段税务筹划及风险分析

美的集团跨境并购库卡集团案例的股权结构与融资结构会在一定程度上增加持有阶段与退出阶段的税收负担。因此，在并购阶段，可以通过优化美的集团跨境并购库卡集团案例的股权结构与融资结构，从而达到减轻未来税收负担的效果。

2.1 税务筹划分析

我国企业进行跨境并购税务筹划的方式主要包括控股架构设计以及融资架构设计。但任何一种税务筹划方式，都存在其限制以及风险。因此，采用任何一种税务筹划方式前，都需要充分了解该措施实施的限制条件，以及企业采用该方案后可能会面临的风险。

2.1.1 股权结构的税务筹划（控股架构设计）

一般而言，控股架构设计主要有直接投资和间接投资两种方式。直接投资是指境内的母公司直接向国外的投资标的公司进行投资；间接投资是指境内的母公司先在境外设立一家或多家中间控股公司或投资平台，之后由该公司向投资标的公司进行投资。

当境内的母公司并购国外的某公司，且与该公司所在国尚未签订双边税收协定时，如果采用直接控股架构，那么未来标的国公司派发股息或汇回利润时将会面临较高的预提所得税税率。假如境内的母公司不直接并购标的公司，而是在与母公司所在国与标的公司所在国均签订双边税收协定的国家（地区）设立中间控股公司，那么标的企业的利润在汇回境内的过程中，不会直接将利润转入境内，而是先将利润汇入中间控股平台，再通过中间控股平台汇入境内。此时按照双边税收协定规定，母公司可享受到较低的预提所得税税率优惠，帮助企业实现跨境并购投资利益的最大化。

在本案例中，美的集团通过间接投资方式向德国的标的公司进行投资。这种投资方式可能会导致企业将来面临双重征税的风险。因此，我们尝试对此案例的控股架构设计进行改进，这些改进方案不是企业实际发生的，而是根据企业实际情况重构的假设。

2.1.1.1 离岸架构中的 SPV 地点选择的原因

表 2 是当前国际上企业跨境并购基于上述环节考量后经常选择的控股架构平台所在地及其优缺点分析。

表 2 控股架构平台所在地及其优缺点分析

国家（地区）	优点	缺点
开曼群岛、英属维尔京群岛	法制健全，税负较低，方便上市融资，便于确立商业实质	较难确定商业实质、容易受到并购标的国税务机关的挑战，面临罚款甚至注销的风险

表2(续)

国家（地区）	优点	缺点
中国香港	对海外收入免税，且无股息与资本利得税；离中国大陆更近，更加便于确立商业实质	税收协定网络相对狭窄，针对股权交易环节可能会被征收印花税
新加坡	离中国大陆较近，税收协定网络较为广泛；税负低，为达到要求的国际或地区公司的总部与营运中心提供了较为丰富的税收优惠政策	对享受股息收入免税的要求相对较高，因此将限制控股架构设计的灵活性；股权交易环节可能会被征收印花税
卢森堡	税收协定网络较为广泛，税负成本较低，股权交易环节均不征收印花税，可享受欧盟税收优惠政策	当地的税法规定较为复杂，税务筹划及后期的管理成本较高，可能存在一些常见的监管和税务争议问题

综上所述，我们考虑在收购阶段就将中间控股层设置在中国香港、卢森堡。一方面，这两个地方都是国际上有名的"避税港"，存在税收优惠政策；另一方面，美的集团本就在中国香港设有全资子公司，因此将其作为境外中间控股公司也十分合适。具体股权架构设计如图1所示。

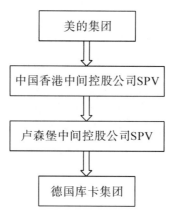

图1　股权架构设计

在SPV地点的选择上，中国香港、卢森堡与德国都有税收优惠政策，通过设立卢森堡SPV将中国香港与德国串联起来，可使各地税收优惠政策发挥作用。

卢森堡SPV的作用（以预提所得税为例）：由德国协定网络可知，德国与中国香港之间未签有可能豁免德国股息预提所得税的税收协定，这意味着当库卡集团实现盈利向中国香港中间控股公司分配股息时，仍旧需要按照26.38%的比例预提股息所得税。因此，如果直接仅在中国香港设置中间控股公司，较难达到税务筹划的目的，这时可以考虑在中国香港和德国之间继续设立一个控股公司以降低预提所得税，由于德国和卢森堡都属于欧盟，根据欧盟《关于不同成员国间母子公司税收指令》①

---

① 1990年，欧盟理事会通过了《关于不同成员国间母子公司税收指令》，规定了适格客体、适格主体来规范豁免的条件。

的规定，德国子公司向卢森堡中间控股公司分配利润不征收预提所得税。由于《中国香港—卢森堡双边税务协议》规定，卢森堡子公司向中国香港中间控股公司分配利润无须向卢森堡税务机关缴纳预提所得税。因此，选择通过卢森堡 SPV（卢森堡与中国香港和德国都签订了 0 股息预提所得税，如表 3 所示）可以合理避免股息预提税风险。

表 3　卢森堡与中国和德国的预提所得税税率　　　　单位:%

缔约国（地区）	股息收入	股息支出	利息收入	利息支出
中国大陆	5	0~5	0~10	0
中国香港	0	0	0	0
德国	0	0	0	0

数据来源：根据富而德律师事务所相关报告整理。

2.1.1.2　离岸架构中的 SPV 层级选择的原因

设立多层 SPV 层级能够最大程度地发挥层级总杠杆效应，进行海外融资。如果仅成立一层 SPV 公司进行债权融资，其杠杆作用的放大功能受限，投资人基于理性假设与风险偏好而不愿投入资金，无法筹集到支付对价所需的巨额现金；而设立多层 SPV 公司，可以利用不同 SPV 公司的杠杆效应进行层层融资。因此，美的集团通过设立多层 SPV 公司，合理利用杠杆效应筹集并购所需资金。

2.1.2　融资结构的税务筹划

并购往往需要大量的资金。为了降低资本成本率和财务风险，企业通常首先选择内源融资，其次选择股权融资，最后选择债务融资。但是，内部融资资金使用成本不能在税前抵扣，存在双重征税问题。当采用股权融资时，普通股股利是在税后利润中支付的，因此起不到抵税的作用。而债务融资利息可以在税前扣除，可以达到节税的效果。

美的集团披露的要约文件显示，2016 年 6 月 2 日，MECCA 作为借款人，中国工商银行（欧洲）有限公司巴黎分行和中国工商银行法兰克福分行作为贷款人，他们签订了一份融资协议。贷款项下资金的提取期限截至 2017 年 4 月 14 日。此次为收购库卡集团，MECCA 增加的贷款约为 39.91 亿欧元。这笔贷款在 2017 年 4 月 15 日到期，利率为 0.65%，利息为 2 600 万欧元。这笔利息支出在美的集团层面节约的所得税按照 25% 的所得税税率计算，约节约 650 万欧元。

美的集团采用了债务融资的方式。根据有税 MM 理论[①]，尽量提高债务的比例可以享受尽可能多的节税收益。美的集团没有选择从母公司贷款，可能有以下两个原因：一是流程降低效率。由美的集团 2016 年的经营状况可知，其并没有提供并购

---

① 有税 MM 理论：一是有负债企业的价值等于具有相同风险等级的无负债企业的价值加上债务利息抵税收益的现值；二是有负债企业的权益资本成本等于相同风险等级的无负债企业的权益资本成本加上以市值计算的债务与权益成比例的风险报酬，且风险报酬取决于企业的债务比例以及所得税税率；三是财务杠杆越大，企业价值、企业利息抵税现值和权益资本成本越大，企业加权平均资本成本越小。

交易对价的现金流，也就意味着如果从母公司贷款，母公司首先要在境内筹集足够的外汇，然后报备外汇管理局，经过一系列审批和准允后才能将资金汇出境外。在境外，如果向金融机构申请贷款，可以在较短时间将资金打入并购实体账户，而且由于境外资金流动限制较少，储备量丰富，在提高效率的同时也降低了资金使用成本。二是债务融资不会引入新的股东，而股权融资必定会带来公司股权结构和控制权分布的变化。控制权的变化可能会影响公司发展战略的方向以及经营决策。此外，债务融资效率要高于股权融资。股权融资从确认融资计划，到对自身的尽职调查，再到与投资者进行洽谈和签订协议，最后还需要从公司决策程序和外部法律程序上满足要求。而债权融资提交申请资料后待金融机构审核通过后即可放款。

在进行收购阶段的税务筹划时，我们已经确定债权融资这种主要融资形式。紧接着，我们需要在"境内融资转贷"和"内保外贷"两种方式中做出选择。

在如图 2 所示的"境内融资转贷"与"内保外贷"融资安排中，中间控股公司所在地的选择要满足：中间控股公司所在国与并购标的公司所在国、境内母公司之间有双边税收协定，从而可以享受到较低的利息预提所得税税率的优惠。

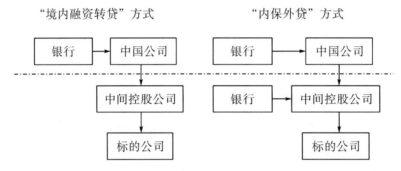

图 2　融资架构常见设计方法

在"境内融资转贷"方式下，中间控股公司作为直接的贷款主体，在境外银行获取贷款后收购标的公司。在税收协定的优惠条款下，中间控股公司在向境外银行支付利息时通常可以较低的预提所得税税率纳税甚至是免交利息预提所得税。

在"内保外贷"的方式下，中国母公司取得银行贷款担保，并通过境外银行提供给中间控股公司，再由该公司收购标的公司股权。在"内保外贷"的方式下，除可以获得税收协定的预提所得税方面的优惠外，还克服了中间控股公司由于自身资信问题难以获得大量收购资金的融资困难。此外，如果将中间控股公司设立在标的公司所在的国家（地区），那么中间控股公司通常可以与标的公司进行亏损结转。如果此时标的公司有足够的税前利润用于利息扣除，那么中间控股公司支付给境外银行的利息还可以用于抵减标的公司的税前利润。

接着，我们来测算采用"内保外贷"方式相较于"境内融资转贷"方式可以带来的节税效应，如表 4 所示。假定：库卡集团拥有足够的利息费用扣除空间，可以实现利息抵税效应，且利息费用为 1 000 万美元。

表4　美的集团注资库卡集团的税负对比分析　　　　单位：万美元

流程	项目	"境内融资转贷"方式	"内保外贷"方式
德国库卡纳税情况	（假设）利息费用	1 000	1 000
	企业所得税节税额	1 000×15%＝150	1 000×15%＝150
	可向中间控股公司汇出利息金额	1 000	0
	利息预提所得税金额	1 000×5%＝50	0
	节税总额	100	150
中国母公司纳税情况	收到利息金额	950	0
	增值税金额	950×6%＝57	0
	收到利息应纳税所得额	1 000	0
	收到利息应纳所得税额	1 000×25%＝250	0
	利息境外已纳预提所得税抵免	50	0
	应补缴所得税额	200	0
	境内纳税总额	257	0

从表3可以看出，通过"内保外贷"的方式对库卡集团注资，相较于"境内融资转贷"的方式，可以产生更大的节税效应。虽然两者都可以在库卡集团产生利息抵税效应，但若采取"境内融资转贷"的方式，利息汇入境内时，需要按利息收入缴纳相应增值税及所得税；若采取"内保外贷"的方式，不仅可以抵减库卡集团应纳税所得额，还无须承担利息汇入境内的税负。因此，在本案例中，美的集团选择境外直接贷款的形式注资库卡集团能达到更好的节税效果。

2.2　并购阶段的税务风险及应对措施

税务筹划在带来节税效应的同时，也会带来一些风险。这些风险贯穿在并购的多个环节，如何识别并控制风险也是并购交易需要关注的。

2.2.1　双重征税风险

在正常情况下，中国香港和卢森堡SPV可将取得的利润不再分配给中国母公司而进行再投资，达到资金高效利用的目的。为了避免被认定为居民企业或受控外国企业而导致双重征税，美的集团在建立中国香港和卢森堡SPV公司时，必须做到提前规划安排。在实践中，中国香港和卢森堡公司的日常经营活动一定要具有合理的商业安排：一是一切经济活动都不以获取税收利益为唯一目的或主要目的；二是获取税收利益要符合"实质重于形式"的原则。如果美的集团将在中国香港和卢森堡子公司取得的收益在本区域开展投资经营，要在当地有一定的纳税记录，避免实际税负为零，满足以上几点要求则有可能被认定为"合理的经营需要"，从而无须将利润分配回中国母公司缴纳所得税。

该项并购涉及 292 亿元现金对价。在对价支付环节，可能涉及外汇汇兑风险，汇兑时汇率变动，可能导致资金缩水，因此公司可以合理利用外汇市场金融工具实现资金的保值，降低外汇汇兑风险；也可以直接从融资方取得美元资金，以减少不必要的汇兑。

3 持有阶段税务筹划及风险分析

3.1 控股架构税务筹划策略

在境内并购方和境外被并购方之间设立一个或多个中间控股公司是跨境并购中许多企业采取的税务筹划策略。美的集团在持有阶段需要重点考虑在将利润返还给中国境内的过程中，该如何搭建合适的控股架构，使得企业整体所承担的税负尽可能低，实现整体利益的最大化。

首先，设置合理的控股架构，需要考虑在境外分红汇回国内过程中所需承担的所得税费用与预提所得税费用。德国公司的企业所得税属于联邦税，标准公司所得税税率统一为 15%。此外，德国还就企业所得税的应纳税额征收税率为 5.5% 的团结附加税。综合考虑 5.5% 的团结附加税的影响，企业所得税的实际税率为 15.83%。企业所得税预缴金额和预提所得税也需要缴纳团结附加税，德国股息预提所得税税率为 25%，综合考虑 5.5% 的团结附加税的影响，股息预提所得税实际税率为 26.38%。

同时，库卡集团注册地为德国法兰克福。根据《中德税收协定》的规定，德国居民企业向中国居民企业分派股息，德国可以就该股息预提所得税。股息预提所得税所征税款分为三种情况：一是在受益所有人是公司（合伙企业除外），并直接拥有支付股息的公司至少 25% 的资本的情况下，不应超过股息总额的 5%；二是如果据以支付股息的所得或收益由投资工具直接或间接从投资于《财政部 国家税务总局关于企业境外所得税收抵免有关问题的通知》（财税〔2009〕125 号文件，以下简称"125 号文"）第六条所规定的不动产所取得，在该投资工具按年度分配大部分上述所得或收益，且其来自上述不动产的所得或收益免税的情况下，不应超过股息总额的 15%；三是在其他情况下，不应超过股息总额的 10%。此外，关于利息预提所得税，如果利息受益所有人是缔约国另一方居民，则所征税款不应超过利息总额的 10%。

其次，设置合理的控股架构，需要慎重选择中间控股公司的注册地和控股架构的层数。美的集团此次的收购是通过境外全资子公司 MECCA 进行的。MECCA 是美的集团在英属维尔京群岛注册成立的境外全资子公司，英属维尔京群岛具有税收制度限制少、经营管理宽松的特点，是全球著名的"避税天堂"。同时，由于在英属维尔京群岛注册的公司不被征收所得税，而且向境外分配股息也没有预提所得税，库卡集团分配的股息可以原封不动地再汇回位于中国香港的美的国际控股有限公司。

但是，英属维尔京群岛与德国之间没有税收协定，意味着库卡集团向 MECCA 分配股息时，仍需要按照德国的税制规定缴纳股息预提所得税。

最后，库卡集团的境外分红汇回境内时，可以选择暂时留存在境外。根据《财政部 税务总局关于完善企业境外所得税抵免政策问题的通知》（财税〔2017〕84号，以下简称"84号文"），企业在境外取得的股息所得，在按规定计算该企业境外股息所得的可抵免所得税额和抵免限额时，由该企业直接或者间接持有 20%以上股份的外国企业，限于按照 125 号文第六条规定的持股方式确定的五层外国企业。第一层，企业直接持有 20%以上的股份的外国企业；第二层至第五层，单一的上一层外国企业直接持有 20%以上的股份，且由该企业直接持有或通过一个或多个符合 125 号文第六条规定持股方式的外国企业间接持有总和达到 20%以上股份的外国企业。美的集团可以选择将分红留存在中国香港设立的全资子公司美的国际控股有限公司，以避免境外分红在汇回境内时需要并入母公司的应纳税所得额，缴纳企业所得税。

3.2　无税务筹划直接控股架构下的税负

如果美的集团不进行税务筹划，直接控股库卡集团，则简化的直接控股架构如图 3 所示。在直接控股架构下，股权持有阶段分红带来的税负主要可以从德国当地的税务影响和中国大陆的税务影响两个方面来进行分析。

图 3　直接控股架构

3.2.1　德国当地的税务影响

库卡集团在向中国大陆分配红利时，根据《中华人民共和国和德意志联邦共和国对所得和财产避免双重征税和防止偷漏税的协定》（以下简称《中德税收协定》），美的集团 2021 年持有库卡集团的份额为 94.55%，需缴纳不超过 5%的股息预提所得税。

以库卡集团被收购后的次年的经营状况为例，根据库卡集团 2018 年年报数据，当年库卡集团的净利润为 1 660 万欧元，还原为税前利润总额为 1 660÷（1－15.83%）＝1 972.20 万欧元，在德国已缴纳企业所得税为 1 972.20×15.83%＝312.20 万欧元。假定按持股比例向美的集团分配股息（1 972.20－312.20）×94.55%＝1 569.53 万欧元，则该笔分红在汇出德国前，根据《中德税收协定》规定，还需在德国境内缴纳 1 569.53×5%＝78.48 万欧元的股息预提所得税。

3.2.2　中国大陆的税务影响

根据 84 号文的规定，如果满足持股比例不低于 20%且境外抵免层级最多不超过五层的情况下，企业在境外已经负担过的税负可以抵免。在无税务筹划直接控股的情况下，库卡集团汇回中国境内部分的分红已经按照德国税法在当地预缴过企业所得税，汇回中国后只需要补缴部分税款。该笔分红还原为税前利润总额为 1 569.53+312.20×94.55%＝1 864.72 万欧元，在德国已预缴企业所得税为 312.20×94.55%＝295.19 万欧元，该金额可间接抵免；股息预提所得税金额为 78.48 万欧元，该金额可直接抵免，因此该笔分红在德国已承担税负为 295.19+78.48＝373.67 万欧元，汇回的分红在中国境内应承担企业所得税负为 1 864.72×25%＝466.18 万欧元。因在德国已承担税负 373.67 万欧元<466.18 万欧元，故仍需补缴税额 466.18－373.67＝92.51 万欧元。综上所述，若不将该笔分红汇回中国境内，则税负率为 373.67÷1 864.72＝20.04%；若将该笔分红汇回中国境内，则税负率为 466.18÷1 864.72＝25%。

3.3 现行税务筹划间接控股架构下的税负

在现行税务筹划下，美的集团设立间接控股架构，通过英属维尔京群岛的境外全资子公司收购库卡集团，简化的现行控股架构如图 4 所示。在现行的间接控股架构下，股权持有阶段分红带来的税负主要可以从德国当地的税务影响、中间控股公司的税务影响以及中国大陆的税务影响三个方面进行分析。

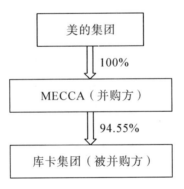

图 4　现行控股架构

3.3.1　德国当地的税务影响

一是与直接控股架构下的情况类似，库卡集团按照当地税法规定已经就汇回的分红缴纳了 295.18 万欧元企业所得税；二是德国的股息预提所得税税率为 25%，由于受 5.5% 的团结附加税的影响，实际税率提高到 26.38%。英属维尔京群岛是英联邦成员国之一，属于英国属地，但是有独立的议会执行制度，德国与英属维尔京群岛之间没有签订税收协定。因此，库卡集团向 MECCA 分配股息时仍需按照 26.38% 的比例预提股息所得税 1 569.53×26.38%＝414.04 万欧元。

3.3.2　中间控股公司的税务影响

根据《英属维尔京群岛所得税法》的规定，对源于英属维尔京群岛之外的所得不征收企业所得税和个人所得税。同时，英属维尔京群岛公司对股息或利息没有预提所得税。因此，库卡集团的该笔分红在英属维尔京群岛中间控股公司 MECCA 无须缴纳企业所得税和股息预提所得税。综上所述，在现行税务筹划下，库卡集团的该笔分红在流经中间控股公司时无税务影响，税负为 0。

3.3.3 中国大陆的税务影响

一是与直接控股架构下的情况类似，根据 84 号文的规定，境外已纳税额的抵扣需满足持股比例不低于 20% 且境外抵免层级最多不超过五层。在现行税务筹划下，美的集团间接持有库卡集团 94.55% 的股份，且仅在境外设立了 1 家中间控股公司，共 2 层抵免层级，符合要求。二是库卡集团的该笔分红还原为税前利润总额为 1 864.72 万欧元，已预缴企业所得税 295.19 万欧元，该金额可间接抵免；股息预提所得税金额为 414.04 万欧元，该笔金额可直接抵免，因此该笔分红在境外已承担税负为 295.19+414.04＝709.23 万欧元，汇回的分红在中国境内应承担企业所得税负为 1 864.72×25%＝466.18 万欧元。因在境外已承担税负 709.23 万欧元>466.18 万欧元，故无须补缴税款。综上所述，无论该笔分红是否汇回中国境内，其税负率均为 709.23÷1 864.72＝38.03%。

3.4 优化税务筹划后间接控股架构下的税负

美的集团在顺利完成收购后，短时间内将少量利润放在境外尚且可行，但从长期可持续发展的战略角度来看，将利润汇回境内更有利于增强美的集团资金流的稳定性和安全性，也更有利于保障国家税收。当库卡集团能够稳定地大幅盈利并将利润汇回境内时，如何降低此过程的整体税负率至关重要。在现行税务筹划下，由于德国与英属维尔京群岛之间没有签订税收协定，库卡集团向英属维尔京群岛中间控股公司 MECCA 分配股息时仍需按照 26.38% 的比例预提股息所得税，所以即便 MECCA 无须缴纳企业所得税和股息预提所得税，利润汇回的整体税负率仍然较高。基于此种考虑，美的集团可以设立如前文所述的中国大陆—中国香港—卢森堡—德国的境外控股架构，优化控股架构如图 5 所示。在该架构下，股权持有阶段分红带来的税负仍然可以从德国当地的税务影响、中间控股公司的税务影响以及中国大陆的税务影响三个方面进行分析。

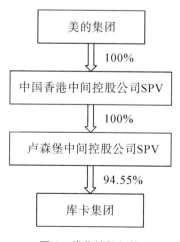

图 5　优化控股架构

115

3.4.1 德国当地的税务影响

一是同样与直接控股架构下的情况类似，库卡集团按照当地税法的规定已经就汇回的分红缴纳了 295.18 万欧元企业所得税；二是根据欧盟税收政策，欧盟成员国之间无须征收预提所得税，德国和卢森堡均是欧盟成员国，符合条件。因此，该笔分红到达上层控股公司卢森堡的金额为 1 569.53 万欧元，承担的预提所得税税负为 0。

3.4.2 中间控股公司的税务影响

在优化的税务筹划下，从库卡集团汇出的股息会先到达位于卢森堡的中间控股公司。一是根据《卢森堡税法》的规定，如果位于卢森堡的母公司持有境外子公司的股权份额比例在 10% 以上或投资额在 120 万欧元以上，并且持有境外子公司的股权超过 12 个月，同时境外子公司注册地属于欧盟国家，那么，可以不就境外子公司的分红缴纳企业所得税。如果美的集团在开始布局工业机器人业务时就已经同步开展前期税务筹划，在正式收购库卡集团的 12 个月之前已经成立卢森堡中间控股公司，则库卡集团符合上述条件。因此，该笔分红在卢森堡中间控股公司无须缴纳企业所得税。二是根据中国香港与卢森堡的双重征税协定，当卢森堡子公司向中国香港母公司分红，卢森堡不就该笔分红征收股息预提所得税。因此，这笔分红到达位于中国香港的美的国际控股有限公司之后仍然为 1 569.53 万欧元。

位于卢森堡的中间控股公司会再将这笔分红汇给位于中国香港的美的国际控股有限公司。一是中国香港地区税负低，并且仅就中国香港本地取得的所得征税，因此，卢森堡汇回的该笔分红无须在中国香港缴纳企业所得税；二是根据中国香港税收制度的规定，其不就股息征收预提所得税，因此，该笔分红在中国香港无须缴纳股息预提所得税。此外，对大多数中国境内企业而言，中国香港交通便利、经济繁荣、政局稳定，选择中国香港作为中间控股公司，有利于将资金留存用于海外再投资。

综上所述，在优化税务筹划下，虽然德国库卡的该笔分红需要流经卢森堡和中国香港才能汇回中国境内，但在流经中间控股公司时均无税务影响，没有造成额外的税负负担，税负为 0。

3.4.3 中国大陆的税务影响

一是在优化税务筹划下，美的集团间接持有库卡集团 94.55% 的股份，且在境外设立了 2 家中间控股公司，共 3 层抵免层级，符合 84 号文的相关规定。二是库卡集团的该笔分红还原为税前利润总额为 1 864.72 万欧元，已预缴企业所得税 295.19 万欧元，该笔金额可间接抵免；股息预提所得税税负总额为 0。因此，该笔分红在境外已承担税负为 295.19 万欧元，汇回的分红在中国境内应承担企业所得税负为 1 864.72×25%＝466.18 万欧元。因在境外已承担税负 295.19 万欧元＜466.18 万欧元，故仍需补缴税额 466.18－295.19＝170.99 万欧元。综上所述，若不将该笔分红汇回中国境内，则税负率为 295.18÷1 846.50＝15.99%；若将该笔分红汇回中国境内，则税负率为 466.18÷1 846.50＝25%。

3.5 税负对比

为了更直观、清晰地对比在持有阶段不同控股架构情况下，库卡集团将分红汇回中国境内对美的集团税负的影响，本案例选取库卡集团 2018 年年度报告数据进行测算分析，具体结果如表 5 所示。

表 5　不同控股架构下税负对比　　　　　单位：万欧元

并购税负测算		直接控股架构	现行控股架构	优化控股架构
库卡集团 德国税负	税前利润	1 972.20	1 972.20	1 972.20
	缴纳所得税	312.20	312.20	312.20
	向上层分配股息	1 569.53	1 569.53	1 569.53
	股息预提所得税	78.48	414.04	0.00
	德国纳税总额	373.66	709.23	295.18
中间控股 公司税负	MECCA 英属维尔京 群岛税负	获得税后股息		1 155.49	
		企业所得税		0.00	
		向母公司汇回股息		1 155.49	
		股息预提所得税		0.00	
	卢森堡 SPV 税负	获得税后股息			1 569.53
		企业所得税			0.00
		向母公司汇回股息			1 569.53
		股息预提所得税			0.00
	美的国际 控股有限 公司中国 香港税负	获得税后股息			1 569.53
		企业所得税			0.00
		向母公司汇回股息			1 569.53
		股息预提所得税			0.00
美的集团中国大陆税负	获得税后股息	1 491.05	1 155.49	1 569.53
	应纳税所得额还原	1 864.72	1 864.72	1 864.72
	应纳中国所得税	466.18	466.18	466.18
	境外已纳税额	373.66	709.23	295.18
	应补缴税额	92.52	0.00	170.99
整体税负率（不汇回境内）/%		20.04	38.03	15.83
整体税负率（汇回境内）/%		25.00	38.03	25.00

表 5 显示，无论是否将利润汇回中国境内，现行间接控股架构下的整体税负率均高达 38.03%；而在直接控股架构和优化控股架构下，整体税负率均不高于 25%。

由此可见，美的集团在对库卡集团进行收购的过程中，其税务筹划理论上还有很大的优化空间。

同时，相较于直接控股架构，优化控股架构下不汇回中国境内的整体税负率降低了4.21%。在不需要将利润汇回中国境内的情形下，整体税负率比较结果为：现行控股架构（38.03%）>直接控股架构（20.04%）>优化控股架构（15.83%）。显然，优化后的间接控股架构更为合适。

此外，虽然在无税务筹划和优化税务筹划情形下汇回中国境内的整体税负率均为25%，但是在无税务筹划情形下，德国税务机关获得税收373.66万欧元，中国大陆税务机关获得税收92.52万欧元；而在优化税务筹划情形下，德国税务机关获得税收295.18万欧元，中国大陆税务机关获得税收170.99万欧元。因此，即便在需要将利润汇回中国境内的情况下，优化后的间接控股架构在保持相同水平整体税负率的同时还能为中国大陆税务机关贡献更多的收入，有利于保障国家税收安全和稳定，彰显民营企业的拳拳爱国之心。

综上所述，通过适当的税务筹划，设立合适的控股架构，库卡集团的利润在境外的节税效应显著，能够为美的集团的全球战略布局留存更多资金。在本案例中，结合实际考虑，美的集团并不一定要将分红汇回境内。一是美的集团将利润留存在中国香港的节税效果明显，且交通便利、经济繁荣、政局稳定；二是美的集团通过卢森堡中间控股公司借款，进行债务融资，将利润留存在中国香港，有助于偿还收购过程中的利息和本金；三是美的集团近些年大力推动制造业的智能化、数字化转型升级，将分红的资金留存在境外，有助于资金在境外流通，减少汇兑风险，便于进行境外再投资。

3.6　持有阶段的税务风险分析

税务筹划在带来节税效应的同时，也会存在一定的风险。目前，为了应对一些跨国公司利用世界各国税制差异以及"避税天堂"钻法律的空子，转移利润从而进行避税的行为，经济合作与发展组织（OECD）出台了以税基侵蚀和利润转移（BEPS）为代表的反避税措施。各个国家为了保障本国的税收利益，也积极响应BEPS的号召，制定了一系列税收法规政策。因此，美的集团在进行税务筹划时，要注意一些常见风险。

3.6.1　被认定为居民企业的风险

在本文的税务筹划中，为了利用国际的双边税收协定优惠，以中国香港和卢森堡作为中间控股公司，来降低整体税负水平。但根据《中华人民共和国税法》（以下简称《税法》）的规定，即使境外子公司在境外依法注册，但其实际管理机构，包括管理人员、工作人员、办公设备以及主要业务都在中国境内，那么这家境外子公司根据"实质重于形式"的原则，也可能被中国税务机关认定为非境内注册居民企业。那么，中间控股公司的作用就无法被体现出来：一方面，其他中国居民企业对其分配的股息、红利等权益性投资收益，就可以按照税法的规定作为免税收入；

另一方面，非境内注册居民企业也需要和其他中国居民企业一样，就其源于全球的所得缴纳企业所得税。

在美的集团并购库卡集团的项目中，美的集团在中国香港和卢森堡分别设立了一家中间控股公司。因此，美的集团应该避免被这些 SPV 公司认定为不具有商业实质的空壳公司而遭到审查。根据"实质重于形式"的原则，可以向中国香港公司和卢森堡公司派遣常驻人员，购买一些办公设备，聘请当地的员工，同时存放会计资料。

3.6.2 受益所有人核定风险

在设立中间控股公司架构下，中国企业应当格外关注该中间控股公司的商业实质是否满足受益所有人的规定。因为按照一些国家（地区）的税法规定，企业如果要申请享受股息预提所得税优惠，需要提供中间控股公司所在国家（地区）的税收居民身份证明或中间控股公司的"受益所有人"证明。"受益所有人"这一概念的产生，最早可以追溯到 1945 年英国和美国签订的双边税收协定[①]。1977 年，OECD 在其税收协定范本中也引入了"受益所有人"的概念，要求享受股息、利息和特许权使用费预提所得税优惠的受益人，必须是缔约国另一方的居民，当受益人和付款人之间存在作为中间人的中间控股公司时，该笔付款将不能适用来源国的预提所得税优惠。我国也逐步关注并接受了"受益所有人"这一来自英美法系的概念。2009 年 10 月，《国家税务总局关于如何理解和认定税收协定中"受益所有人"的通知》（国税函〔2009〕601 号）首次引入了"受益所有人"的概念。

一般来说，下列因素不利于对"受益所有人"身份的判定：一是中间控股公司有义务在收到所得的 12 个月内将所得的 50% 以上支付给第三国（地区）居民；二是中间控股公司从事的经营活动不构成实质性经营活动。

因此，我们认为可以尝试从合理的商业目的入手，让中国香港 SPV 公司和卢森堡 SPV 公司承担部分实质经营业务，比如说承担部分子公司的总部管理功能，或者将德国的投资业务从原来的 MECCA 部分转移到卢森堡中间公司中，还可以利用并购过程中的融资手段，将担保职责或融资职责交给中国香港 SPV 公司。

3.6.3 被认定为受控外国企业的税务风险

由于部分跨境并购中间控股层在进行股息分配时，通过各种不合理的商业安排，不进行股息分配，将大量利润滞留在境外，从而寻求延迟或逃避在我国缴纳企业所得税的义务。于是，我国引入了"受控外国企业"的概念。根据相关规定，税务机关可以从股份、资金、经营、购销等方面分析判断我国企业是否对外国企业构成实质控制。一旦境外子公司被认定为受控外国企业，根据《税法》的规定，我国企业作为该境外子公司的母公司，就需要将该受控外国企业未分配或者少分配的利润视同股息分配，并入中国居民企业的当期应税收入缴纳企业所得税。

在《税法》允许的范围内，美的集团应采取一定的措施防范 CFC 风险。《税法》明确规定实际税率低于 12.5% 的国家（地区）属于我国 CFC 税制所适用的"避税港"。换言之，只有设立于实际税率低于 12.5% 的国家（地区）的 CFC 才受到我国

---

① 曹禹. 结合国际经典案例探讨"受益所有人"认定问题 [J]. 国际税收，2014（9）：52-55.

CFC 税制的约束。因此，美的集团可以积极准备举证资料，包括"出于合理的经营需求"，或者举证香港等中间控股公司在当地实际税负高于 12.5%。同时，也要注意合理利用利润，做好成本与收入配比，控制留存在境外的利润。

4 退出阶段税务筹划及风险分析

根据前文我们对美的集团在持股阶段所提出的假设，通过构建控股框架做出税务筹划后，优化后的股权架构如图 6 所示。

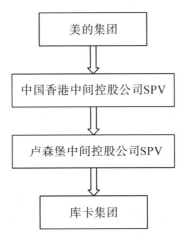

图 6 优化后的控股架构

基于全球经济下行的大背景，当企业经营战略或国家经济政策发生改变时，企业出于对未来的考虑，会选择收缩战略，退出该业务涉及的领域。美的集团资本的退出有两种方式。一是资产转让退出：转让子公司拥有的资产，包括固定资产、存货、土地使用权等，随后于当地清算并注销该公司。二是股权转让退出：直接将库卡集团的股权转让给第三方，通过转让搭建的中间控股公司的股权，以间接转让库卡集团的股权。

企业在该环节应该选择合适的退出方式使企业的退出成本最小化，充分利用不同地区对资本利得的税收政策差异，可减少税务成本，从而降低退出成本。

4.1 资产转让方式下的税负分析

美的集团可以采用资产转让的方式退出对库卡集团的资本投入，主要可以通过以下三个方面来实现：一是转让库卡集团的资产，随后清算并注销该公司；二是转让卢森堡中间控股公司的资产，随后清算并注销该公司；三是转让中国香港中间控股公司的资产，随后清算并注销该公司。

单从税务的角度来看，美的集团通过出售东道国公司的资产实现投资退出的税务成本较高，在资产转让过程中不仅会涉及所得税的征税问题，也会涉及潜在的高额税收，包括企业所得税、增值税、资本利得税、工资税、土地税、印花税等税种的征收问题。

为了降低退出成本，不建议采用资产转让的方式退出并购。

4.2 股权转让方式下的税负分析

4.2.1 直接控股架构下的股权转让

如果美的集团未进行税务筹划，采用直接控股的架构，那么，当美的集团想要通过股权转让的方式实现资本退出时，只能将库卡集团的股权直接转让给第三方，其税务处理可以从两个维度进行分析。

(1) 税收协定层面。根据《中德税收协定》第十三条"财产收益"第四、五款的规定："四、缔约国一方居民转让股份取得的收益，如果该股份价值的50%（不含）以上直接或间接来自位于缔约国另一方的不动产，可以在该缔约国另一方征税。""五、缔约国一方居民转让其在缔约国另一方居民公司的股份取得的收益，如果该居民在转让行为前的12个月内，曾经直接或间接拥有该公司至少25%的股份，可以在该缔约国另一方征税。但是，在被认可的证券交易所进行实质和正规交易的股票除外，前提是该居民在转让行为发生的纳税年度内所转让股票的总额不超过上市股票的3%。"

(2) 国内税法层面。根据德国国内税法的规定，非居民企业直接出售持有的居民企业的股份而获得的利得一般是不用缴纳税款的，除非居民企业在过去5年内直接或间接持有该居民企业10%以上的股份。因为美的集团自并购后持有100%的库卡集团的股份，所以美的集团转让库卡集团的股份取得收益时，资本利得税为25%。

图7是直接控股架构（方案一）。

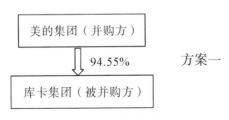

图7　直接控股架构

如表6所示，一方面，德国要对美的集团征收25%的资本利得税；另一方面，美的集团作为中国企业，《国家税务总局关于印花税若干具体问题的解释和规定的通知》提到："合同在国外签订的，应在国内使用时贴花。"这是指《中华人民共和国印花税暂行条例》列举征税的合同在国外签订时，不便按规定贴花，应在带入境内时办理贴花完税手续，其适用"产权转移书据"税目0.05%的税率。因此，美的集团直接转让股权会面临两种税种的征收，比资产转让方式退出的税负成本低。同时，为了降低企业的退出成本，在转让股权前应该逐步消化累积利润。

表 6　美的集团股权直接转让过程中涉及的税收

税种	税率/%	具体规定
资本利得税	25	与上述资产转让相同
中国印花税	0.05	根据《中华人民共和国印花税暂行条例》规定，财产所有权转让属于产权转移书据征税范畴，应缴纳产权转移书据印花税，税率为 0.05%

4.2.2　间接控股架构下的股权转让

方案二：如果选择转让中国香港中间控股公司，需要承担股权转让金额 0.2%的中国香港印花税。根据中国大陆和中国香港签订的税收协定，美的集团无须就转让中国香港中间控股公司缴纳资本利得税。

图 8 是间接控股架构。

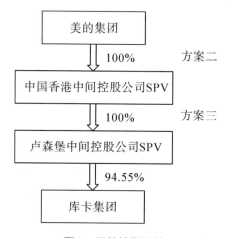

图 8　间接控股架构

根据中国香港特别行政区利得税法规，利得税采用地域来源征税原则，非居民企业在中国香港经营任何行业、专业或业务而获得的所得，属于源于中国香港的所得，应缴纳中国香港特别行政区利得税，其征税范围、计税依据及适用税率等规定与居民企业一致。

经营所得，只针对在中国香港经营所产生的营业所得（包括利润和损失），而个人或公司取得的长期投资、资本和资产增值之损益（例如：转让在中国香港上市的股票，或中国香港物业之所得等）不属于中国香港利得税的纳税范围（其交易意向和频繁次数等因素使其相关交易构成商业经营活动的情况除外）。

方案三：如果选择处置卢森堡中间控股公司，一方面，根据中国香港和卢森堡签订的双边税收协定，卢森堡就转让交易不征收资本利得税；另一方面，由于中国香港仅就源于中国香港境内的所得征收所得税，中国香港也不会就该笔境外收益征税。此外，该笔投资收益汇回境内可能会享受递延纳税的税收优惠，因此，在理想的状态下，该方案买卖双方仅需就交易金额在中国香港缴纳 0.2%的印花税。

表 7 是美的集团股权转让下涉及的税收。

表 7　美的集团股权转让下涉及的税收

方案	退出方式	所涉及税种
方案一	直接控股架构	德国资本利得税（25%）、中国大陆印花税（0.05%）
方案二	转让中国香港中间控股公司 SPV	中国香港印花税（0.2%）
方案三	转让卢森堡中间控股公司 SPV	中国香港印花税（0.2%）

4.3　不同退出方式下的税负对比

为了更清晰地对美的集团不同退出方案承担的税收负担进行比较，本节对其进行归纳总结，如表 8 所示。

表 8　不同退出方式下的税负对比

退出方式	税负归纳
资产转让	企业所得税（15%）、资本利得税（25%）、贸易税（7%～17%）
股权直接转让	方案一：资本利得税（25%）、中国大陆印花税（0.05%）
股权间接转让	方案二：中国香港印花税（0.2%）
	方案三：中国香港印花税（0.2%）

根据以上分析，通过转让资产的方式实现资本退出的税务成本很高，不仅包括企业所得税，还包括各种潜在的税收，所以站在企业的角度，往往不会选择这种方式退出；在股权转让中，相对于间接股权转让，直接股权转让面临 25% 的资本利得税，因为印花税很少，所以受印花税的影响不大。因此，基于现实和税务角度，我们建议美的集团在选择资本退出时，采用间接股权转让办法，即方案二和方案三。

5　案例总结与启示

5.1　案例总结

本文主要分为以下几个部分：

第一部分为案例背景介绍。本部分简要介绍了选择美的集团并购库卡集团进行税务案例分析的原因、并购双方的基本情况以及并购的大致流程。

第二部分为收购阶段税务筹划及风险分析。本部分主要从控股框架结构和融资结构出发进行分析，在了解各国（地区）的税收协定和优惠之后，选取中国香港和卢森堡作为 SPV，并对不同融资方式的税负进行对比分析。

第三部分为持有阶段税务筹划及风险分析。本部分从被并购方库卡集团、并购方美的集团和中间控股层三个角度对直接控股架构、现行控股架构和优化控股架构三种不同控股架构形式的税负负担进行对比分析，得出结论：通过适当的税务筹划，设立合适的控股架构，库卡集团的利润在境外的节税效果明显，能够为美的集团的全球战略布局留存更多资金。

第四部分为退出阶段税务筹划及风险分析。本部分通过分析资产转让和股权转让两种退出方式下的相关成本与风险，发现采用间接股权转让的方式处置中间控股公司对于并购方美的集团来讲是最优选择。

5.2 案例启示

5.2.1 合理的股权架构可以降低被并购企业利润汇回时的税务成本

合理的股权架构不但有助于降低境外被并购企业利润汇回中国的税务成本，也使中国企业在境外的整体布局、区域业务管理、跨境资金调配、未来业务整合与剥离具备一定灵活性。

企业在跨境并购过程中搭建的股权架构对税收的影响主要取决于被并购企业、并购方企业和中间控股公司所在国家（地区）的税收法规以及它们之间的双边或者多边税收协定。因此，对一些符合条件的被动收入不征收或征收相对较低的所得税，且与其他国家（地区）之间有着较为广泛的税收协定的国家（地区）往往是中间控股公司所在地的最优选择。而中国香港对境外取得的股息所得不征收所得税，对向境外支付的股息也不征收预提所得税；卢森堡对源于境外子公司的符合参股豁免条件的股息所得不征收所得税，而卢森堡国内的税法同时规定了卢森堡公司向与卢森堡签订有双边税收协定的国家的税收居民支付股息亦无须缴纳卢森堡股息预提所得税。因此，中国香港和卢森堡可以作为中国企业在跨境并购"走出去"过程中中间控股公司的所在地。

5.2.2 股权架构的设计需着重关注三个方面的税务风险

关于股权架构的设计，并购方公司应重点关注以下三个方面的税务风险：一是需防范被认定为受控外国企业的税务风险。部分并购方公司的境外子公司为了寻求延迟或逃避在中国缴纳企业所得税的义务，从而不进行股息分配，将大量利润滞留在境外。这类不合理的避税行为，根据《税法》的规定，并购方公司作为该境外子公司的母公司，就需要将该受控外国企业未分配或者少分配的利润视同股息分配，并入中国居民企业的当期应税收入缴纳企业所得税。二是需关注中间控股公司的商业实质是否满足受益所有人的规定。只有满足受益所有人的规定，中间控股公司才能够申请享受股息预提所得税优惠。在选择第三国设立中间控股公司时，应当考虑公司所在国对于受益所有人的认定标准，对中间控股公司的商业实质、股息分配条款进行整体设计，从而减少不能享受相关税收协定优惠的税务风险。三是需依法减少中间控股公司被认定为非境内注册居民企业的风险。非境内注册居民企业也需要和其他中国居民企业一样，就其源于全球的所得缴纳企业所得税。

5.2.3 合理的融资架构可以充分发挥资本弱化的"税收挡板"作用

各国税法一般规定股权融资方式支付的股息红利不能税前扣除，而债权融资方式支付的债务利息支出可以税前扣除，这使得与股权融资相比，债权融资更具有节税优势。企业可以通过向第三方或关联方支付利息，实现利息费用在高税率国家（地区）扣除，而利息收入在低税率国家（地区）纳税，从而充分发挥资本弱化的"税收挡板"作用。但是刻意和过度使用债权融资也会对税收的公平原则和实质课税原则造成破坏。为了应对部分企业利用资本弱化来进行避税的行为，国际组织和各国税务机关也制定了相应政策，比如 OECD 提出了固定比率法和正常交易原则。各国税法对可以税前扣除的利息费用、可抵扣限额以及跨境支付预提所得税的规定不尽相同，从事跨境并购的中国企业在设计融资架构时，应在考虑公司资金管理需要的基础上，综合考虑各国税法的资本弱化条款以及利息支付相关条款，有针对性地提前做好规划，合理设计融资架构，防止出现利息费用无法税前扣除的风险。

参考文献

［1］王素荣.中国企业投资德国的税务筹划［J］.国际商务财会，2018（3）：3-6，14.

［2］巴海鹰，谭伟.中国企业跨境并购的税务风险识别与应对［J］.国际税收，2021（9）：73-79.

［3］范睿晔."一带一路"背景下企业海外并购税务风险及应对研究［D］.呼和浩特：内蒙古大学，2019.

［4］王文静，褚方圆，刘丽丽.企业跨境并购税务风险及对策分析：以中国企业"走出去"到哈萨克斯坦为例［J］.国际税收，2017（9）：47-51.

［5］金亚萍.企业跨境并购的涉税问题研究［J］.涉外税务，2009（3）：42-44.

［6］王强.透视跨境并购税务筹划［J］.中国外汇，2017（13）：60-61.

［7］谢梦园.一带一路背景下我国跨境并购企业境外税务风险防范研究［D］.武汉：中南财经政法大学，2019.

［8］杜晶晶.美的集团并购库卡的动因与绩效研究［D］.北京：北京交通大学，2018.

［9］叶红，尤姜，郑天成，等.中国企业海外并购的典型税务风险及应对［J］.国际税收，2015（4）：22-26.

点评

　　本文挑选了一个在中国企业对外投资历程中非常具有代表性和影响力的并购案例，即美的集团收购德国库卡集团案，从收购、持有和退出三个阶段，对所涉及的复杂的境内外税务问题进行分析。分析内容比较全面和细致，理论联系实际较好，所提出的税务优化建议具有一定的实操性。但是，对于境外税制理解的准确性、重资产公司交易的特殊税务规定、结合交易的非税考虑提出建议等方面存在进一步提升的空间。

　　本文比较全面地考察了所涉及国家（地区）的税收协定网络的情况，在此基础上，从投资架构和融资架构两方面进行了分析与建议。在考虑分红阶段的税务影响时，本文从标的公司所在国德国出发，就资金向上流动的各个中间控股层级逐层进行分析。除定性分析外，本文还尝试用定量测算的方式对不同的控股架构进行比较，直观地展示了不同方案的优劣势，增强了结论的可理解性。

　　此外，本文并不局限于理论探索，也考虑到了国际税收环境近年来发生的重大变化的影响，比如BEPS反避税规定、受控外国公司规定、受益所有人规定等，相应进行了风险提示和应对建议，理论与实际联系较好。

　　同时，由于各个国家税制的复杂性及变动性，本文对境外国家（地区）税制的理解存在一定偏差，比如在考虑库卡集团的所得税税负影响时，未能考虑到德国贸易税的影响。如果考虑到这个因素，库卡集团的有效税率将高于25%。这将影响到本文所提出的一些主要结论，如不同控股架构分红的综合有效税率、税款在各个国家（地区）的分配等。另外，在退出环节，作者未能考虑在间接转让情形下，标的所在国德国是否间接转让资本利得税的规定或者是否存在对不动产公司转让征税的特殊规定。对于重资产公司（如生产制造、矿产资源）的国际并购交易，这是必不可少的分析内容。

　　融资架构的税务筹划对大额的国际并购非常重要。本文对融资架构已经有所考虑。鉴于美的集团收购德国库卡集团本身采用了境外大额银行融资方式，作者可以进一步结合公开信息，对交易的融资架构进行进一步深入分析，比如自有资金和债务资金的比例，交易交割完成后的资金归还计划，后续是否存在内部的股权架构和债务结构重组等。在此基础上，可以更加全面地评判美的集团采用SPV公司作为收购主体的合理性及必要性。

点评人：李涤非（毕马威中国税务合伙人）

企业跨境并购中的税务分析

——以腾讯并购 SUMO Group 为例

胡玉珏　杨朋谕　荣语萱　吴梦溪　葛垚君　杨　也

【摘要】近年来，我国企业能够更好地借助日益成熟的国际资本市场，通过跨境并购的方式来优化资源配置，实现产业的整合升级。但跨境并购的方式却伴随企业税负成本不断增加的问题，所以有效降低企业的跨境并购税收成本、缩短跨境并购的烦琐流程，并提高企业的资源利用效率是目前企业在进行税务筹划时的主要方向。此时，企业能否准确快速地选择合理的税务筹划方法来完成并购至关重要。因此，在并购过程中，企业需要建立一个既能满足企业投资目标，还能降低企业并购税负成本和提高企业资源利用效率的合理架构。

本文以腾讯并购 SUMO Group 作为研究对象，对腾讯跨境并购案例进行控股架构的税务筹划。本文在对当前已有研究文献进行整理总结的基础上，从直接控股架构和间接控股架构两个方面提出了税务筹划方案，并将间接控股架构进一步划分为单层控股架构和多层控股架构，通过重点分析在不同控股架构下不同股息汇回方式产生的税负成本及税负率，最后发现在多层间接控股架构下的税务筹划方法对腾讯最为有利。同时，本文通过对腾讯并购 SUMO Group 案例的分析，也从选择合适中间控股平台、综合考虑企业的发展战略等方面给其他想要实施跨境并购的企业提供了经验借鉴。

【关键词】跨境并购；控股架构；税负成本；税务筹划

127

1　案例背景介绍

1.1　案例研究背景

随着共建"一带一路"倡议的实施，中国企业走向国际市场的程度进一步加深，企业"走出去"的步伐也在逐渐加快。与此同时，对外进行跨境投资的项目也倾向多元化。然而，由于我国企业正处于产业转型升级的关键时期，产能过剩、产能分配不均衡等问题层出不穷，传统行业与新兴行业都需要刻不容缓地对此类供需矛盾问题提出解决方案。

于是，跨境并购以其有利于产业结构优化、充分协调国内外资源、积极吸纳欠缺的新兴技术等多个方面的优势脱颖而出。因此，国内企业在积累了足够的资金和经验之后，可以借助日趋成熟的资本市场，通过跨境并购的方式来优化资源配置，以达到战略协同的目的，从而实现产业整合升级。随着跨境并购的企业数量越发增多、规模越发庞大，国内企业的海外扩张不断持续，跨境并购成为一种全球化趋势。

1.2 案例研究意义

1.2.1 理论意义

现有的对于国内外跨境并购的税务筹划问题的研究仍主要集中于理论层面。本文是在现有文献理论的基础上，通过对腾讯公司在不同控股架构下的税负成本进行不同程度的量化计算，来找出在直接控股架构与间接控股架构下腾讯公司的税负量级关系，最终发现在这两种控股架构下，企业的税负水平一致。

1.2.2 实践意义

因为不同国家（地区）的税制不同，不同行业所要面临的税务风险也不相同，所以跨境并购所要涉及的税务筹划问题往往具有专业性和复杂性。

跨境并购的税务筹划问题是否完善会很大程度上影响到中国企业能否"走出去"，于是对该类问题的案例分析与研究便具有现实意义。

本文对腾讯跨境并购 SUMO Group 的税务筹划研究不仅具有科学认知，并设计了不同的控股架构，还根据中国大陆、中国香港、新加坡和英国等地的税收协定与税收政策，在以税负成本最低为目的的前提下，研究了如何达到税收效率的最优化。在 2020—2023 年年初的新冠病毒感染疫情期间，企业想要在经济下行的压力中迎难而上，只有降本增效，才能进行合理资源配置，实现可持续发展。因此，对跨境并购进行税务筹划亟待进行，以期通过降低企业税负成本，提高企业的经营效率。

1.3 相关公司简介

1.3.1 腾讯控股集团股份有限公司

腾讯控股集团股份有限公司（以下简称"腾讯"），是由马化腾、张志东等人于1998 年在英国开曼群岛注册成立的一家互联网公司。2004 年，腾讯在香港联交所主板挂牌上市。虽然腾讯在国外成立，但由于其实际管理与经营机构在中国国内，腾讯仍然属于中国的居民企业。根据腾讯 2021 年年报数据可知，腾讯的大部分企业适用 20%的企业所得税税率，少数企业适用 15%的企业所得税税率，本文选用 20%的税率进行计算与研究。

经过 20 多年的不断发展，腾讯已然成为一个集网络通信、网络视频、社交、游戏、金融等业务于一体的集团，形成了如图 1 所示的架构体系。

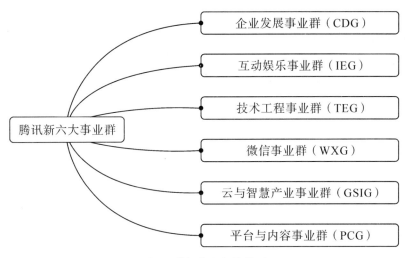

图1 腾讯业务架构体系

资料来源：根据腾讯官网公布资料整理而得。

如图2所示，2017—2021年腾讯的业务良好，指标收益状况较为乐观，负债、资产、营业收入和净利润都呈逐年上升的趋势。其中，资产指标的表现较为突出，2020年和2021年的增幅最大，分别为39.77%和20.92%，净利润在2021年为2 278.10亿元，较前几年有较大增长。

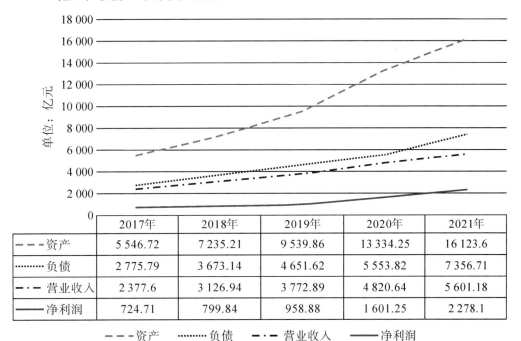

	2017年	2018年	2019年	2020年	2021年
------ 资产	5 546.72	7 235.21	9 539.86	13 334.25	16 123.6
········· 负债	2 775.79	3 673.14	4 651.62	5 553.82	7 356.71
—·—· 营业收入	2 377.6	3 126.94	3 772.89	4 820.64	5 601.18
—— 净利润	724.71	799.84	958.88	1 601.25	2 278.1

------ 资产　　········· 负债　　—·—· 营业收入　　—— 净利润

图2 2017—2021年腾讯主要财务指标

资料来源：根据2017—2021年腾讯年报数据整理而得。

2021 年，腾讯的营业收入为 5 601.18 亿元，其中增值业务收入为 2 915.72 亿元，同比增长 11%，占比为 52.06%。这主要是诸如《部落冲突》《王者荣耀》《绝地求生：全军出击》等游戏收入增长所致。然而，腾讯也面临一些游戏业务收入增速放缓及动能不足的情况：与手游业务 408 亿元收入相比，电脑游戏业务仅增值110 亿元。

2021 年腾讯收入占比情况如图 3 所示。

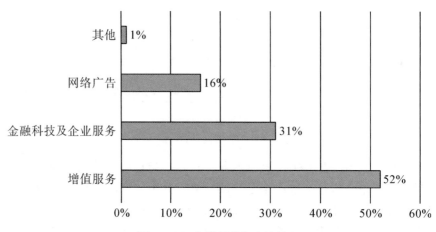

图 3　2021 年腾讯收入占比情况

资料来源：根据 2021 年第四季度腾讯年报数据整理而得。

通过对腾讯在英国开展的投资并购进行调查，我们发现腾讯 2017 年 5 月—2021年 2 月依次对 Space Ape、Milky Tea、Le You 等 7 家游戏开发商和游戏公司进行了并购或者投资。当然，这自然也是腾讯履行自身"通过互联网服务提升人类生活品质"口号所采取的一种方式，通过不断扩大自己的游戏帝国商业版图来调整企业的资源和经营状况，从 2017 年开始就对英国的数家游戏公司进行了投资或并购。在2020 年因涉嫌垄断而被迫停止扩充游戏帝国商业版图后，2021 年又再次对 2019 年就已投资过的英国游戏公司——SUMO Group 展开了并购计划，计划进一步扩张自己的游戏帝国商业版图。

1.3.2　SUMO Group 公司

SUMO Group 是位于英国的一家游戏公司，曾经隶属于美国公司 Foundation 9 Entertainment，但在 2014 年正式脱离母公司，成为一家独立的游戏开发公司。2003年，SUMO Digital 工作室成立，Gremlin Interactive 关闭后由其前管理人员创建，SUMO 被授权在所有领先的游戏平台上进行开发。2007 年，SUMO Digital 被 Foundation 9 Entertainment 收购，SUMO 继续作为一个独立的工作室运营。2014 年，SUMO从 Foundation 9 Entertainment 独立出来成为独立公司，发展进入快车道，同时开始扩展游戏工作室。2017 年，SUMO Group 公司在英国上市。2019 年，腾讯收购了

Perwyn Bidco，持有该公司 8.75% 的股权，成为 SUMO 的第二大股东。截至 2021 年年底，腾讯全资收购 SUMO Group 公司时，其市值已比上市时增长了 4 倍。

SUMO Digital 是 SUMO 集团的主要业务公司，SUMO Digital 为全球的客户群体提供交易和共同开发的解决方案，曾参与或独立制作过超过 60 款游戏，其中有《杀手 2》《除暴战警 3》《极限竞速地平线》等著名作品，并与 XBOX、微软、索尼、苹果等著名游戏公司建立了战略合作关系，也曾参与制作了许多 3A 级游戏大作。2017—2020 年 SUMO Group 的财务状况如图 4 所示。

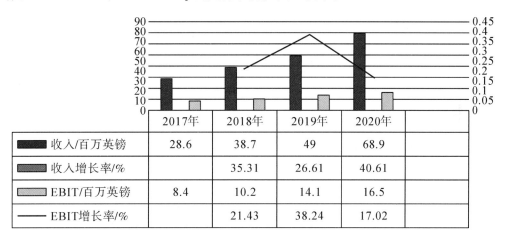

	2017年	2018年	2019年	2020年
收入/百万英镑	28.6	38.7	49	68.9
收入增长率/%		35.31	26.61	40.61
EBIT/百万英镑	8.4	10.2	14.1	16.5
EBIT增长率/%		21.43	38.24	17.02

图 4　2017—2020 年 SUMO Group 的财务状况

资料来源：根据腾讯官网公布资料整理而得。

从图 4 可以看出，SUMO Group 公司的收入在 2017—2020 年整体呈上升趋势，虽然在 2020 年受新冠病毒感染疫情的影响，EBIT 的增长率有所下降，但整体上还是表现为数量的增长。

1.4　并购过程简介

根据公开的资料，腾讯并购 SUMO Group 公司的过程如图 5 所示。

2019 年 11 月 15 日，腾讯通过全资子公司并购 SUMO Group 公司 8.75% 的股权；2021 年，腾讯宣布以纯现金方式全额并购 SUMO Group 公司；2021 年 7 月 9 日，腾讯在官网公开并购的相关文件；2022 年，腾讯并购案获得英格兰和威尔士高等法院的批准，并正式开始并购。

131

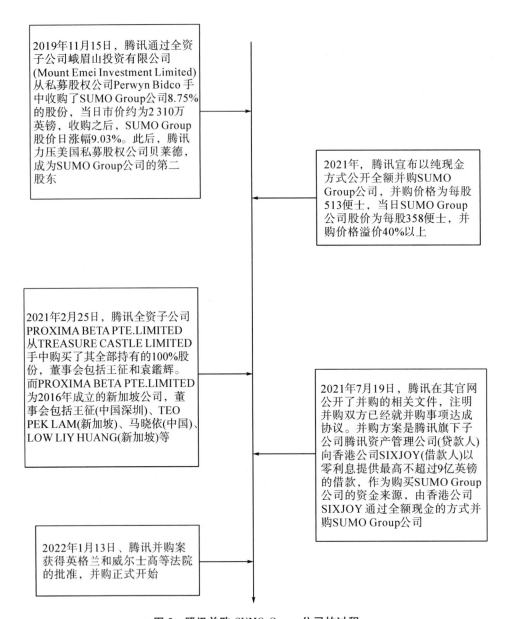

图 5 腾讯并购 SUMO Group 公司的过程

2 收购阶段税务筹划及风险分析

2.1 目标企业选择税务筹划分析

在通常情况下，企业在进行并购重组时，所选择的并购目标企业往往由并购目的所决定，通常分为横向并购、纵向并购和混合并购三种类型。

腾讯并购 SUMO Group 公司在一定程度上属于横向并购。横向并购是指企业在同一产业链或同一市场领域的并购，旨在通过扩大经营规模和市场份额，提高企业市场竞争力并降低成本。虽然腾讯与 SUMO Group 都拥有出色的游戏作品，但是经过长达 20 多年的发展，腾讯已成功转型为涵盖银行及社交媒体通信业务的互联网巨头；而专注于开发优质电子产品的 SUMO Group 在其领域也有着卓越的表现。腾讯进行合并收购的目的是扩大海外市场的份额，以提高自身的竞争地位，同时也能进一步增强自身的产品研发能力和创作更多高质量的作品，从而增强公司的整体实力。

在税务方面，腾讯和 Sumo Group 都拥有游戏业务，横向并购对公司的税种几乎没有影响，且纳税流程也基本保持稳定。这主要是同行业内的并购不会改变公司的核心业务领域，税务处理相对简单，成本较低。

2.2 并购重组交易结构设计环节

收购和合并牵涉众多权益方的调和，一个健全的买卖架构必须能适应各个参与者的不同收益要求，这是他们愿意合作的前提。因此，买卖框架的设计成为整场收购活动的关键环节。其目的在于：在遵守法律规定的基础上，尽可能满足所有参与者的收益诉求，降低交易的风险及费用。

因此，在构思买卖流程的时候，我们必须坚持两个主要准则：一是风险均衡法则，由于买卖参与者的收益未必总是相同的，尤其是在税收负担及财务风险分配方面表现得尤为明显，故而通过调整买卖双方的权益和风险，有助于推动收购活动的进展。二是购买过程的复杂度与其产生的费用需保持协调。一般而言，复杂化的交易模式可以减少开销，然而可能带来额外的风险，因此在构建买卖流程的过程中，往往要寻求交易复杂度与风险可能性间的最佳平衡点。

2.2.1 并购方式税务筹划分析

并购包括股权收购和资产收购两种。表 1 是股权收购与资产收购的对比。

表 1 股权收购与资产收购的对比

方式	股权收购	资产收购
主体	收购公司与目标公司股东	收购公司与目标公司
客体	目标公司股权	目标公司资产
纳税主体	收购公司与被收购公司股东	收购公司与被收购公司
税负情况	所得税、印花税	增值税、企业所得税、契税、印花税等
经营内附差异	享受被收购方未来成长获得的收益，同时承担产生的财务风险、市场风险等	只需对收购的资产情况承担风险

在企业的合并与整合过程中，以股权收购为主要手段的并购模式被广泛应用且操作更加灵活。对 41 184 个重组事件的研究结果显示，超过 64% 的重组事件采用了股权收购的方式，相比之下，仅有 19.25% 的企业采用了资产收购的方式。这些数字表明，上市公司对于股权收购有着更大的偏好度，大多数公司愿意采取这种方式。

相较于其他方法，采用股权收购的方式可以简化并购过程中的法律法规流程，而且一旦交易成功，目标公司的法人身份并不受影响，其现有的税务优势也能够延续。此外，由于这种模式涉及的是公司股份而不是实体财产的所有权变更，因此不需要支付任何因机器设备和工厂用地转让所引发的流转税费，这不仅能有效减轻企业的税收负担，还能节省开支。

从税收方面来说，根据《财政部 国家税务总局关于企业重组业务企业所得税处理若干问题的通知》（财税〔2009〕59 号，以下简称"59 号文"）的要求，在股权合并的过程中，出售股权的一方也就是目标公司的股东需要处理有关收益或者亏损的问题；而购买者则主要关注的是获得股权时的纳税基准的确立。因为股权合并仅仅是收购者与目标公司股东之间的事务交涉，所以目标公司的相关税收状况应该维持现状。股权合并相较于资产合并，因未产生资产的所有权变动，所以无须支付与资产买卖关联的增值税、土地增值税、契税等费用，通常情况下的股权合并只需考虑所得税和印花税。由此可见，股权合并对比资产合并具有明显的节约税款的优点。

SUMO Group 公司的股份于 2019 年被腾讯旗下的中国境内的全资子公司收购了8.75%，而到了 2021 年，腾讯决定全部买断剩下的份额。因此，无论采用何种控制结构，并购手段都必须是股权交易。接下来，我们将详细阐述如何考虑和规划中间控股企业的建立、分红返还的方法等问题。

2.2.1.1 股权结构的税务筹划（控股架构设计）

通常来说，控制结构的设计可以分为两类：一类是境内母公司对海外目标公司的直接投资；另一类是通过建立至少一家中间控股公司或者投资平台来实现对海外目标公司的间接投资。

若国内母公司收购海外一家公司，但两家公司的所在地并未签署双边税收协定，则采用直接投资方式可能导致将来目标国的公司在分红或者返还收益时，会面临高额预提所得税税率。然而，若该母公司未采取直接投资方式，而在其自身和目标公司所在地都已达成双边税收协定的国家（地区）设置中间控股公司，那么标的企业的利润在汇回境内的过程中，并不会立即将其转移到境内，而是首先把它们带到中间控股公司，然后由这个公司把它移交给境内。这时，根据税收协定的规定，母公司可以享受低预提所得税税率，从而助力企业实现跨境并购投资效益的最优化。

在这个案例里，腾讯采用间接投资的方式对英国的标的公司进行了投资。这种投资方式可能会导致企业将来面临双重征税的风险。因此，我们试图对这个案例的股权架构进行优化，这些改良方案并非真实存在于企业之中，而是基于企业的具体状况进行重新设定的。

2.2.1.2 离岸架构中的 SPV 地点选择的原因

在间接收购过程中，我们可以观察到两种常见的间接控股架构：单层控股架构与多层控股结构。这需要我们在设计中间控股公司的策略时加以考虑。表 2 针对目前全球范围内常用的中间控股公司所在地的优势和劣势进行了详细解析，这些信息有助于我们制定出更合适的控股架构规划方案，以应对腾讯即将实施的 SUMO Group 公司并购行动。

表 2　对中间控股公司所在地的优势和劣势分析

国家（地区）	优势	劣势
开曼群岛、英属维尔京群岛	法制健全，税负较低，方便上市融资	较难确立商业实质，容易受到并购标的国税务机关的挑战，特别是最近出台的"双支柱"政策
中国香港	对海外收入免税，且无股息与资本利得税，计税方式简单；实行地域管辖；离中国大陆更近，更加便于确立商业实质	税收协定网络相对狭窄，针对股权交易环节可能会被征收印花税
新加坡	离中国大陆较近；税收协定网络较为广泛；税负低，对达到要求的国际（地区）公司的总部与营运中心提供了较为丰富的税收优惠政策；无资本弱化规定	对享受股息收入免税的要求相对较高，为此将限制控股架构设计的灵活性，股权交易环节可能会被征收印花税
英国、荷兰、卢森堡等	税收协定网络较为广泛；税负成本较低，除英国外还可以享受欧盟优惠政策	当地的税法规定较为复杂，税务筹划及后期的管理成本较高，可能存在一些常见的监管和税务争议问题

根据中国税收法律关于受控外国企业的规定，如果其在本国的真实收入税率低于其税法规定的税率，而非因合法经营需要而未进行利润或盈利的情况下，该公司可以被认为是受控国外企业。以上所列的开曼群岛和英属维尔京群岛均未满足该条款，本计划并未涵盖这两个地方。与此同时，SUMO Group 是一家来自英国的公司，而英国于 2020 年退出了欧盟。此后，英国面对来自荷兰、卢森堡以及其他一些欧洲成员国的税务减免已经大幅减少，英国的税务结构尤为复杂，将中间控股公司设置在英国，这与我们进行税务筹划的初衷有所违背。相比之下，由于腾讯在新加坡及中国香港都设有子公司或孙公司，如果它们当作中介公司，既能节约建立和维持费用，又能规避中国政府对其商业实质进行审核的风险。

例如，中国大陆和中国香港的税务协议与英国、新加坡之间的双边条约等都是存在的，也就意味着存在许多相关的减税措施。另外，值得一提的是，众人皆知的"避税天堂"——中国香港只根据属地征收所得税。这里的企业需要按照团体或者非集团成员来缴纳所得税，而对于分派到企业的股息红利则无须缴纳此项赋税。此外，这个地方也没有任何关于资产增值附加值的相关规定。上述所有的减免条款使得腾讯有机会通过在当地的一个子公司去收购其他业务单位。同时，作为中间控股公司的中国香港公司还可以扣除海外税收来源的费用，对腾讯的可间接抵免税额没有影响；最终的结果是，如果我们将 SUNO Group 的股份回购流程视为由多层次的母子公司构成的话，那么这种做法将会推动这些国外企业的成长，也能提升它们与腾讯在全球范围内的知名度。综上所述，腾讯多层间接控股 SUMO Group 架构如图 6 所示。

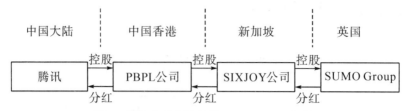

图6 腾讯多层间接控股 SUMO Group 架构

中国香港的具体作用以及选择原因如下：

（1）根据《中华人民共和国香港特别行政区与大不列颠及北爱尔兰联合王国政府就收入及资本收益税项避免双重课税和防止逃税协定》的规定，英国 SUMO Group 公司获得的利润无须在中国香港地区纳税，不增加额外税负成本。

（2）中国香港这个知名的"避税地"的所得税税率为 16.5%，这个数值比新加坡的单层间接控股公司的税率要低，甚至低于英国和中国大陆的税率。在将利润分配到中国香港的公司后，无须再缴纳税款，反而可以减轻更多的税务负担。

（3）在中国香港的众多税务减免中，对非居民支付的股息、利息和特许权使用费等是无须支付预扣所得税的，这与新加坡公司的相关减税措施相结合，能有效地减少股利返还过程中产生的税务压力；如果能够巧妙安排使股利停留于两个中介公司之间，那么不仅有助于降低总的税负水平，还能为海外的分公司和分支机构提供资金支持，进一步开拓国际市场。

因此，我们可以在已经建立的跨境并购控股结构中选择三种方式进行股息回收，将其保留在 SUMO Group 或中间控股公司（新加坡或中国香港）以及将其汇回腾讯。

（1）如果选择将收益保留在 SUMO Group，不仅能够简化退款流程，还可以避免所在国预提的所得税带来的影响，从而减轻整体税务负担。

（2）如果将股息直接返回给腾讯，可以简化中间的退款流程，同时也有助于腾讯尽快使用这部分股息。然而，这需要企业承担股息返还所得税，并不能让企业享受到延迟纳税的好处。

（3）如果采用把股息先支付至中间控股公司，再由其传递给收购方的策略，则需经历从初始付款到中间控股公司的阶段。此举能为企业带来延期缴税的好处。然而，倘若该中间控股公司所处的国家对其股息征收所得税，那么公司就必须承受更重的间接税务负担，进而减少所得的股息金额。

需要强调的是，从收购流程中我们可以看出，腾讯曾通过其全资子公司峨眉山投资有限公司持有 SUMO Group 8.75% 的股权，由于该部分并不受母公司的影响，因此关于这一块利益分配的具体计划在此处不再详述和探讨了。

根据前述的理论理解，腾讯仍然需要对从 SUMO Group 返还的股利中支付税金，不过如果在其中插入新加坡公司 PBPL 或中国香港的 SIXJOY 作为中介机构，能更有效地提高腾讯在 SUMO Group 股息返回阶段的可扣除税款数量，从而减轻其税务负担。

2.3 支付方式的税务筹划

在通常情况下，现金支付、股份支付和混合支付是并购交易对价中三种常用的支付方式。根据支付方式和支付比例的不同，税务处理可以分为一般性税务处理和特殊性税务处理。

股权支付策略能够提供更大的纳税递延空间，并且在减轻现阶段大量的税务负担方面具有显著优势。

混合支付是指在并购交易中，既不愿控制权被削弱，又不愿占用大量现金使企业现金流受到影响，所以并购方使用现金支付一部分、股权支付一部分。选择混合支付方式的主要原因在于，目标企业如果价格太高，考虑到增资扩股会带来控制权被稀释，不利于大股东对公司继续形成控制。混合支付能否满足特殊性税务处理的要件，主要看其股份支付比例是否满足要求，否则只能使用一般性税务处理规则。

特殊性税务处理的适用条件见图 7。

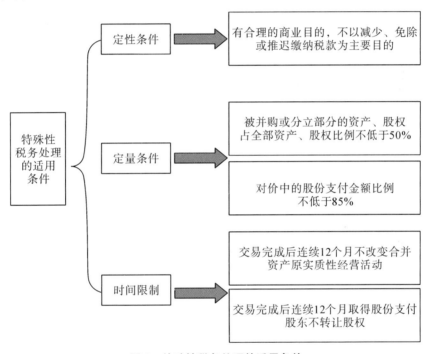

图 7　特殊性税务处理的适用条件

59 号文第 5 条规定："并购重组适用特殊性税务处理规则，需要同时符合下列条件：1. 合理的商业目的，不以推迟或逃避缴纳税款为主要目的。2. 被收购的资产或股权比例达到该项规定的要求，即 50%以上，且股份支付的比例不低于本规则的要求，即 85%的要求。3. 企业重组完成后保证连续 12 个月内不改变目标企业原来的实质性经营活动。4. 目标企业股东取得股份支付对价后，在连续 12 个月内，不得转让。"

对于进行跨境并购的公司，也有三种选择：全股权支付、全现金支付以及现金与股权互换支付。

在全股权支付时，英国税法规定，如果个人或组织购买的股份权益占据超过 30%的投票权，则必须对剩余份额作出现金要约。因此，无论什么样的控股结构，股权购买方式都不适用于腾讯对 SUMO Group 的跨境并购。

137

在考虑现金与股权互换方式时，需要关注我国并购税务筹划中常用的一般性税务处理和特殊性税务处理。在特殊性税务处理中，企业可以享受延迟纳税的税收优惠，这为企业提供了便利。根据59号文的规定，我国特殊性税务处理的要求如下：收购上市公司所持股份不得少于目标公司总股本的75%，并且在并购期间，其通过股权收购在并购过程中支付的金额不得低于85%。但由上文可知，采用股权互换形式仅可以购买英国公司最多30%的股权，其余部分仍需要以现金要约的形式收购。因此，在股权收购比例最大的情况下，此次并购仍不符合特殊性税务处理的规定。同时，对直接控股架构而言，腾讯作为在中国香港上市的企业，拥有上市股权且公开交易，从理论层面上可以适用现金与股权互换支付方式，但根据英国税法的规定，腾讯至多能置换30%的股权。

从图8可以看出，使用直接控股结构时无法采用现金与股权互换方式。同样地，对间接控股结构来说，虽然中间控股公司没有上市，但由于其股权同样存在收益价值，在理论上也可以考虑这种方式，然而因为中间控股公司没有上市，所以它的股权价值难以准确地估算和测量。如果采取30%的现金与股权互换方案，SUMO Group可能会拒绝兼并与收购。因此，现金与股权互换的方法也并不适合间接控股结构。

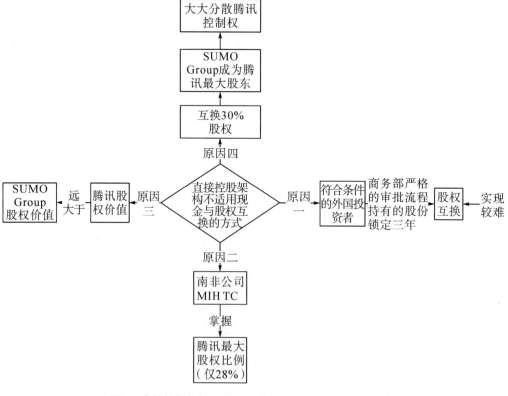

图8　直接控股架构不适用现金与股权互换的方式的原因

腾讯的股权结构见表3。

表3 腾讯的股权结构

股东	所持股份数/万股	所持股份百分比/%
MIH TC	276 933. 36	28. 86
Advance Data Services Limited	70 985. 97	7. 40
马化腾环球基金会	9 500. 00	0. 99
刘炽平	3 256. 78	0. 34
Lan Charles Stone	27. 75	0. 002 9
杨绍信	2. 52	0. 000 3
李东生	1. 71	0. 000 2

资料来源：根据腾讯年报数据整理而得。

由腾讯发布的并购公告可知，该公司的收购资金来自腾讯旗下的子公司——腾讯资产管理公司，其以零利息提供最高不超过 9 亿英镑的借款。如图9 所示，腾讯近几年的经营情况较好，营业收入与净利润自 2017 年起连续上涨，到 2020 年时已达到 1 601. 25 亿元的净利润，至 2021 年则达到了 2 278. 1 亿元的净利润。因此，腾讯有足够的财力来完成此次收购，收购金额为公告中的 81. 82 亿元。另外，参考图 10，我们发现在控股结构下使用全现金支付的方式进行并购更合适。

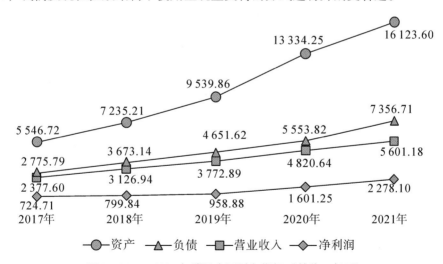

图9 2017—2021 年腾讯主要财务指标（单位：亿元）

资料来源：根据 2017—2021 年腾讯年报数据整理而得。

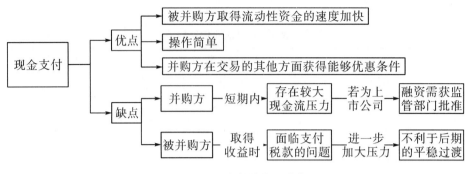

图 10 现金支付的优、缺点

2.4 收购阶段的税务风险及应对措施

税务筹划虽然会带来一些风险，但达到了节税效应。并购的多个环节都贯穿这些风险。并购交易不仅要识别这些风险，更要学会如何去控制这些风险。

2.4.1 双重征税风险

在正常情况下，中国香港公司和新加坡公司可将取得的利润分配给中国母公司并进行再投资，以递延在中国的纳税义务。为了避免被认定为居民企业或受控外国企业而导致双重征税，必须提前进行税务筹划。在实践中，中国香港公司和新加坡公司的日常经营活动一定要具有合理的商业安排：一是一切经济活动不以获取税收利益为唯一目的或主要目的；二是获取税收利益要遵循"实质重于形式"的原则。在实践中，如果腾讯将在中国香港公司和新加坡公司取得的收益在本区域进行投资经营，必须在当地有一定的纳税记录，避免实际税负为零，满足以上几点要求则有可能被认定为"合理的经营需要"，则无须将利润分配回母公司缴纳所得税。

2.4.2 外汇汇兑与管制风险

该项并购涉及大额现金对价，在对价支付环节，可能涉及外汇汇兑风险，导致资金缩水。因此，公司可以合理利用外汇市场金融工具，以达到资金保值，降低外汇汇兑风险的目的。

3 持有阶段税务筹划及风险分析

3.1 控股架构税务筹划策略

对跨境并购的企业来说，通过建立或多或少的间接母公司来处理税收问题是一个常见的规划手段。腾讯在持有 SUMO Group 的过程中，必须仔细思考如何构建适当的控股结构，以最小化其在中国国内支付的费用，从而实现总体效益的最优化。

首先，设置合理的控股架构，需要考虑境外分红汇回国内过程中所需承担的所得税费用与预提税费用，英国企业所得税税率统一为 19%。腾讯购入 SUMO Group

股权，依据英国税法的规定，需支付 0.5% 的印花税。印花税的比例固定，不会因并购企业所在国家的不同而有所变动，也不受控股结构的影响。此外，根据已知情况，此次并购仅采用常规税务处理方式。除 SUMO Group 的其他法人和个体股东外，公司的股权收益最终被归入未分配利润中。在英国缴纳所得税后，这些收益和股息将最后返还给腾讯。无论是直接并购还是间接并购，这两种税收均会涉及，并且无法通过税务筹划减免，因此不作为税务筹划的重点考虑对象。

同时，SOMO Group 的注册地为英国谢菲尔德。根据《中英税收协定》中的相关规定，英国居民企业向中国居民企业支付的股息，在符合特定条件的情况下，可以按照英国法律进行征税。具体来说，当企业接收股息，并且该企业直接或间接持有支付股息公司至少 25% 的股权时，预提所得税税率不能超过股息总额的 5%。腾讯持有 SUMO Group 超过 25% 的股权，因此，预提所得税税率应为 5%。事实上，腾讯以全现金方式购买了 SUMO Group 91.25% 的股权，这符合持有 25% 以上股权的要求。然而，根据英国税法的规定，由英国居民企业派发的股息不会被征收预提所得税，并且这一规定在《中英税收协定》中具有优先权。因此，即使存在税收协定，SUMO Group 向腾讯派发的股息也不会被征收预提所得税。

接下来，在构建合适的控制结构时，须仔细挑选中控企业的登记地点及控制层数量。腾讯利用了其在新加坡的全资公司 PBPL，后通过该公司位于中国香港的全资机构 SIXJOY HONG KONG LIMITED（以下简称 "SIXJOY"）来完成对 SUMO Group 股份的收购。选择中国香港作为中间控股平台有其特定的考虑，中国香港作为知名的 "避税地"，其所得税率为 16.5%，相较于单一层级的新加坡控股公司，税率更具优势，并且远低于英国及中国大陆的税率。这意味着，当利润流向中国香港后，无须额外补缴税款，从而达到更好的节税效果。此外，根据《中英税收协定》的规定，SUMO Group 作为英国公司，其在中国香港所获得的利润并不会被双重征税，从而进一步降低了税负成本。

最后，SUMO Group 的境外分红可以选择暂时留存在境外。依据《财政部 税务总局关于完善企业境外所得税抵免政策问题的通知》（财税〔2017〕84 号，以下简称 "84 号文"）的规定，对在中国大陆以外地区取得的股息，需依照相关法规来计算其海外股息收入可以抵扣的企业所得税金额及限制额度。这些被允许抵扣的企业所得税款项仅限于那些由该公司直接或间接拥有至少 20% 股权的国外公司，并且必须满足《财政部 国家税务总局关于企业境外所得税收抵免有关问题的通知》（财税〔2009〕125 号，以下简称 "125 号文"）中所述的六个层次的要求。具体来说，包括以下五个层次：第一层是该公司直接控股超过 20% 的国外公司；第二层到第五层则是这样的情况：只有当一家国内公司直接控制了这家外企超过 20% 的股权，而且它还同时直接或间接地控制了一家或多家符合 125 号文 6 号条款的外企，才能构成这五层结构中的任何一层。腾讯可以选择将分红留存在中国香港设立的全资子公司

SIXJOY 中，以避免境外分红在汇回境内时需要并入母公司的应纳税所得额，缴纳企业所得税。

3.2 无税务筹划直接控股架构下的税负

如果腾讯未进行税务筹划，而是直接对 SUMO Group 进行控股，那么其简化的直接控股结构可以参考图 11。在这种直接控股模式下，股权持有阶段分红所产生的税负主要可以从英国当地的税务影响和中国大陆的税务影响两个角度来进行分析。

图 11 直接控股架构

3.2.1 英国当地的税务影响

SUMO Group 在向中国大陆分配红利时，根据《中英税收协定》的规定，腾讯 2021 年持股 SUMO Group 的份额为 91.25%，应缴纳不超过 5% 的股息预提所得税。

以 SUMO Group 被收购后的当年的经营状况为例，根据 SUMO Group 2021 年年报数据，当年 SUMO Group 的净利润为 6 586.65 万元（按 2021 年 1 月 1 日的汇率计算：1 英镑 = 8.925 元）。考虑到英国的企业所得税税率为 19%，因此该公司应支付的公司所得税金额为 6 586.65 × 19% = 1 251.46 万元。假定按持股比例向 SUMO Group 分配股息（6 586.65 - 1 251.46）×91.25% = 4 868.36 万元。同时，英国税法规定，英国居民企业派发的股息不需要缴纳预提所得税，所以 SUMO Group 向腾讯派发股息时无须缴纳预提所得税。

3.2.2 中国大陆的税务影响

依据 84 号文的规定，当企业的股权持有率超过 20% 并且其海外税收抵扣层次最高为五层时，可以在海外已支付的税费中扣除。若没有实施任何税务筹划而直接控制公司，SUMO Group 在中国境内的利润分配已经在英国依照当地税法缴纳了企业所得税，因此只需再缴纳一部分税金即可。该笔分红还原为税前利润总额为 4 868.36 + 1 251.46×91.25% = 6 010.32 万元，在英国已预缴企业所得税 1 251.46×91.25% = 1 141.96 万元，该金额可间接抵免；股息预提所得税金额为 0，因此该笔分红在英国已承担税负为 1 141.96 万元，汇回的分红在中国境内应承担企业所得税负为 6 010.32×25% = 1 502.58 万元。因该笔分红在英国已承担税负为 1 141.96 万元 < 1 502.58 万元，故仍须补缴税额 1 502.58 - 1 141.96 = 360.62 万元。

表 4 是 2021 年股息汇回所得税的税负。

表4 2021年股息汇回所得税的税负   单位：万元

直接并购税负分析		
英国税负	并购完成后属于母公司的税前利润	6 010.32
	缴纳所得税	1 141.96
	向腾讯分配股息	4 868.36
	股息预提所得税	0.00
	英国纳税总额	1 141.96
中国大陆税负	中国收到股息	4 868.36
	还原成应纳税所得额	6 010.32
	收到股息缴纳的中国所得税	1 502.58
	补缴税额	360.62
	全部税额	1 502.58

资料来源：根据本文分析数据整理而得。

3.3 现行税务筹划下间接控股架构下的税负

根据现行税务筹划的要求，腾讯采用间接控股架构，并通过其在新加坡的全资境外子公司 PROXIMA BETA PTELIMITED（以下简称"PBPL"）购买英国 SUMO Group 公司。简化后的现行控股架构如图12所示。在现有的间接控股结构下，股权持有阶段分配利润所产生的税负可以从英国当地的税务影响、新加坡中间控股公司的税务影响和中国大陆的税务影响三个方面来进行分析。

图12 简化后的现行控股架构

3.3.1 英国当地的税务影响

英国在针对企业的合并以及收购方面并没有制定特别的税收政策，这与直接控股结构相似。腾讯采用完全现金的方式，通过其子公司 PBPL 来购买 SUMO Group 公司 91.25% 的股份，交易金额为 81.82 亿元。依据英国的法律规定，应交 0.5% 的印花税，也就是 0.409 1 亿元。但是，如果 SUMO Group 公司选择保留利润而不进行股息分配，SUMO Group 公司将被视为非常驻地公司，但仍享受居民待遇，根据英国相关税法征收 19% 的所得税，而不会增加额外的税收负担。

143

3.3.2 新加坡中间控股公司的税务影响

依据《新加坡—英国国际税收协议》第十条的规定：一方国家居民企业的股份收益可以被其所在地国家按当地税收法规征税，然而若此项收入是直接或通过其他途径到达股东手中的，那么对这些股息收益的所征税收不得超出其总体价值的1/20。对新加坡公司PBPL从SUMO Group获得的股权红利而言，它完全符合这一条件；但根据英国税收法律法规的规定，英国居民企业的股息收益在向外流转的过程中并不需要缴纳预提所得税。这说明，尽管新加坡和英国已经签署相关税收协定，但在股息收益经过中间控股公司阶段时，并不会产生任何税收效应，因此预提所得税为零；而当SUMO Group公司将其持有的股息收益转移至PBPL时，实际发生的金额为4 868.36[①]万元，并且在此过程中，PBPL的部分间接负担也体现在SUMO Group公司需缴付的税金中，具体数额为1 141.96[②]万元。

有关数据显示，2021年PBPL收入为2 801 663.54万元，税前利润为38 561.10万元。如图13所示。

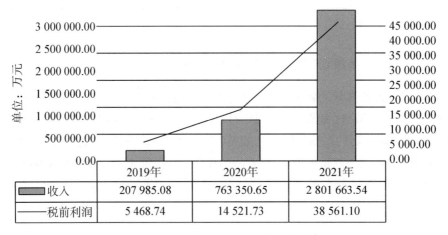

	2019年	2020年	2021年
收入	207 985.08	763 350.65	2 801 663.54
税前利润	5 468.74	14 521.73	38 561.10

图13 2019—2021年PBPL的营业收入情况

依据"新加坡海外收入豁免计划"（FSIE）的规定，如果新加坡税务居民企业的境外所得是来自外国公司的股息或服务收益，并且这些收益的来源国家的企业最高税收不低于15%，那么只要这个国家的政府已经征收相应的税款并认定这对本地企业是有利的，就可以享受这项服务的免税待遇。目前，英国的企业所得税为19%，因此，SUMO Group向其子公司PBPL支付的股息，因为符合这一条件，所以不需要被征税。

而依照新加坡税收法规的规定，自2020年起，成立超过三年的新加坡本土公司其应缴所得税低于4.931 4万元的部分可享受75%的减税优惠；而对于4.931 4万~98.628万元的部分，则可以享受到50%的减税福利；其他情况并无此项优待。以PBPL为例，该公司成立于2016年不符合相关要求，因此在2021年，该公司来自

---

① （6 585.65-1 251.46）×91.25%＝4 868.36。

② 1 251.46×4 968.28／（6 585.65-1 251.46）＝1 141.96。

英国的所得在新加坡需要缴纳的税款计算如下：$[4.931\ 4\times(1-75\%)\times17\%]+[(98.628-4.931\ 4)\times(1-50\%)]+[(38\ 561.10-98.628)\times17\%]=6\ 546.79$ 万元。与此同时，因为海外所得可以免税，所以并不适用抵扣政策。

总体来说，2021 年 PBPL 实际支付所得税 6 546.79 万元。

3.3.3 中国大陆的税务影响

首先，根据 84 号文的规定，与直接控股模式相似，境外已纳税额的抵扣必须满足持有股份比例不低于 20% 以及境外抵免层级最高不超过五层。在现行税务筹划下，腾讯间接持有 SUMO Group 91.25% 的股份，且仅在境外设立了 1 家中间控股公司，共 2 层抵免层级，符合要求。如图 13 所示，PBPL 在 2021 年的税前收益为 38 561.10 万元，其后的收益则为 32 014.31 万元。与此同时，该公司在新加坡需缴纳的预提所得税为 0，因此，它向腾讯分配的股利金额为 36 882.67[①] 万元。然而，从该公司的税收中扣除的部分也包括腾讯的股利，即 7 688.75[②] 万元。这些已经扣除的所得税可以用来抵扣腾讯的税款。此外，腾讯在中国的年度应纳税收入总计为 24 849 629.46[③] 万元，其中需按照 25% 的比例缴纳 6 212 407.36 万元作为所得税。而腾讯在 2021 年的抵扣额为 10 857.36[④] 万元，由于这个数值大于 7 688.75 万元，因此腾讯能够完全抵扣掉这笔来自新加坡的所得税费用。综合考虑，腾讯在 2021 年最终应该承担的所得税为 4 953 551.25[⑤] 万元，并能用 7 688.75 万元来抵扣。

根据《中华人民共和国企业所得税法》的规定：腾讯收到 SUMO Group 和 PBPL 分配的股息后，在中国大陆需要按照 20% 的税率缴纳企业所得税。将 SUMO Group 分配给 PBPL 的股息按 19% 的税率还原后的股息为 6 010.32 万元，该股息在国内按 25% 的税率缴纳的税额为 1 502.58 万元。SUMO Group 所得税中 PBPL 间接承担部分为 1 141.96 万元且无预提所得税，因此 PBPL 应缴纳的税额为 1 141.96 万元。此时，腾讯就股息部分应该补缴的税额为 360.62（1 502.58 − 1 141.96）万元。

3.4 优化税务筹划后间接控股架构下的税负

中国香港的税务体系相对简洁，仅以其所在地区的收入作为征税依据。基于这样的思考，腾讯可以构建一种包括中国大陆、新加坡、中国香港和英国的控股架构。优化税务筹划下的控股架构如图 14 所示。在优化的间接控股架构下，股权持有阶段分红带来的税负仍然从英国当地的税务影响、中间控股公司的税务影响和中国大陆的税务影响三个方面来进行分析。

---

① 320 114.31−0+4 868.36＝36 882.67。

② （1 141.96 +6 546.79）×36 882.67/36 882.67＝7 688.75。

③ 中国应纳税所得总额中境内所得为：24 806 200 万元；境外所得为：43 429.46 万元。总额为：24 806 200+38 561.1+4 868.36＝24 849 629.46。

④ 6 212 407.3×643 429.46/24 849 629.46 ＝10 857.36。

⑤ 24 806 200×20%−7 688.75 ＝4 953 551.25。

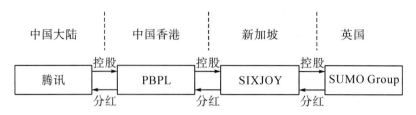

中国大陆 ┊ 中国香港 ┊ 新加坡 ┊ 英国

| 腾讯 | 控股→
←分红 | PBPL | 控股→
←分红 | SIXJOY | 控股→
←分红 | SUMO Group |

图14　优化税务筹划下的控股架构

3.4.1　英国当地的税务影响

与间接控制结构相似，腾讯采用其全资孙公司SIXJOY Hong Kong来购买SUMO Group的股份，总价值为81.82亿元，并需支付约0.409 1亿元的印花税。如果SUMO Group决定将其收益留在本公司而不分红，那么按照《中英税收协定》的规定，SUMO Group未达到SIXJOY常住公司的标准，因此可以享有居民身份，从而只需承担税率为19%的所得税费用，而不产生额外的税务压力。此时，SUMO Group 2021年度向英国缴纳的所得税税额仍然为1 251.46万元。

3.4.2　中间控股公司的税务影响

在优化税务筹划下，从SUMO Group汇出的股息会先到达位于中国香港的中间控股公司SIXJOY。SIXJOY作为中国香港公司，符合中国香港居民企业资格。根据《中英税收协定》第十条的规定，英国居民企业派发的股息不需要缴纳预提所得税。在多层间接控股的情况下，即中国香港不会对外国派发的股息征收所得税，因此对SUMO Group派发给SIXJOY的股息也不需要缴纳预提所得税。2021年，中国香港公司SIXJOY的税前利润为2.15万元，其适用的企业所得税税率为16.5%，则所缴纳的企业所得税为2.15×16.5%＝0.35万元。

根据中国香港税收法规的规定，对向中国境内或者境外投资者发放的红利无须缴纳预提所得税。因此，当中国香港公司SIXJOY担任中转角色时，PBPL需要负担的预提所得税是零。如果PBPL请求其海外收益减免，那么就不会对其从中国香港公司SIXJOY获得的分红缴纳任何税费。如此一来，PBPL在2021年的税务负担就变成4.931 4×(1−75%)×17%+(98.628−4.931 4)×(1−50%)×17%+(38 561.10−98.628)×17%＝6 546.79万元。

3.4.3　中国当地的税务影响

当PBPL按照新加坡的税收法规支付其应付的所得税后，它将其全部剩余收益转移给了腾讯。在此过程中，腾讯控制着该公司100%的股份。此外，由于存在三个层次的结构（包括英国、中国香港和新加坡），形成了五个层级以内的间接持股模式，这与间接减免的要求相符。依据《中华人民共和国企业所得税法》的规定，如果新加坡的PBPL已经缴纳一定比例的所得税，那么用于向腾讯发放股息的税金可被视为已缴清国内的所得税。

优化税务筹划下股息汇回的所得税税负情况如表5所示。

表5 优化税务筹划下股息汇回的所得税税负情况 单位：万元

英国	税前利润	4 868.36+1 251.46×91.25% = 6 010.32
	缴纳所得税	1 251.46×91.25% = 1 141.96
	向中国分配股利	4 868.36
	股息预提所得税	0.00
	英国纳税总额	1 141.96
	留存在此整体税负率	19.00
中国香港	中间公司获得税后股息	4 868.36
	中国香港所得	0.35
	股息保留在此整体税负	1 141.96
	保留在此整体税负率	19.00%
	向新加坡汇出股息	4 868.36
新加坡	股息缴纳预提所得税	0.00
	中间公司获得税后股息	4 868.36
	新加坡所得税	0.00
	股息保留在此整体税负	1 141.96
	保留在此整体税负率	19.00%
	向腾讯汇出股息	4 868.36
	股息缴纳预提所得税	0.00
中国大陆	腾讯收到股息	4 868.36
	还原成应纳税所得额	6 010.32
	收到股息缴纳的中国大陆所得税	4 868.36/(1-19%)×25% = 1 502.58
	补缴税额	1 502.58-1 141.96 = 360.62
多层海外架构税负率/%		25.00

147

4 直接控股和间接控股架构下的税务筹划对比分析

4.1 税负对比

为了更直观、清晰地对比在持有阶段不同控股架构的情况下，SUMO Group 将分红汇回给中国境内腾讯集团的税负影响，本部分对前文所测算的各公司税负情况进行了整理，具体结果如表6所示。

表 6 2021 年不同控股架构下各公司所得税税负　　单位：万元

控股架构	直接控股架构	单层控股架构	多层控股架构
SUMO Group	1 251.46	1 251.46	1 251.46
SIXJOY	0.00	0.00	0.35
PBPL	0.00	6 546.79	6 546.79
腾讯	4 960 098.04	4 953 551.25	4 953 550.89
合计	4 961 349.50	4 961 349.50	4 961 349.50

首先，在直接控股架构下，税收大部分是由 SUMO Group 分发给腾讯的红利产生的。然而依据英格兰和威尔士地区的税务规定，对海外发放的红利无须支付预提所得税，所以这部分红利的税负主要由在英国的收益缴纳的企业所得税来承担，而在红利返还至腾讯之后，仅需在国内缴付抵免扣除之后的企业所得税。以直接控股为例，腾讯对被收购公司 SUMO Group 的掌控更加紧密，资金流动时间大幅度减少，有利于提高腾讯对这些资金的使用效率。在这种情况下，2021 年度 SUMO Group 产生了 4 961 349.50 万元的收入，但是这种直接控股策略也有其潜在的风险：假如 SUMO Group 被认定为是腾讯在英国的固定营业场所，则它可能需在中国大陆缴纳相应的税金；此外，一旦双方交易结束后，如 SUMO Group 未将其运营利润予以分配，有可能触及国内的纳税义务。

同样地，对于间接持有的股权结构来说，其税收负担主要是通过单一控制实体（SUMO Group）向腾讯支付分红而形成的，同时英格兰和威尔士地区对跨境派发没有征缴预提所得税的规定；另外，根据新加坡税法的规定，选择使用海外收入不征收所得税。因此，股息所产生的税额主要由英国方利润所缴纳的所得税以及股息汇回后腾讯在中国大陆缴纳抵免后的企业所得税构成。此时，在单层控股架构下，腾讯于 2021 年共产生 4 961 349.50 万元股息。然而，需要注意的是，这种模式也具有一定的潜在威胁：如果采用此类操作方法，PBPL 最终可能会被认定为中国大陆境内的一家合法注册机构，此时该公司所有的营业收支都必须按照相关法规要求履行相应的报备手续，并在当地依法申报各项法定义务之后才能正常运营下去。

最后，相较于其他方法，多层控股架构下的税收策略增添了对中国香港地区的间接控制机构，依据中国香港的税收法规，其并不需要对来自国外的分红征缴所得税。同样的情况也适用于新加坡和英国。因此，由 SUMO Group 分配的股息在对外流转过程中不再征收所得税，主要的纳税来源是来自英国的盈利所得，以及汇回到中国大陆之后扣除抵扣部分的企业所得税。在多层控股架构下，2021 年 SUMO Group 的总收入为 4 961 349.50 万元。然而，尽管这些地方如中国香港等地的税率相对较低，但在降低税费的过程中也会面临一定程度的风险。例如，虽然目前中国香港的所得税税率为 16.5%，但是受惠于各类减免政策，实际税率可能低于 15%，这使得它容易遭受全球反逃税行动的限制，从而失去原本的竞争优势。若把收益留在间接控制机构内，如果没有合理的解释，将会被税务部门质疑，并且需承担相应的税金。

总体来说，需要引起关注的是，无论是直接控股还是间接控股，都存在股息滞留在中间控股公司的可能。在这种情形下，整体税收负担相较于直接控股模式更为轻微，并且如果要将资金汇回给腾讯，需补缴的税款也会相对较少。这个优势主要是由于设立了中层控股公司，虽然可能会产生一些额外的税务负担，但是利用综合限制抵扣方法可以有效地防止间接抵扣额度的损失，从而使腾讯获得更高的间接抵扣税金。

另外，已经存在并且具备实际效益的 PBPL 与中国香港公司 SIXJOY 分别是腾讯的子、孙公司，这两个公司并不需要增加或维持额外费用。更关键的是，在这两个间接控制模式里，母公司的角色不仅是为了改善税收状况，还可以达到延期交税的效果，这使得腾讯能够利用这些时间来弥补其应付的税务款项。

4.2 税负率对比

由表 7 中的数据可知，不管是在直接控股架构还是在间接控股架构下，并购的总体税负率都为 25%。而造成这种状况的主要原因是，不管是英国、新加坡，还是中国香港，都不会对外国征收预提所得税，并且其所得税税率都低于中国大陆的所得税税率。于是，这种情况就导致了无论间接抵免税额是多少，都需要在中国大陆补缴税率之差产生的税额，在税额补缴完之后，总体的税负率就会变成 25%，与中国大陆所得税税率相同。不过两种不同的间接控股架构具有两方面独特的好处：一是有利于 PBPL 和香港公司 SIXJOY 的发展，因为 19% 的税负率远远低于 25%，整体税负水平下降，更好地支持了中间控股公司；二是如果腾讯在此后选择退出，可以通过出售中间控股公司股份的方式，避免出售英国公司股份而造成昂贵的税负。

表 7　不同筹划方案的税负率　　　　　　　　　　单位:%

方式	直接控股架构	单层间接控股架构	多层间接控股架构
留存在 SUMO Group	19	19	19
保留在 PBPL	—	19	19
保留在中国香港公司 SLXJOY	—	—	19
汇回腾讯（总体税负率）	25	25	25

资料来源：根据本文数据整理而得。

综合来说，在总体税负成本和总体税负率相同的情况下，根据上文的分析可以发现，腾讯可以通过将 SUMO Group 的利润分配给 PBPL 或者中国香港公司 SIXJOY，通过更低的税负率来降低自身的税负成本，同时正在经营的实体公司身份也能够有效地避免中国税法的反避税审查。除此之外，股息的回流在间接控股架构下比在直接控股架构下可以经过更多的公司，进而产生不错的延迟纳税效应。显然，在中间控股公司税负成本不增加的情况下，间接控股架构比直接控股架构更优；而在间接控股架构中，多层间接控股架构又因为延迟纳税效应而优于单层间接控股架构。综上所述，本文认为腾讯并购 SUMO Group 应选择多层间接控股架构。

5 案例总结与启示

5.1 案例总结

本文主要分为以下几个部分：

第一部分案例背景介绍。本部分简要介绍了选择腾讯和 SUMO Group 进行税务案例分析的原因、并购双方的基本情况以及并购的大致流程。

第二部分收购阶段税务筹划及风险分析。本部分主要从控股架构和支付方式选择出发进行分析，在了解各国（地区）间的税收协定和优惠之后，选取中国香港和新加坡作为 SPV，在支付方式选择上选择现金支付方式。

第三部分持有阶段税务筹划及风险分析。本部分从被并购方 SUMO Group、并购方腾讯和中间控股层三个角度对直接控股架构、现行控股架构和优化控股架构三种不同控股架构形式的税负负担进行了分析。

第四部分对第三部分所计算得出的不同控股架构下的税负进行对比分析，得出结论：通过适当的税务筹划，设立合适的控股架构，能够为腾讯的全球战略布局留存更多资金。

5.2 案例启示

5.2.1 合理的股权结构有助于减轻被并购公司在收回利润时的税务负担

构建合适的股份结构不仅可以减少海外收购公司的盈利返还至国内时所产生的财务费用，也能给中国的母体机构提供一定的国际战略规划自由度、地域经营管理的弹性及全球金融资源配置的空间等优势条件。企业在跨境并购过程中搭建的股权架构对税收的影响主要取决于被并购企业、并购方企业和中间控股公司所在国家（地区）的税收法规，以及它们之间的双边或者多边税收协定。因此，对一些符合条件的被动收入不征收或征收相对较低的所得税，且与其他国家（地区）之间有着较为广泛的税收协定的国家（地区）往往是中间控股公司所在地的最优选择。而中国香港对境外取得的股息所得不征收所得税，对向境外支付的股息也不征收预提所得税；新加坡所得税税率低于英国和中国大陆的税率，为 17%，股息分配到新加坡后，不需要进行补税，且新加坡拥有多种税收优惠，如免征预提所得税等，有利于减轻股息回流中的税收负担。因此，中国香港和新加坡可以是中国大陆企业在跨境并购"走出去"过程中，中间控股公司所在地的选择范围。

5.2.2 股权架构的设计需着重关注三个方面的税务风险

针对股权结构的设计，收购方企业需要着重解决以下三个领域的税收问题：一是为防止被确认为受控外国公司的税收问题。并购方企业的国外控股公司为寻求延迟或规避在我国缴纳公司所得税的义务，不能实施股利分派，使大部分收益滞留于国外。这类不合理的避税行为，按照税务法规的要求，如果收购方的海外分公司没有合理地支付或减少其分红，那么该公司必须将其视为对股东的股利分配，并将这些款项纳入中国的纳税主体中去缴纳企业所得税。二是我们还应该注意检查中间控股公司的经营活动是否符合利益拥有者的标准。只有满足受益所有人的规定，中间控股公司才能够申请享受股息预提所得税优惠。当选择在第三国建立中间控股公司时，应参考其所属国家对受益所有人的认定准则，全面规划中间控股公司的商业性质和股息分配条款，以降低无法享受相关税收协议优惠的税务风险。三是政府必须依法降低中间控股公司被确认为非境内注册居民企业的风险。非境内注册居民企业也必须与中国居民企业相同，并对其源于不仅仅是中国的投资收益征收企业所得税。

参考文献

［1］YUNG K，SUN Q，RAHMAN，H. Acquirer's earnings quality and the choice of payment method in mergers and acquisitions［J］. Managerial Finance，2013，39（10）：979-1000.

［2］巴海鹰，谭伟. 中国企业跨境并购的税务风险识别与应对［J］. 国际税收，2021（9）：73-79.

［3］范睿晔."一带一路"背景下企业海外并购税务风险及应对研究［D］. 呼和浩特：内蒙古大学，2019.

［4］王文静，褚方圆，刘丽丽. 企业跨境并购税务风险及对策分析：以中国企业"走出去"到哈萨克斯坦为例［J］. 国际税收，2017（9）：47-51.

［5］金亚萍. 企业跨境并购的涉税问题研究［J］. 涉外税务，2009（3）：42-44.

［6］王强. 透视跨境并购税务筹划［J］. 中国外汇，2017（13）：60-61.

［7］梁星，林新沛. 腾讯跨境并购 SUMO Group 的并购绩效探析［J］. 财会研究，2023（12）：75-80.

［8］王新玉. 腾讯并购 SUMO GROUP 的控股架构税务筹划［D］. 青岛：青岛科技大学，2023.

［9］叶红，尤姜，郑天成，等. 中国企业海外并购的典型税务风险及应对［J］. 国际税收，2015（4）：22-26.

点评

近年来，随着共建"一带一路"倡议和"走出去"战略的深入实施，我国企业利用成熟的国际资本市场，通过跨境并购优化资源配置、促进产业升级，实现了快速发展。然而，跨境并购伴随的税负成本增加成为企业面临的挑战。因此，降低税收成本、简化并购流程、提高资源利用效率成为企业税务筹划的核心目标。合理选择税务筹划方法，构建既满足投资目标又减轻税负、提升效率的并购架构，对企业至关重要。本文以腾讯并购 SUMO Group 为例，深入探讨了跨境并购中的控股架构税务筹划。通过对直接控股与间接控股（包括单层架构与多层架构）的比较分析，发现多层控股架构在降低税负成本方面最为有效。此外，选择合适的中间控股平台并综合考虑企业发展战略，也是成功实施跨境并购的关键。本研究不仅为腾讯的并购提供了税务优化方案，也为其他计划进行跨境并购的企业提供了宝贵的经验借鉴和策略启示。

本文对腾讯收购案的收购和持有两个环节的实际过程进行了分析，并基于税收负担节约的角度对收购提出了优化方案，并将优化方案同实际方案进行了定性和定量的对比分析，提升了本文的专业性和说服力。在收购环节中，本文的新颖之处在于综合比较了股权收购、混合收购和现金收购三种收购方式的区别与利弊，便于读者加深对收购方式的认识和理解，也为下文的论述做了良好的铺垫。同时，在收购环节税负的分析中，作者还引入了特殊性税务处理和一般性税务处理的适用性与节税性的比较，分析显得更为丰富和完整。在持有环节中，本文对直接投资、间接投资和多层间接投资进行了对比分析，并用实际数据进行了股息汇回的整体税负测算，更有利于读者理解分析过程和结论。

本文的不足之处在于，一是有些概念的使用比较混淆和不当，如"收购"与"合并"，企业所得税的不同税率等；二是税制和税收政策没有及时更新，如中国香港颁布的离岸被动收入免税法案已经不同于过去的直接免税，如新加坡对境外股息所得免税需要具备一些条件等；三是部分内容有缺失，比如收购阶段没有对收购行为的各方税负进行论述，在收购阶段风险提示部分并没有就收购行为的税务风险进行列示；四是结论和使用依据不太匹配，比如持有环节，作者希望说明利润留存在中间控股公司的税负，但使用的依据却是间接税收抵免的规定。

总体来说，本文通过定性分析和定量分析的方式，对收购阶段和持有阶段进行了多种方案对比分析，由此还原和提升了腾讯收购案的本质与价值，对读者有较大的启发和借鉴意义。如能对以下几个地方加以完善，本文就会更加出彩。

一是在定量计算各方案整体税负时，应当保持各层次主体采用数据口径的一致；二是分析各方案优劣时，可以考虑将各方案的运营维护成本也进行比较，使得方案的对比更全面；三是若能再增加一个股权退出环节的分析，本文的结构就更加完整了。

点评人：张英明（重庆国际复合材料股份有限公司财务部长）

企业跨境并购中控股架构的税务分析

——以紫金矿业并购新锂公司为例

刘雪淼　王学芳　母荣芳　宋　梅

【摘要】近年来，在加快构建新发展格局的进程中，国内国际双循环相互促进，生产要素在更大范围内畅通，经济活动的深度和广度也在不断拓展。跨国并购作为一种能够帮助企业快速获取优质资源和技术、提升国际竞争力的重要手段，对我国的经济转型和产业结构升级具有深远影响。在企业并购中，税收活动贯穿全过程，合理的税务筹划能够减轻企业的税收负担，使企业更有信心和能力进行跨国并购。考虑到"碳中和"加速推进和确定"双碳"发展目标的国际国内宏观背景，本案例选取了有色金属行业的龙头企业——紫金矿业并购加拿大新锂公司的税务案例，从收购、持有和退出三个阶段对并购过程中产生的税收成本和税务风险进行分析并提出相应的解决措施。研究结果表明，无论股息是否汇回中国大陆，两种优化后的控股架构整体税负率均显著低于现行控股架构，其中双层间接控股架构能够产生延迟纳税效应，更好地控制税务成本。此外，相对于单层控股架构，双层控股架构更容易具有商业实质，同时由于卢森堡与加拿大之间签订了"协定保护条款"，从而可以更好地降低税务风险。

【关键词】跨境并购；控股架构；税收负担；税务风险

1　案例介绍

1.1　案例背景与意义

为了解决资源环境约束突出的问题，深入推进构建人类命运共同体和人与自然生命共同体，我国作出"碳达峰""碳中和"两个重大战略决策。在我国实行"双碳"目标的战略背景下，如何积极肩负"碳减排"的责任、进一步实现产业结构的转型升级，是各行业面临的关键考题。我国虽然是全球最大的制造业国家与矿产品消费市场之一，但是矿产资源严重短缺，自给率较低，对外依存度较高，供需矛盾突出。在此背景下，通过跨国并购布局新能源赛道或将成为矿产企业的重要战略选择和资源型企业持续发展的有效途径。

随着"走出去"战略和共建"一带一路"倡议的提出，我国企业开展的海外并

税务案例解析与点评：跨境并购与涉外税

购活动逐年增多。安永会计师事务所发布的《2023 年中国海外投资概览报告》中指出，中国企业宣布的海外并购总额为 398.3 亿美元，同比增长 20.3%，已连续三个季度实现环比增长。其中，采矿与金属行业位于并购金额排行的前五大行业之列，其并购总额为 43.8 亿美元，同比增长率为 31%。在全球清洁能源革命为新能源金属带来广阔的增长空间背景下，紫金矿业作为我国有色金属行业中的龙头企业，将依托公司矿业开发以及化工、冶金、环保等技术优势，进一步拓展与新能源相关的战略性矿种，构建全新增量领域，促进企业的可持续发展。

不同国家（地区）具有不同的税制，不同行业也具有不同的税务风险等级，跨境并购所涉及的税务问题一般具有很强的复杂性和专业性。然而，税务筹划问题的优劣是能够影响到中国企业能否成功"走出去"的重大问题之一。本案例重点探析矿产企业跨境并购和进行税务筹划的问题与挑战，将为我国当前困于环境污染、产能过剩等问题的企业提供有价值的参考和借鉴，并进一步丰富当前宏观背景下我国企业的战略选择，为后续的研究提供新的思路和方向。

1.2 相关公司简介

1.2.1 紫金矿业

紫金矿业位于福建省上杭县紫金大道，成立于 2000 年 9 月 6 日，是一家以金、铜、锌等金属矿产资源勘查和开发为主的大型矿业集团，目前形成了以金、铜、锌等金属为主的产品格局，投资项目分布在国内 24 个省（自治区）和加拿大、澳大利亚、巴布亚新几内亚、俄罗斯、塔吉克斯坦、吉尔吉斯斯坦、南非、刚果（金）、秘鲁 9 个国家。

紫金矿业是中国控制金属矿产资源最多的企业之一，其在地质勘查、湿法冶金、低品位难处理矿产资源综合回收利用、大规模工程化开发以及能耗指标等方面居行业领先地位。紫金矿业拥有中国黄金行业唯一的国家重点实验室，以及国家级企业技术中心、院士专家工作站等一批高层次的科研平台，拥有一批适用性强、产业化水平高、经济效益显著的自主知识产权和科研成果。

1.2.2 新锂公司

新锂公司（Neo Lithium Corp）是一家根据加拿大安大略省商业法注册成立的公司，注册地址及总部位于安大略省多伦多市，主要在阿根廷开展勘探和矿产资源开发业务，公司股票在多伦多证券交易所的创业板块上市（NLC. TSXV），同时在美国 OTCQX 柜台交易市场（代码：NTTHF）和德国法兰克福交易所（代码：NE2）挂牌交易。新锂公司的核心资产为位于阿根廷西北部卡塔马卡省（Catamarca）的 Tres Quebradas Salar（简称"3Q"）锂盐湖项目。该项目资源量大、杂质低，开发条件好，在全球锂矿资源品质方面具有较大的竞争力，跻身于全球前三，其规模也居于全球前十的位置。其中，新锂公司通过在阿根廷设立的全资子公司 Liex SA 全资持有 3Q 项目。

155

1.3 收购过程简介

紫金矿业并购新锂公司的过程如图 1 所示。

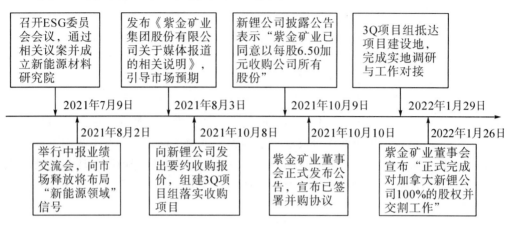

图 1　紫金矿业并购新锂公司的过程

1.3.1　紫金矿业谋划新能源战略布局

2021 年 7 月 9 日，紫金矿业召开了 ESG 委员会会议。该会议通过了新能源、新材料领域相关议案，同时设立了紫金矿业新能源材料研究院，为收购锂矿资源埋下了伏笔。同年 8 月 2 日，紫金矿业举行了中报业绩交流会，相关负责人对外界媒体公开表示"新能源、储能是未来重要发展方向""公司认为锂矿资源未来市场空间广阔"，向市场释放了企业谋划新能源战略布局的信息，并由此引发了市场投资者的热议。为正确引导市场投资者预期，紫金矿业董事会于次日发布《紫金矿业集团股份有限公司关于媒体报道的相关说明》，表示"公司有关锂矿等新能源矿种布局仅处于规划阶段"。

1.3.2　紫金矿业通过 3Q 项目组要约收购新锂公司

表 1 是新锂公司的股权结构（收购前，前五大股东）。

表 1　新锂公司的股权结构（收购前，前五大股东）

序号	股东名称	持股比例/%
1	宁德时代新能源科技股份有限公司	8
2	Orn & Cie SA	5
3	Waldo Perez	4
4	Gabriel Pindar	4
5	Black Rock	3
合计	—	24

数据来源：Wind 数据库。

2021 年 10 月 8 日，紫金矿业董事会正式向加拿大新锂公司发出要约收购报价，随即组建了 3Q 项目组以落实收购项目。10 月 9 日，加拿大新锂公司披露公告表示"紫金矿业已同意以每股 6.50 加元收购公司所有股份，总对价约 9.6 亿加元"。紫金矿业董事会于 10 月 10 日正式发布公告，宣布"公司与新锂公司签署协议，以每股 6.50 加元收购新锂公司 100% 的股份，总对价约 9.6 亿加元，约合人民币 49.39元"，此报价相较于"新锂公司"10 月 8 日的收盘价 5.49 加元/股，溢价约 18%；相较于之前 20 个交易日的加权平均交易价格溢价约 36%。2022 年 1 月 9 日，紫金矿业 3Q 项目组抵达了 3Q 盐湖锂矿项目建设地，开始进行实地调研与工作对接。

1.3.3　紫金矿业全面收购新锂公司股权

紫金矿业于 2021 年 10 月 8 日与新锂公司签署《安排协议》，将通过在加拿大注册成立的全资子公司 Ontario Limited，以每股 6.5 加元的价格用现金方式收购新锂公司全部已发行且流通的普通股，本次收购的交易金额合计为 959 964 335 加元，约合人民币 49.39 亿元（以 2021 年 10 月 8 日中国外汇交易中心公布的人民币汇率中间价 1 加元兑换 5.144 9 元计算）。此次交易金额以最终收购成交金额为准。此次交易对价系公司在对新锂公司拥有的资产进行充分的技术、财务、法律等方面尽调的基础上，对其价值进行谨慎评估，并参考其股价以及其他可比交易价格，在一般商业原则下形成的。

截至 2022 年 1 月 14 日，有关收购新锂公司股权所需的境内外监管机构审批或备案手续已全部完成，项目开采阶段的环评许可已获得批准。2022 年 1 月 21 日，紫金矿业以现金方式支付全部对价款，2022 年 1 月 25 日完成全部股权交割。至此，紫金矿业持有新锂公司 100% 的股权。购买日确定为 2022 年 1 月 25 日。收购完成后，新锂公司正式从加拿大多伦多交易所退市，并于美国 OTCQX 柜台交易市场和德国法兰克福交易所停止报价。

2　收购阶段税务筹划及风险分析

紫金矿业跨境收购新锂公司案例的股权结构与融资结构，会在一定程度增加持有阶段与退出阶段的税收负担。因此，在收购阶段，可以通过优化紫金矿业集团跨境并购新锂公司案例的股权结构与融资结构，从而达到减轻未来税收负担的效果。

2.1　税务筹划分析

控股架构筹划是指根据实际情况，以尊重并购企业商业战略及投资计划为前提，设计并购企业控制目标企业的整体控股架构，从而达到降低整体税负的目的。其中，整体税负包含目标企业成为并购企业子公司后，向并购企业派发股息时产生的税负成本。融资规划是指通过分析融资环境，选择合理的融资方式，衡量融资成本与风险，实现融资结构的最优化。

跨境并购常见的税务筹划方法为控股架构筹划，是指企业为了达到在跨境并购时的国际税负总和最少的目的，通过在其他的国家（地区）设立特殊目的公司，并运用其进行合理的架构设计安排，这个过程还需要尽可能地满足跨境并购企业的需求，以求保留并购后公司重组与资本运作的灵活性。

2.1.1　股权结构的税务筹划

一般而言，控股架构设计主要有直接投资和间接投资两种方式。直接投资是指境内的母公司直接向国外的投资标的公司进行投资；间接投资是指境内的母公司先在境外设立一家或多家中间控股公司或投资平台，再由该公司向投资标的公司进行投资。

当境内的母公司并购国外的某公司，且与该公司所在国尚未签订双边税收协定时，如果采用直接控股架构，那么未来标的公司派发股息或汇回利润时将会面临较高的预提所得税税率。假如境内的母公司不直接并购标的公司，而是在与母公司所在国和标的公司所在国均签订双边税收协定的国家（地区）设立中间控股公司，那么标的公司的利润在汇回境内的过程中，不会直接将利润转入境内，而是先将利润汇入中间控股平台，再通过中间控股平台汇入境内。此时按照双边税收协定，母公司不仅可以享受较低的预提所得税税率优惠，还能享受缔约国的其他税收优惠，帮助企业实现跨境并购投资利益的最大化。

在本案例中，紫金矿业通过直接投资方式向加拿大的标的公司进行投资，这种投资方式虽然能使紫金矿业在股权收购阶段快速获得对标的方的股权控制权，但是加拿大与中国协定，持股10%以上的股息预提税税率为10%，即新锂公司将股息直接分配至中国公司需要缴纳10%的预提所得税。因此，我们尝试对此案例的控股架构设计进行改进，这些改进方案不是企业实际发生的，而是根据企业实际情况重构的假设。

2.1.1.1　离岸架构中SPV地点选择的原因

如表2所示，表中内容是对当前国际上企业跨境并购基于上述环节考量后经常选择的控股架构平台所在地的优缺点分析。这一部分的分析将为后续案例的架构设计方案提供思路。

表2　控股架构平台所在地的优缺点分析

国家（地区）	优点	缺点
中国香港	属地征税原则，对海外收入免税，利得税税率低，涉及税种少且无股息与资本利得税；具有地缘优势，离中国大陆更近，外汇资金进出方便	税收协定网络相对狭窄，针对股权交易环节可能会被征收印花税
卢森堡、荷兰、英国等	税收协定网络较为广泛，税负成本较低，股权交易环节均不征收印花税，可享受欧盟税收优惠政策；公司法较为灵活，对公司注册资本要求不高，或者不要求股东实缴出资等	当地的税法规定较为复杂，税务筹划及后期的管理成本较高，可能存在一些常见的监管和税务争议问题

表2(续)

国家（地区）	优点	缺点
新加坡	地缘优势，离中国大陆较近，税收协定网络较为广泛；税负低，对达到要求的国际或地区公司的总部与营运中心提供了较为丰富的税收优惠政策	公司注册存在一定难度；对享受股息收入免税的要求相对较高，将限制控股架构设计的灵活性；股权交易环节可能会被征收印花税
开曼群岛、英属维尔京群岛	法制健全，税负较低，税收管制少，外地经营所得利润无须缴纳利得税，方便上市融资，公司信息披露要求低，保密性强	容易受到并购标的国税务机关的挑战，面临罚款甚至注销的风险

综上所述，我们考虑在收购阶段就将中间控股层设置在中国香港、卢森堡，一方面，这两个地方都是国际上有名的"避税港"，存在税收优惠政策；另一方面，紫金矿业在中国香港和卢森堡均设有全资境外子公司，因此将其作为境外中间控股公司也十分合适。我们设计了两个方案：单层间接控股架构：紫金矿业—金山香港—新锂公司。双层间接控股架构：紫金矿业—金山香港—卢森堡紫金矿业—新锂公司。具体股权架构设计如图2所示。

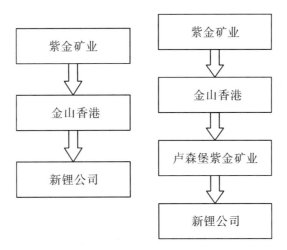

图2 股权架构设计

在控股架构地点的选择上，中国大陆、中国香港、卢森堡与加拿大都有税收优惠政策，通过设立中国香港公司、卢森堡公司将中国大陆与加拿大串联起来，使各地税收优惠政策发挥作用。

在进行利润汇出时，以上两种架构都能将利润留存在中国香港公司，中国香港公司向中国大陆紫金矿业支付股息没有预提所得税。不同的是，在单层中国香港架构模式中，新锂公司将股息分配至中国香港公司需要缴纳5%的股息预提所得税。在双层中国香港架构模式中，新锂公司将股息分配至卢森堡需要缴纳5%的股息预提所得税，卢森堡居民公司向中国香港公司支付股息在满足条件下免征预提所得税。根据卢森堡税法中企业所得税的相关条款，卢森堡居民企业从非居民企业处取得的股息应纳入应税所得缴纳企业所得税，但是"参与免税"规则约定，从加拿大收购公司取得的股息可在卢森堡免税。

表3是税务筹划的两种架构模式。

表3　税务筹划的两种架构模式

方案	中国香港	卢森堡
架构可选方案	中国大陆—中国香港—加拿大	中国大陆—中国香港—卢森堡—加拿大
是否与加拿大签订税收协定	是	是
是否与中国大陆签订税收协定	是	是
从加拿大取得股息的加拿大预提所得税	5%	5%
处置加拿大资产的资本利得的加拿大所得税	发生额的50%计入应税所得额	发生额的50%计入应税所得额
控股公司取得来自境外的所得税使用本国（地区）税率		
股息	不征税	不征税
资本利得	不征税	不征税
控股公司所在国（地区）支付给中国香港的预提所得税		
股息	不征税	10%
资本利得	不征税	不征税

资料来源：根据各国的税收协定资料整理而得。

2.1.1.2　离岸架构中的SPV层级选择的原因

设立多层SPV层级能够最大程度地发挥层级总杠杆效应，进行海外融资。如果仅成立一层SPV公司进行债权融资，其杠杆作用的放大功能受限，投资人基于理性假设与风险偏好而不愿投入资金，无法筹集到支付对价所需的巨额现金；而设立多层SPV公司，可以利用不同SPV公司的杠杆效应进行层层融资。因此，紫金矿业通过设立多层SPV公司，合理利用杠杆效应筹集并购所需资金。

2.1.2　融资结构的税务筹划

并购往往需要大量的资金，为了降低资本成本率和财务风险，企业通常会首先选择内源融资，其次是股权融资，最后是债务融资。但是，内源融资资金使用成本不能在税前抵扣，存在双重征税问题。当采用权益融资时，普通股股利是在税后利润中支付的，因此并不起抵税的作用。而债务融资利息可以在税前扣除，以达到节税的效果。

紫金矿业本次并购过程显示，实际收购新锂公司的方式为现金支付，资金来源为公司自筹。自筹资金是指企业或个人通过自身的经济实力、积累的财富或者向他人筹集的资金，以及通过非正式金融市场（如民间借贷）获得的资金，包括创业者自己的储蓄、投资收益、出售资产所得等。自筹资金通常不需要偿还利息或本金，财务成本较低，并且自主性强，不受到外部金融机构或投资者过多干预。但自筹资金数量有限，可能不足以满足企业的全部资金需求，特别是在大型项目或初创企业中该风险尤为突出；同时，过度依赖自筹资金可能会带来较大的财务风险，因为这会消耗创业者的个人财产。

紫金矿业集团年报中的财务数据显示，2019—2021年年末，其货币资金分别为62亿元、120亿元、142亿元，有较为充足的货币资金存量。截至2021年6月30日，紫金矿业的货币资金为175.08亿元，现金流充沛，能够作为并购资金参与并购。本次近50亿元的交易金额，占紫金矿业2020年度经审计归母净资产的8.74%。

现金并购的交易方式直接、简单、迅速。对被收购方而言，现金并购无须承担任何证券风险，但缺陷是被收购公司股东无法推迟资本利得的确认，不能享受税收上的优惠政策；对收购方而言，现金支付能够证明其现有资产可以产生较大的现金流量，企业有足够的未来现金流抓住投资机会，而缺陷是交易规模受公司获现能力制约，要求收购方确实有足够的现金头寸和筹资能力。

债务融资属于外源融资，企业从外部以借入债务的形式筹集资金即为债务融资。一方面，债务融资的主要优势是能够发挥财务杠杆的作用，提高公司的经营效率，同时具有税盾效应，成本较低；另一方面，债务融资的劣势主要在于，由于债务必须在规定的时间内偿还，如果债务规模过大，可能引发财务风险。在进行收购阶段的税务筹划时，我们已经确定债权融资这种主要融资形式。我们需要在"境内融资转贷"和"内保外贷"两种方式中作出选择。

如图3所示，在"境内融资转贷"与"内保外贷"融资安排中，需要明确的是中间控股公司所在地的选择要满足中间控股公司所在国与并购标的公司所在国、境内母公司之间有双边税收协定，从而可以享受到较低的利息预提所得税的优惠。

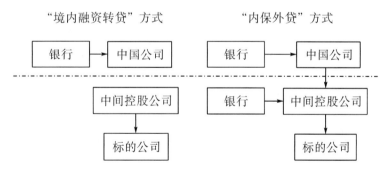

图3　融资架构常见的设计方法

在上述基础上，"境内融资转贷"方式下中间控股公司作为直接的贷款主体，在境外银行获取贷款后收购标的公司。在税收协定的优惠条款规定下，中间控股公司在向境外银行支付利息时通常可以以较低的预提所得税税率纳税甚至是免交利息预提所得税。

在"内保外贷"方式下，中国母公司取得银行贷款担保，并通过境外银行提供给中间控股公司，再由该公司收购标的公司股权。在"内保外贷"方式下，除可以获得税收协定的预提所得税方面的优惠外，还能克服中间控股公司由于自身资信问题难以获得大量收购资金的融资困难。此外，如果将中间控股公司设立在标的公司所在的国家（地区），那么中间控股公司通常可以与标的公司进行亏损结转。如果此时标的公司有足够的税前利润用于利息扣除，那么中间控股公司支付给境外银行的利息还可以用于抵减标的公司的税前利润。

接着，我们来测算采用"内保外贷"方式相较于"境内融资转贷"方式可以带来的节税效应，如表4所示。假定：新锂公司利息费用为1 000万美元。

表4　紫金矿业注资新锂公司的税负对比分析　　　　　　单位：万美元

流程	项目	无税筹	"境内融资转贷"方式	"内保外贷"方式
新锂公司纳税情况	假设利息费用	0	1 000	1 000
	企业所得税节税额	0	1 000×26.5%＝265	1 000×26.5%＝265
	可向中间控股公司汇出利息金额	0	1 000	0
	利息预提所得税金额	0	1 000×10%＝100	0
	节税总额	0	165	265

资料来源：根据中国与加拿大的税收协定资料整理而得。

从表4可以看出，相较于现行现金支付无税筹情况，"境内融资转贷"和"内保外贷"方式都能够产生明显的节税效应，并且通过"内保外贷"方式对新锂公司注资，相较于"境内融资转贷"方式在纳税金额上能多节省100万元的税额。同时，通过"内保外贷"方式可以有效降低国内企业财务成本，解决了企业境外并购中的换汇问题。由于国家货币具有差异性，在境外贷款的利率一般要比境内低，如果境内企业在融资、并购过程中利用"内保外贷"方式从境外申请贷款资金，其过程中产生的利息差将远低于启用境内贷款所产生的利息差，境内企业选择"内保外贷"方式时可降低一部分因利息差产生的成本费用，节省财务成本，解决了境外并购中的换汇问题，将有效发挥所有资金的使用价值。因此，在本案例中，紫金矿业选择"内保外贷"方式注资新锂公司，能更好地实现企业发展利益最大化。同时，紫金矿业2022年年报显示，截至2022年12月31日，公司货币资金余额约为202亿元，能够控制短期偿债风险。

因此，本案例认为，在收购阶段，无论是单层间接控股架构还是双层间接控股架构，在分配股息时需缴纳的预提所得税都低于现行直接控股架构，并且能使利润的留存有更多的选择余地；此外，相较于现行现金支付无税筹情况，"境内融资转贷"和"内保外贷"方式都能够产生明显的节税效应，并且通过"内保外贷"方式对新锂公司注资产生的节税效应更为明显。

2.2　收购阶段的税收风险及应对措施

2.2.1　双重征税风险

在正常情况下，中国香港和卢森堡 SPV 能够避免双重征税的风险，可将取得的利润不分配给中国母公司而进行再投资，达到资金高效利用的目的。但是，如果在税收协定运用过程中对其理解不当，或相关国家（地区）未签订税收协定，会使得紫金矿业在利用间接投资并购新锂公司的过程中存在一定的税务风险，如通过"避税地"设定的中间控股公司被认定为受控境外企业而存在双重征税的风险。因此，紫金矿业在搭建中国香港和卢森堡 SPV 时，应准确识别各个方案存在的税务风险，同时结合我国税收抵免要求，以对并购控股架构进行提前规划和设计。

在实践中，中国香港公司和卢森堡公司的日常经营活动一定要具有合理的商业目的：一是一切经济活动不以获取税收利益为唯一目的或者主要目的，二是获取税收利益要满足"经济实质重于形式"的原则。在实践中，如果紫金矿业利用其在中国香港公司和卢森堡公司取得的收益在本区域开展投资经营，要在当地有一定的纳税记录，避免实际税负为零，满足以上几点要求则有可能被认定为"合理的经营需要"，则无须在利润分配回母公司时缴纳所得税。此外，如果并购方仅仅短期持有中间控股公司，应该尽可能减少中间控股层级，降低企业投资退出的税负成本。

2.2.2　外汇汇兑风险

该项并购涉及 50 亿元现金对价，在对价支付环节，可能涉及外汇汇兑风险，汇兑时汇率变动，可能导致资金缩水。因此，紫金矿业可以合理利用外汇市场金融工具，以达到资金的保值目的，降低外汇汇兑风险，也可以直接从融资方取得美元资金，以减少不必要的汇兑。

2.2.3　规范并购协议

为了有效防控税务风险，紫金矿业在拟定并购协议的过程中应该添加保障性条款或者单独签订保障协议，企业可以聘请律师、审计师、税务师等组成专业团队，对并购协议或保障协议层层把关，在与被并购企业就涉税事项达成一致的基础上，做到并购协议或者保障协议清晰，无争议。

具体来说，并购协议或者保障协议应该包括以下两项内容：一是被并购企业应向并购方陈述本企业相关税务事项，且本企业所有涉税事项的资料都已完整提供给了并购方；二是并购双方应该将本次跨境并购可能产生的税收负担及税收分管的责任承担人，以及可能产生的如终止并购、税务稽查问题和解决办法补充在责任与赔偿条款中。

3 持有阶段税务筹划及风险分析

3.1 控股架构税务筹划策略

在跨境并购中，许多企业出于税务筹划的考量，会选择在境内并购方与境外被并购方之间设立一个或多个中间控股公司。紫金矿业在持有阶段需要重点考虑在将利润返还给中国境内公司的过程中，该如何搭建合适的控股架构，以降低企业整体税负，进而实现整体利益的最大化。

（1）设置合理的控股架构，需要考虑境外分红汇回国内过程中所需承担的所得税费用与预提所得税费用。加拿大居民企业在全球范围内的收入所得需缴纳联邦企业所得税和省属企业所得税。本案例中的被收购股方新锂公司位于加拿大安大略省。根据安大略省的税法规定，一般企业和小企业的企业所得税税率分别为 11.5% 与 3.2%，一般公司对活跃业务收入缴纳的联邦税和省税合计为 26.5%，小企业为 12.2%。作为一般企业，新锂公司应缴纳的企业所得税税率为 26.5%。同时，非居民企业从加拿大居民企业取得的股息红利需纳 25% 的预提所得税，但这一税率在适用双边税收协定的情况下有所降低。根据《中加税收协定》的规定，加拿大居民企业向中国居民企业分派股息，加拿大可以就该股息预提所得税。当收款人是股息受益所有人时，所征税款分为两种情况：一种情况是如果该受益所有人是拥有支付股息公司至少 10% 的选举权股份的公司，则所征税款不超过该股息总额的 10%；另一种情况是在其他情况下，所征税款不应超过该股息总额的 15%。此外，关于利息预提所得税，如果收款人是该利息受益所有人，则所征税款不应超过利息总额的 10%。

（2）设置合理的控股架构，需要慎重选择中间控股公司的注册地和控股架构的层数。紫金矿业此次的收购是通过境外全资子公司安大略有限公司进行的。加拿大向来被称为"万税之国"，税目众多，税法繁杂，尽管签订了《中加税收协定》，加拿大对向中国居民企业派发的企业股息征收的股息预提所得税仍高达 10%。考虑到采用直接持股的方式会造成加拿大股息分配预提所得税较高、无法递延股息分配、退出机制不灵活等问题，我们考虑采用间接持股的方式进行税务筹划，以期拓展节税空间、提高资金配置的灵活性。

（3）新锂公司的境外分红汇回境内时，可以选择暂时留存在境外。根据《财政部 税务总局关于完善企业境外所得税抵免政策问题的通知》（财税〔2017〕84 号，以下简称"84 号文"）规定，企业在境外获取的股息所得在计算可抵免所得税额和抵免限额时，针对该企业直接或间接持有 20% 以上股份的外国企业，其层级应严格遵循《财政部 国家税务总局关于企业境外所得税收抵免有关问题的通知》（财税〔2009〕125 号，以下简称"125 号文"）第六条的持股方式规定，限定在五层以内。具体来说，第一层指的是企业直接持有 20% 以上股份的外国企业；第二层至第五层，则要求每一层的外国企业均由上一层单一的外国企业直接持有 20% 以上的股份，且该企业直接持有或通过符合 125 号文第六条规定的持股方式的一个或多个外国企业间接持有总和达到 20% 以上的股份。基于上述规定，紫金矿业可以选择将分红留存于其在中国香港设立的全资子公司金山（香港）国际矿业有限公司（以下简称"金山香港"）或在卢森堡设立的全资子公司卢森堡紫金矿业。这一策略旨在避免境外分红在汇回境内时被并入母公司的应纳税所得额，从而无须缴纳相应的企业所得税。

3.2　不派发股息的税务筹划

公司在财务状况不佳、有再投资需求或有现金储备需求的情况下，可选择不派发股息。新锂公司若选择将利润继续保留在该公司，不作股息分配，根据《中加税收协定》的规定，除常设机构外，加拿大一方企业的利润应在加拿大征税。《中加税收协定》对"常设机构"有着明确的界定。所谓"常设机构"，指的是一个公司用于完全或部分经营活动的固定场所，包括经营场所、分公司、办公室、工厂、工作场所、矿山、油井、气井、采石场或其他为开采自然资源而提供的场所、设备等。新锂公司的核心资产为位于阿根廷西北部卡塔马卡省的 3Q 盐湖项目，其主要业务活动不在加拿大境内，并不符合"常设机构"的定义，不属于紫金矿业在加拿大的常设机构。因此，此时新锂公司的利润仅在加拿大缴纳企业所得税。同时，新锂公司作为加拿大居民企业的地位没有改变，继续享受加拿大居民企业待遇。

3.2.1　现行控股架构下的税负

在现行控股架构下，新锂公司直接就当年利润在加拿大缴纳企业所得税。新锂公司在 2020 年的净利润为 1 329.22 万加元[①]，应纳税所得税额为：1 329.22÷（1-26.5%）= 1 808.46 万加元，应纳企业所得税额为：1 808.46×26.5% = 479.24 万加元。

因此，在不派发股息的情况下，应向加拿大缴纳税款 479.24 万加元，税负率为 479.24÷1 808.46 = 26.5%。

3.2.2　优化后单层控股架构下的税负

在单层控股架构下，新锂公司成为金山香港的子公司。根据《中加税收协定》的规定，新锂公司仍不符合"常设机构"的定义，同时，其作为加拿大居民企业的地位仍未改变，继续享受居民企业待遇。因此，新锂公司若选择将利润保留在本公司，则 2022 年的企业所得税额仍为 1 808.46×26.5% = 479.24 万加元，此时产生的税额和直接控股架构相同，税负率依然为 26.5%。

3.2.3　优化后双层控股架构下的税负

在优化税务筹划后的双层控股架构下，新锂公司成为卢森堡紫金矿业的全资子公司。根据《加卢税收协定》的规定，新锂公司不符合"常设机构"的定义，同样要根据当年利润在加拿大缴纳企业所得税。根据前文可知，2022 年，新锂公司在加

165

[①]　新锂公司 2022 年的财报数据未公开披露，2021 年受阿根廷经济和货币波动的影响较大，财报数据不具有代表性；故以新锂公司 2020 年经审计的净利润数据作为计税基础。

拿大所征收的所得税额为479.24万加元，此时产生的税额和直接控股架构、单层间接控股架构下的税额都相同，税负率都为26.5%。

综上所述，当新锂公司选择不派发股息时，根据加拿大与中国大陆、中国香港和卢森堡签订的税收协定，新锂公司在加拿大的税额主要受到其经营状况和加拿大税率的影响，直接控股、单层间接控股和双层间接控股三种方案的应缴纳所得税额和税负率均一致。然而，这种方案并非毫无税务风险。为了确保合规性，必须确保该方案具有合理的商业目的；否则，中国仍有可能针对这部分利润征收紫金矿业的股息汇回所得税，此时所需缴纳的税款将等同于将这部分利润直接汇回紫金矿业所需缴纳的税款。

3.3 派发股息的税务筹划

3.3.1 现行控股架构下的税负

如果紫金矿业不进行税务筹划，直接控股加拿大新锂公司，则简化的直接控股架构如图4所示。在直接控股架构下，股权持有阶段派发股息带来的税负主要可以从加拿大当地的税务影响和中国大陆的税务影响两个方面来进行分析。

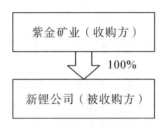

图4 直接控股架构

3.3.1.1 加拿大当地的税务影响

当加拿大新锂公司在向中国大陆分配红利时，根据《中华人民共和国政府和加拿大政府关于对所得避免双重征税和防止偷漏税的协定》，紫金矿业2022年持股新锂公司份额为100%，需缴纳不超过10%的股息预提所得税。

以新锂公司被收购当年的经营状况为例，若当年新锂公司的净利润为1 329.22万加元，还原为税前利润总额为1 329.22÷（1-26.5%）=1 808.46万加元，在加拿大应缴纳企业所得税为1 808.46×26.5%=479.24万加元。假定按持股比例向紫金矿业分配股息（1 808.46-479.24）×100%=1 329.22万加元，则该笔分红在汇出加拿大前，根据《中加税收协定》的规定，还需在加拿大境内缴纳1 329.22×10%=132.92万加元的股息预提所得税。

3.3.1.2 中国大陆的税务影响

根据84号文的规定，如果满足持股比例不低于20%且境外抵免层级最多不超过五层的情况下，企业在境外已经负担的税负可以抵免。在无税务筹划直接控股的情况下，新锂公司汇回中国境内部分的分红已经按照加拿大税法在当地预缴过企业所得税，汇回中国后只需要补缴不可抵免税款。该笔分红还原为税前利润总额为 1 329.22+479.24×100%＝1 808.46 万加元，在加拿大已预缴企业所得税 479.24×100%＝479.24 万加元，该笔金额可间接抵免；股息预提所得税金额为 132.92 万加元，该笔金额可直接抵免，因此该笔分红在加拿大已承担税负为 479.24＋132.92＝612.16 万加元，汇回的分红在中国境内应承担企业所得税负为 1 808.46×25%＝452.12 万加元。因该笔分红在加拿大已承担税负 612.16 万加元>452.12 万加元，故不必补缴税额。综上所述，无论该笔分红是否汇回中国境内，其税负率均为 612.16÷1 808.46＝33.85%。

3.3.2 优化后单层控股架构下的税负

考虑到现行直接持股的方式会造成加拿大股息分配预提所得税较高、退出机制不灵活等问题，我们采用间接持股的方式优化税务筹划。优化税务筹划后的单层控股架构如图5所示，即紫金矿业通过其子公司金山香港对新锂公司进行并购。在中国香港，征税范围仅限于源自香港的利润和收入。因此，若将香港选定为中间控股公司的设立地点，新锂公司向紫金矿业分派的股息红利在香港将无须缴纳税款。这意味着，一方面，新锂公司分派的利润可以暂时保留在金山香港，当遇到合适的投资项目时，完全可以灵活地将这部分资金用于投资。这样的税务安排不仅有助于资金的有效利用，还能为公司的未来发展提供更大的灵活性。另一方面，若选择不汇给紫金矿业，则这部分收益原本在境内需要缴纳所得税减除，有助于提高紫金矿业海外资金的整体利用效率。在优化后的单层间接控股架构下，股权持有阶段分红带来的税负主要可以从加拿大当地的税务影响、中间控股公司的税务影响和中国大陆的税务影响三个方面进行分析。

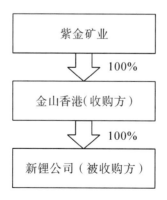

图5 单层间接控股架构

3.3.2.1 加拿大当地的税务影响

2022 年，加拿大新锂公司按照当地税法规定就已经汇回的分红缴纳 479.24 万加元的企业所得税。同时，新锂公司仍为加拿大居民企业。根据加拿大税法的规定，加拿大居民企业应将股息红利等权益性收益并入所得计算企业所得税，但从加拿大应税居民企业取得的股息红利收益通常准予全额抵免。因此，加拿大居民企业的股息预提所得税为 0。

3.3.2.2 中间控股公司的税务影响

根据中国香港税务条例的规定，对不在中国香港产生的收入不征收企业所得税和个人所得税。同时，根据中国香港和加拿大之间的税收协定第十条的规定，若股息的受益所有人是另一方居民，受益所有人是直接或间接控制支付股息的公司至少10%的投票权的公司（合伙除外），则收取的税款不得超过股息总额的 5%。

因此，新锂公司向金山香港派发股息的预提所得税税率为 5%，应承担税负为 1 329.22×5%=66.46 万加元。

3.3.2.3 中国大陆的税务影响

根据 84 号文的规定，境外已纳税额的抵扣需满足持股比例不低于 20% 且境外抵免层级最多不超过五层。在现行税务筹划下，紫金矿业间接持有新锂公司91.25% 的股份，且仅在境外设立了 1 家中间控股公司，共 2 层抵免层级，符合要求。2022 年，新锂公司的该笔分红应纳税所得额为 1 808.46 万加元，已预缴企业所得税为 479.24 万加元，该笔金额可间接抵免；股息预提所得税金额为 0，因此该笔分红在加拿大已承担税负为 479.24+0=479.24 万加元；汇回的分红在中国香港的股息预提所得税税率为 5%，因此股息预提所得税金额为 66.46 万加元，则该笔分红在境外已承担税负为 479.24+66.46=545.7 万加元；汇回的分红在中国境内应承担企业所得税负为 1 808.46×25%=452.12 万加元。因该笔分红在境外已承担税负545.7 万加元>452.12 万加元，故不必补缴税款，但比直接控股减少税款 612.16-545.7=66.46 万加元。综上所述，无论该笔分红是否汇回中国境内，其税负率均为545.7÷1 808.46=30.17%

3.3.3 优化后双层控股架构下的税负

紫金矿业在顺利完成收购后，短时间内可将少量利润放在境外，但从长期可持续发展的战略角度来看，将利润汇回境内更有利于提高紫金矿业资金流的稳定性和安全性，也更有利于保障国家税收。当新锂公司能够稳定地大幅盈利并将利润汇回中国境内时，考虑如何降低此过程的整体税负率至关重要。

相较于通过金山香港单层控股新锂公司，紫金矿业通过金山香港与卢森堡紫金矿业双层间接控股新锂公司具有两大优势：一是区别于中国香港架构，利润可以选择保留在卢森堡或中国香港，投资组合和经营方式上更加灵活；二是关于未来的退出策略，由于中国香港与加拿大之间的税收协定中并未包含"协定保护资产"的条款，若加拿大收购公司的股权被认定为 TCP，则由此产生的转让所得需要缴纳加拿大的资本利得税。然而，根据《卢加税收协定》的规定，即使目标公司的股份被视为加拿大的应税资产，在处置这些股份时，由于可以参照"协定保护资产"条款，故可以免于缴纳加拿大的税款。基于这一点，卢森堡 SPV 相较于中国香港 SPV 具备更大的优势。综上所述，紫金矿业可以设立中国大陆—中国香港—卢森堡—加拿大的境外控股架构。优化税务筹划后的双层间接控股架构如图 6 所示。

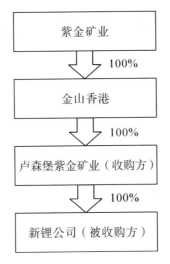

图6 双层间接控股架构

3.3.3.1 加拿大当地的税务影响

2022年，加拿大新锂公司按照当地税法规定，应就已经汇回的分红缴纳479.24万加元的企业所得税。根据《加卢税收协定》的规定，卢森堡紫金矿业作为非合伙企业的实际所有者，且直接控制新锂公司100%的股权，应支付股息总额的5%作为股息预提所得税，即应向加拿大缴纳股息预提所得税 1 329.22×5% = 66.46万加元。因此，该笔分红到达上层控股公司卢森堡的金额为 1 808.46 - 479.24 - 66.46 = 1 262.76万加元，承担的预提所得税为 66.46万加元。

3.3.3.2 中间控股公司的税务影响

在优化的税务筹划下，从加拿大新锂公司汇出的股息会先到达位于卢森堡的中间控股公司。根据卢森堡税法的规定，位于卢森堡的母公司持有境外子公司的股权份额比例在5%以上可享受参股所得免税；同时，当卢森堡向位于与卢森堡签订税收协定的国家境内且持有该公司超过5%的股份的股东分配股息时，可免征股息预提所得税。卢森堡紫金矿业持有加拿大新锂公司100%的股权，符合上述条件，因此，该笔分红在卢森堡中间控股公司不需要缴纳企业所得税。根据中国香港与卢森堡的双重征税协定规定，当卢森堡紫金矿业向中国香港母公司分红时，卢森堡不就该笔分红征收股息预提所得税。因此，2022年卢森堡紫金矿业的分红到达金山香港之后仍为 1 262.76万加元。

然后，位于卢森堡的中间控股公司会再将这笔分红汇给位于中国香港的金山香港。一是中国香港税负低，并且仅就中国香港本地取得的所得征税，因此，卢森堡汇回的该笔分红无须在中国香港缴纳企业所得税。二是根据中国香港税收制度的规定，其不就股息征收预提所得税，因此，该笔分红在中国香港无须缴纳股息预提所得税。此外，中国香港交通便利、经济繁荣、政局稳定，选择中国香港作为中间控股公司，有利于将资金留存，并用于海外再投资。

综上所述，在优化税务筹划下，虽然新锂公司的该笔分红需要流经卢森堡和中国香港才能汇回中国境内，但在流经中间控股公司时只需缴纳5%的股息预提所得税，并未造成更大的税收负担。

3.3.3.3 中国大陆的税务影响

一是在优化税务筹划下，紫金矿业间接持有新锂公司100%的股份，且在境外设立了2家中间控股公司，共3层抵免层级，符合84号文的相关要求。二是新锂公司该笔分红的税前应纳税总额为1 808.46万加元，已预缴企业所得税为479.24万加元，该笔金额可间接抵免；股息预提所得税税负总额为66.46万加元。因此，该笔分红在境外已承担税负为545.7万加元，汇回的分红在中国境内应承担企业所得税负为1 808.46×25%＝452.12万加元。因该笔分红在境外已承担税负545.7万加元＞452.12万加元，故不必补缴税款。综上所述，无论该笔分红是否汇回中国境内，其税负率均为545.7÷1808.46＝30.17%。

3.4 税负对比

当不派发股息时，新锂公司在直接控股、单层间接控股和双层间接控股三种情形下应缴纳的税额为479.24万加元，税负率为26.5%，均低于派发股息时对应架构下的税额和税负率。然而，从长远来看，新锂公司选择派发股息不仅有助于塑造和提升公司的良好形象，还能吸引和留住投资者，进一步推动公司的长远与稳定发展。因此，在短期内，为了降低税负，新锂公司可以选择不派发股息；但是，在经营活动步入正轨后，出于长远发展的考量，新锂公司选择派发股息无疑是更好的选择。因此，我们主要分析派发股息的情况。

在派发股息时，为了更直观、清晰地对比在持有阶段不同控股架构下，新锂公司派发股息的税负影响，本案例选取收购当年即2022年新锂公司的年度报告数据进行了测算分析，具体结果如表5所示。

表5　2022年新锂公司派发股息时不同控股架构下的税负对比　单位：万加元

并购税负测算		直接控股架构	单层间接控股架构	双层间接控股架构
新锂公司税负	税前利润	1 808.46	1 808.46	1 808.46
	缴纳所得税	479.24	479.24	479.24
	向上层分配股息	1 329.22	1 329.22	1 329.22
	股息预提所得税	132.92	66.46	66.46
	加拿大纳税总额	612.16	545.7	545.7

表5(续)

并购税负测算			直接控股架构	单层间接控股架构	双层间接控股架构
中间控股公司税负	卢森堡紫金矿业税负	获得税后股息			1 262.76
		企业所得税			0
		向上层汇回股息			1 262.76
		股息预提所得税			0
	金山香港税负	获得税后股息		1 262.76	1 262.76
		企业所得税		0	0.00
		向母公司汇回股息		1 262.76	1 262.76
		股息预提所得税		0	0
紫金矿业中国大陆税负		获得税后股息	1 196.3	1 262.76	1 262.76
		应纳税所得额还原	1 808.46	1 808.46	1 808.46
		应纳中国大陆所得税	452.12	452.12	452.12
		股息境外已纳税额	612.16	545.7	545.7
		应补缴税额	0	0	0
整体税负率(不汇回境内)/%			33.85	30.17	30.17
整体税负率(汇回境内)/%			33.85	30.17	30.17

资料来源:根据各国(地区)间的税收协定资料整理而得。

表 5 显示,在派发股息的情况下,无论分红是否汇回境内,直接控股架构下企业的整体税负率都为 33.85%,而单层间接控股架构、双层间接控股架构下的整体税负率都为 30.17%。总体来看,单层间接控股架构、双层间接控股架构下的税率均比直接控股架构下的税率更低。由此可见,紫金矿业在对新锂公司进行收购的过程中,其税务筹划理论上还有较大的优化空间。

尽管单层间接控股和双层间接控股架构下的整体税负率相同,但是一方面,多层间接控股架构在股息回流中会经历更多的公司,在延迟纳税效应上要优于单层间接控股架构;另一方面,如果紫金矿业选择退出,在双层间接控股架构下,紫金矿业可以通过卢森堡子公司而非中国香港子公司进行股权转让。中国香港与加拿大之间的税收协定中并未包含"协定保护资产"的条款,若加拿大收购公司的股权被认定为 TCP,则由此产生的转让所得需要缴纳加拿大的资本利得税。然而,根据《卢加税收协定》的规定,即使目标公司的股份被视为加拿大的应税资产,在处置这些股份时,由于可以参照"协定保护资产"条款,可以免于缴纳加拿大的税款;同时,在双层间接控股架构下,新锂公司的利润可以选择保留在卢森堡或中国香港,在投资组合和经营方式上更加灵活。因此,本文认为紫金矿业跨境并购新锂公司应选择多层间接控股架构。

综合来说，相对于直接控股架构，单层控股架构、双层控股架构下企业的税负更低；从延迟纳税效应及退出阶段的税务风险角度分析，相对于单层控股架构，双层控股架构下企业的税务风险更小。因此，我们选择将双层控股架构作为最终可行的控股架构。根据计算结果可知，在直接控股、单层控股和双层控股三种控股架构下，股息汇回中国境内与否的整体税负率均相同，但一般会选择将新锂公司的利润保留在境外。其理由如下：一是将利润留存在境外，可以为紫金矿业的全球战略布局留存更多资金，且交通便利、经济繁荣、政局稳定；二是随着碳酸锂需求的持续攀升和锂价的不断上涨，多家 A 股公司持续加大对国内外锂矿的布局，紫金矿业近些年也在开启全球抢矿模式，将分红的资金留存在境外，有助于资金在境外流通，减少汇兑风险，便于进行境外再投资。

3.5　持有阶段的税收风险分析

税务筹划在带来节税效应的同时，也会存在一定的风险。目前，为了应对一些跨国公司利用世界各国税制差异以及"避税天堂"钻法律的空子，转移利润从而进行避税的行为，经济合作与发展组织（OECD）出台了以 BEPS 为代表的反避税措施。而各个国家为了保障本国的税收利益，积极响应 BEPS 的号召，制定了一系列税收法规政策。因此，紫金矿业在进行税务筹划时，要注意以下常见风险：

3.5.1　SPV 公司被认定为不具有商业实质的风险

受 BEPS 行动计划的影响，国家加强了对 SPV 公司实质性要求的认定，如果不满足这两个国家的居民企业纳税人资格认定，将被认定为空壳公司，不能享受已有双边税收协定带来的税务优惠。

在本案例的税务筹划方法中，为了运用国家（地区）间的双边税收优惠政策，设立了中国香港和卢森堡作为中间控股公司，以此来降低整体税负水平。但目前我国税法规定，即使境外子公司在境外依法注册，但其实际管理机构，包括管理人员、工作人员、办公设备以及主要业务都在中国境内，那么根据"实质重于形式"的原则，中国税务机关可能会将这家境外子公司认定为非境内注册居民企业。在这种情况下，控股架构的优势就无法得以展现：一方面，其他中国居民企业对其分配的股息、红利等权益性投资收益，就可以按照税法的规定作为免税收入；另一方面，非境内注册居民企业也需要和其他中国居民企业一样，就其源于全球的所得缴纳企业所得税。

因此，紫金矿业应该避免这些 SPV 公司被认定为不具有商业实质的空壳公司而遭到审查。具体采取的措施如下：根据"实质重于形式"的原则，向中国香港公司和卢森堡公司派遣常驻人员，购买一些办公设备，聘请当地的员工，同时存放会计资料。

3.5.2　受益所有人核定风险

中国企业在构建中间控股公司时，应特别注意中间控股公司的商业实质是否符合受益所有人的要求。根据一些国家（地区）税法的规定，企业在申请股息预提所得税优惠时，需要提供中间控股公司所在国家（地区）的税务居民证明或中间控股公司的"受益所有人"证明。这一概念最早产生于 1945 年英美国家的双边税收协定。OECD 也于 1977 年在其《税务条约范本》中引入了"受益所有人"的概念，规定股息、利息和特许权使用费预扣税优惠的收款人必须是另一缔约国的居民，如果中间控股公司作为收款人和付款人之间的中介，则付款不能适用来源国的预提所得税优惠政策。我国也在 2009 年 10 月首次引入了"受益所有人"概念。

一般来说，下列因素不利于对"受益所有人"身份的判定：一是在收到收益之日起一年内中间控股公司向第三国（地区）居民支付 50%以上的收益，二是中间控股公司从事的经营活动不构成实质性经营活动。

因此，我们认为可以尝试从合理的商业目的入手，让中国香港 SPV 公司和卢森堡 SPV 公司承担部分实质经营业务，比如说承担部分子公司的管理功能，还可以利用并购过程中的融资手段，将担保职责或融资职责交给香港 SPV 公司。

3.5.3　被认定为受控外国企业的税务风险

跨境并购中间控股公司在进行股息分配时，通过不分配红利以及一系列不合理的商业安排将大部分利润保留在国外，以达到推迟或避免在中国纳税的目的。因此，我国引入了"受控外国企业"概念。根据国家税务总局关于印发《特别纳税调整实施办法（试行）的通知》（国税发〔2009〕2 号）的规定，税务机关可以从股份、资金、经营、购销等方面分析中国企业是否对外国企业构成实质控制。一旦境外子公司被认定为受控外国企业，我国企业作为该境外子公司的母公司，就需要将该受控外国企业未分配或者少分配的利润视同股息分配，并入中国居民企业的当期应税收入缴纳企业所得税。

在税法允许的范围内，紫金矿业采取一定的措施防范 CFC 风险。我国的《税法》明确规定，实际税率低于 12.5%的国家（地区）属于我国 CFC 税制所适用的"避税港"。换言之，只有设立于实际税率低于 12.5%的国家（地区）的 CFC 才受到我国 CFC 税制的约束。因此，紫金矿业可以积极准备举证资料，包括"出于合理的经营需求"，或者举证中国香港等中间控股公司在当地实际税负高于 12.5%。同时，也要注意合理利用利润，做好成本与收入配比，控制留存在境外的利润。

4　退出阶段税务筹划及风险分析

根据前文我们对紫金矿业在持股阶段所提出的假设，通过构建控股框架作出税务筹划后，优化后的股权架构为：紫金矿业—中国香港中间控股公司 SPV—卢森堡中间控股公司 SPV—新锂公司。

基于全球经济下行的大背景，当企业经营战略或国家经济政策发生改变时，企业出于对未来的考虑，会选择收缩战略退出该业务涉及的领域。紫金矿业资本的退出有两种方式。一种方式是资产转让退出：转让子公司拥有的资产，包括固定资产、存货、土地使用权等，随后于当地清算并注销该公司。另一种方式是股权转让退出：直接将新锂公司的股权转让给第三方，通过转让搭建的中间控股公司的股权以间接转让新锂公司股权。

企业在该环节应该选择合适的退出方式使企业的退出成本最小化，充分利用不同地区对于资本利得的税收政策差异，可减少税务成本，从而降低退出成本。

4.1 资产转让方式下的税负分析

当紫金矿业后续由于业务困难等要退出对新锂公司的并购时，可以采用资产转让的方式退出对新锂公司的资本投入。具体来说就是作出破产清算决定，对子公司的资产进行转让，实施清算方案并进行清算工作，然后在子公司所在地对新锂公司进行注销。主要通过以下三种途径来实现：

（1）转让新锂公司的资产，随后清算并注销该公司；

（2）转让卢森堡中间控股公司的资产，随后清算并注销该公司；

（3）转让中国香港中间控股公司的资产，随后清算并注销该公司。

现以紫金矿业转让新锂公司资产为例进行说明。紫金矿业可转让的资产主要源于三个方面，见表6。

表6 紫金矿业可转让的资产

资产来源	1. 股东即出资人对公司投入的资本金
	2. 公司在生产经营过程中积累起来的资金
	3. 公司通过举债等方式所获得的资金

加拿大的征税体制主要分为三个层次，分别是联邦、省及地方。联邦和省都有相对独立的税收立法权，地方的税收立法权由省赋予。加拿大的征税权划分如表7所示。

表7 加拿大的征税权划分

征税主体	征税内容
联邦层面	联邦所得税、货物劳务税、消费税、关税、联邦资本税等
省级层面	省所得税、销售税、资本税、不动产转让税、资源税等

在转让新锂公司资产的过程中，可能会涉及销售税、不动产转让税、所得税、消费税等税种的征税问题，如表8所示。

表8 新锂公司资产转让过程中可能涉及的税收

税种	税率及具体规定
销售税	①加拿大政府致力于整合 GST 和 PST，提出推行 HST 的改革，安大略省参与了合并，故征收 HST①； ②联邦基本税率为 5%，省级基本税率为 8%
不动产转让税	①在房地产所有人发生变动时征收房地产转让税； ②计税基础为不动产转让价格； ③一般不动产转让税税率为 1%~3%
企业所得税	一般企业和小企业的税率分别为 11.5% 和 3.2%，一般公司对活跃业务收入缴纳的联邦税和省税合计为 26.5%，小企业为 12.2%。新锂公司为一般企业，故适用的企业所得税税率为 26.5%
消费税	应税燃料油应根据种类按照如下定额税率缴纳加拿大消费税： ①无铅汽油（包括无铅航空汽油），税率为 0.10（加元/公升）； ②含铅汽油（包括含铅航空汽油），税率为 0.11（加元/公升）； ③柴油和航空燃料（航空汽油除外），税率为 0.04（加元/公升）
资本利得税	①资本利得税税率为 25%； ②资本利得为转让价格与经调整的股权成本的差额； ③根据加拿大税法的规定，资本利得税的征收条件为：一是前 60 个月，未上市公司或上市公司 50% 以上的股权公允市场价值部分来自矿产资源资产；二是出售加拿大矿产资源资产
矿业税	各省对来自矿业的利润额外征收矿业税。矿业税是相对复杂的税种且因省份不同而异

单从税务的角度来看，紫金矿业通过出售东道国公司的资产实现投资退出的税务成本较高，在资产转让过程中不仅会涉及所得税的征税问题，也会涉及潜在的高额税收，包括销售税、不动产转让税、所得税、消费税、资本利得税等税种的征收问题。为了减少退出成本，不建议采用资产转让的方式退出并购。

4.2 股权转让方式下的税负分析

4.2.1 直接控股架构下的股权转让

假如紫金矿业未进行税务筹划而选择直接控股架构，那么，紫金矿业想要通过股权转让的方式实现资本退出，只能将新锂公司的股权直接转让给第三方，其税务处理可以从两个维度进行分析。此乃方案一。

4.2.1.1 税收协定层面

根据《中华人民共和国政府和加拿大政府关于对所得避免双重征税和防止偷漏

---

① 目前，加拿大在联邦层面征收货物劳务税（Goods and Services Tax，GST）或统一销售税（Harmonized Sales Tax，HST）。部分地区在省级层面征收省级销售税（Provincial Sales Taxes，PST）。在联邦范围内，加拿大对在境内开展商业活动，提供应税货物、服务以及进口货物和服务的单位和个人征收 GST。在省级层面，加拿大部分省份在部分商品的零售环节加征 PST，即该地区的纳税人在零售环节需要同时缴纳 GST 和 PST。近年来，加拿大政府致力于整合 GST 和 PST，提出推行 HST 的改革，即缴纳 HST 的纳税人不再缴纳 GST 和 PST，但只有安大略在内的五个省份参与了合并。

税的协定》第 13 条"财产收益"第一、第四、第五款的规定:

"一、缔约国一方居民转让第六条所述位于缔约国另一方的不动产取得的收益,可以向该缔约国另一方征税。"

"四、缔约国一方居民转让股份取得的收益,如果该股份价值的 50%(不含)以上直接或间接来自位于缔约国另一方的不动产,可以向该缔约国另一方征税。"

"五、缔约国一方居民转让其在缔约国另一方居民公司的股份取得的收益,如果该居民在转让行为前的 12 个月内,曾经直接或间接拥有该公司至少 25% 的股份,可以在该缔约国另一方征税。但是,在被认可的证券交易所进行实质和正规交易的股票除外,前提是该居民在转让行为发生的纳税年度内所转让股票的总额不超过上市股票的 3%。"

4.2.1.2 国内税法层面

根据加拿大税法的规定,在加拿大从事商业活动的非居民企业应按照加拿大税法的一般税率,就源于加拿大的营业收入纳税。此外,非居民企业应就源于加拿大的应纳税所得按照 25% 的税率缴纳分支机构利润汇出税(扣除联邦和省级所得税,以及对特定类型加拿大财产的投资津贴)。非居民企业应就处置加拿大应税财产所获得的资本利得在加拿大纳税。加拿大应税财产包括:一是位于加拿大的不动产,二是加拿大上市公司的股权。该股权需满足以下条件:在处置前 5 年中的任意时间,非居民企业和/或关联方个人拥有 25% 及以上该企业的任意种类的股权,且股权在处置前 60 个月中的任意时间内,其 50% 以上的价值源于位于加拿大的不动产(包括某些资源资产)。

由于紫金矿业自并购后持有 100% 的新锂公司股份,且新锂公司的主要业务为勘探和矿产资源开发,满足股权 50% 以上的价值源于位于加拿大的不动产(包括某些资源资产)的条件,因此,当紫金矿业转让新锂公司的股份取得收益时,资本利得税税率为 25%。

如表 9 所示,一方面,加拿大要对紫金矿业征收 25% 的资本利得税;另一方面,紫金矿业作为中国企业,《国家税务总局关于印花税若干具体问题的解释和规定的通知》提到"合同在国外签订的,应在国内使用时贴花",是指《中华人民共和国印花税暂行条例》列举征税的合同在国外签订时,不便按规定贴花,因此,应在带入境内时办理贴花完税手续,其适用"产权转移书据"税目 0.05% 的税率。因此,紫金矿业直接转让股权会面临资本利得税和中国印花税两种税种的征收,比资产转让方式退出的税负成本低。同时,为了降低企业的退出成本,在转让股权前应该逐步消化积累利润。

表 9 紫金矿业股权直接转让过程中涉及的税收

税种	税率/%	具体规定
资本利得税	25	与上述资产转让相同
中国印花税	0.05	根据《中华人民共和国印花税暂行条例》的规定,财产所有权转让属于产权转移书据征税范畴,应缴纳产权转移书据印花税,税率为 0.05%

4.2.2 优化控股架构下的股权转让

优化控股架构下的股权转让如图 7 所示。

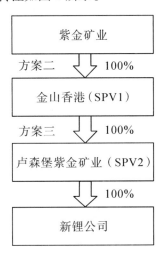

图 7 优化控股架构下的股权转让

方案二：如果选择转让香港中间控股公司，则需要承担股权转让金额 0.2% 的香港印花税。根据中国大陆和中国香港签订的税收协定，紫金矿业无须就转让香港中间控股公司缴纳资本利得税。

"根据香港利得税法规，利得税采用地域来源征税原则，非居民企业在香港经营任何行业、专业或业务而获得的所得，属于源于香港的所得，应缴纳香港利得税，其征税范围、计税依据及适用税率等规定与居民企业一致。"

"经营所得，只针对在香港经营所产生的营业所得（包括利润和损失），而个人或公司取得的长期投资、资本和资产增值之损益（例如：转让在香港上市的股票，或香港物业之所得等）不属于香港利得税的纳税范围（其交易意向和频繁次数等因素使其相关交易构成商业经营活动的情况除外）。"

方案三：如果选择处置卢森堡中间控股公司，一方面，根据中国香港和卢森堡之间的税收协定，卢森堡就转让交易不征收资本利得税；另一方面，由于中国香港仅就源于中国香港境内的所得征收所得税，中国香港也不会就该笔境外收益收税。此外，该笔投资收益汇回境内可能会享受递延纳税的税收优惠，因此，在理想的状态下，该方案买卖双方仅需就交易金额在中国香港缴纳 0.2% 的印花税。

紫金矿业股权转让下涉及的税收如表 10 所示。

表 10 紫金矿业股权转让下涉及的税收

方案	退出方式	所涉及税种
方案一	直接控股架构	加拿大资本利得税（25%）、中国大陆印花税（0.05%）
方案二	转让中国香港 SPV 公司	中国香港印花税（0.2%）
方案三	转让卢森堡 SPV 公司	中国香港印花税（0.2%）

4.3 不同退出方案下的税负对比

为了更清晰地对紫金矿业不同退出方案承担的税收负担进行比较，本节对其进行归纳总结，如表11所示。

表11 不同退出方案下的税负对比

退出方式	税负归纳
资产转让	企业所得税（26.5%）、资本利得税（25%）、销售税（13%）、不动产转让税（1%~3%①）
股权直接转让	方案一：资本利得税（25%）、中国大陆印花税（0.05%）
股权间接转让	方案二：中国香港印花税（0.2%）
	方案三：中国香港印花税（0.2%）

根据以上分析，通过转让资产的方式实现资本退出的税务成本很高，不仅涉及企业所得税，还会涉及各种潜在的税收，所以站在企业的角度，往往不会选择这种方法进行退出；在股权转让中，相对于间接股权转让，直接股权转让面临25%的资本利得税，因为印花税很少，所以印花税的差距影响不大。因此，基于现实和税务角度，我们建议紫金矿业在进行资本退出时，采用间接股权转让方式，即方案二和方案三。

4.4 退出阶段的税收风险分析

本节通过对单层中间控股架构下的退出风险以及双层中间控股架构下的退出风险进行分析对比，进一步从退出阶段的角度说明了双层控股架构是最优架构。在单层中间控股架构下退出加拿大子公司时，存在一项重要的税务考量，即是否被判定为加拿大应税资产（Taxable Canadian Property，TCP）。由于中国香港和加拿大之间的税收协定未包含"协议保护资产"条款，因此，如果加拿大股权在中国香港的股权价值占比超过50%，而这些股权直接或间接源于加拿大的不动产或自然资源，那么中国香港公司处置加拿大公司可能会被视为转让加拿大应税资产，则相应的转让所得将被加拿大征收资本利得税。

在处置加拿大子公司时，要避免被判定为加拿大的TCP，可以考虑采用以下两种方法：一是可以对资产结构进行优化，包括资产重新配置，评估公司的资产组合，将加拿大资产的比例限制在50%以下，将一部分加拿大资产转移至其他国家的子公司名下，或者将其出售给第三方。对债务结构进行调整，考虑通过债务重组来优化资本结构，可以增加外部债务，从而降低加拿大子公司的资本化比率和加拿大资产在总资产中的比例。二是利用税收协定，选择与加拿大之间有税收协定的中间公司，利用该协定中的条款来规避TCP，即本文的双层中间控股架构。

---

① 《中国居民赴加拿大投资税收指南》https://www.yidaiyilu.gov.cn/p/162090.html。

在双层中间控股架构下退出加拿大子公司时，由于卢森堡与加拿大之间的税收协定约定了"协定保护条款"，即使目标公司的股份被认定为加拿大应税资产，也无须缴纳加拿大税款。

综上所述，从税收风险的角度来看，相对于中国香港 SPV 而言，卢森堡 SPV 具有一定的税收优势。根据卢森堡的"参与免税"规则，卢森堡居民公司处置加拿大收购公司所得的资本利得可以免税。此外，从管理成本和构建商业实质的角度来看，单层控股架构相对于双层控股架构而言，管理成本较低，但是容易导致企业不存在商业实质。然而，双层控股架构的管理成本较高，但更容易构建商业实质，并且能够满足税收协定对于"受益所有人"的要求。因此，从税务风险角度来看，双层中间控股架构是最优架构。

5 案例总结与启示

5.1 案例总结

本文主要分为以下几个部分：

第一部分为案例介绍。本部分简要介绍了选取紫金矿业并购新锂公司进行税务案例分析的原因、案例背景和研究意义，以及并购双方的基本情况及并购的大致过程。

第二部分为收购阶段税务筹划及风险分析。本部分主要从控股架构和融资结构两个角度进行分析，结合各国（地区）间的税收协定和优惠后，最终选取中国香港和卢森堡作为 SPV 地点进行股权架构，同时对不同融资方式的税负进行对比分析。

第三部分为持有阶段税务筹划及风险分析。本部分从被并购方新锂公司、并购方紫金矿业和中间控股层三个角度对直接控股架构、现行控股架构和优化控股架构三种不同控股架构下的税负进行对比分析，并得出结论：通过适当的税务筹划，设立合适的控股架构，新锂公司的利润在境外的节税效应会更加显著，能够为紫金矿业的全球战略布局留存更多资金。

第四部分为退出阶段税务筹划及风险分析。本部分分析资产转让和股权转让两种退出方式下的相关成本和风险，发现采用间接股权转让的方式处置中间控股公司，对于并购方紫金矿业来说是最优选择。

5.2 案例启示

5.2.1 合理利用跨境并购控股架构

对我国有色金属矿产业这样周期性较强的行业来讲，国内大型矿山、矿床等矿产资源大部分已被勘测和开采，国内市场趋于饱和。这类企业应及时计划发展路线，明晰发展战略，合理抓住境外并购时机，尤其要关注行业下行周期。企业在进行跨境并购时，要结合目标企业和中间公司所在国的税收政策进行分析选择，切勿盲目套用间接控股架构。合理的股权架构不但有助于降低境外被并购企业利润汇回中国

179

时的税务成本，也对中国企业在境外的整体布局、区域业务管理、跨境资金调配、未来业务整合与剥离提供了一定的灵活性。

企业在跨境并购过程中搭建的股权架构对税收的影响主要取决于被并购企业、并购方企业和中间控股公司所在国家（地区）的税收法规以及它们之间的双边或者多边税收协定。在选择中间控股平台时，要注意以下三个方面的问题：一是选择签订广泛税收协定网络的中间控股平台，广泛的税收协定网络会给公司带来更多的税收优惠和保障；二是选择不征收或少征收境外股息预提所得税的中间控股平台；三是选择搭建成本和运营成本较低的中间控股平台等。在本案例中，中国香港对境外取得的股息所得不征收所得税，对向境外支付的股息也不征收预提所得税；卢森堡对源于境外子公司的符合参股豁免条件的股息所得不征收所得税，而其国内税法同时规定了卢森堡公司向与卢森堡签订有双边税收协定的国家（地区）的税收居民企业支付股息，亦无须缴纳卢森堡股息预提所得税。因此，中国香港和卢森堡可以作为中国大陆企业"走出去"过程中中间控股公司所在地的选择范围。

5.2.2 防范跨境并购中产生的税务风险

跨国企业在设立中间控股公司时尤其要具有实质，企业有关税务筹划遭遇的反避税的核心仍然是"实质重于形式"。因此，关键环节是要对潜在的税收风险作出评估。根据我国税法的相关规定，由国内控制的海外公司设定的实际税负低于所得税税率50%的，非正常需要不作利润分配或减少利润分配的，应将当期利润计入境外业务收入并缴纳对应所得税。因此，为避免造成不合理的未分配利润，合理的经营需要应该满足中间控股公司有相关性的经营业务。关于资本弱化和关联交易的税务风险防范，要做到以下两点：一是筹划方案实施前要对当地的税制进行深入了解，防止触碰相关国家（地区）的税法红线；二是对转让定价的调查也要出于"合理性的经营需要"。关于股权架构的设计，并购方公司应予重点应对的税务风险有：一是需防范被认定为受控外国企业的税务风险，二是需关注中间控股公司的商业实质是否满足"受益所有人"的规定，三是需依法减少中间控股公司被认定为非境内注册居民企业的风险。

5.2.3 利用融资架构发挥资本弱化的"税收挡板"作用

与股权融资相比，债权融资具有税盾作用。世界各国税法基本上都准予利息支出在税前列支，而股息则在税后支付，所以负债经营能为企业带来节税效应。企业可以通过向第三方或关联方支付利息，实现利息费用在高税率国家（地区）扣除，而利息收入在低税率国家（地区）纳税，从而充分发挥资本弱化的"税收挡板"作用。但是，刻意和过度使用债权融资也会对税收的公平原则和实质课税原则造成破坏。为了应对利用资本弱化来进行避税的行为，国际组织和各国税务机关也制定了相应政策，比如 OECD 提出了"固定比率法"和"正常交易原则"。由于各国税法对可以税前扣除的利息费用性质、可抵扣限额以及跨境支付预提所得税的规定不尽相同，从事跨境并购的中国企业在设计融资架构时，应在考虑公司资金管理需要的基础上，综合考虑各国税法的资本弱化条款以及利息支付相关条款，有针对性地提前做好规划，合理设计融资架构，防止出现利息费用无法税前扣除的风险。

参考文献

[1] 曹禹. 结合国际经典案例探讨"受益所有人"认定问题 [J]. 国际税收，2014（9）：52-55.

[2] 巴海鹰，谭伟. 中国企业跨境并购的税务风险识别与应对 [J]. 国际税收，2021（9）：73-79.

[3] 范睿晔. "一带一路"背景下企业海外并购税务风险及应对研究 [D]. 呼和浩特：内蒙古大学，2019.

[4] 金亚萍. 企业跨境并购的涉税问题研究 [J]. 涉外税务，2009（3）：42-44.

[5] 兰洁，林爱杰. 双循环背景下东道国国家风险对我国企业海外并购绩效的影响 [J]. 重庆大学学报（社会科学版），2021，27（3）：228-244.

[6] 李浦跃. 跨国并购中融资方式研究 [D]. 北京：中央财经大学，2022.

[7] 李文青. 境外投资控股架构的税务方案及法律风险防范 [J]. 国际税收，2014（6）：70-73.

[8] 罗柏儿. 企业跨境并购中股权收购的国际税务筹划研究 [D]. 广州：广东财经大学，2022.

[9] 戚琪. 跨国并购架构下的企业所得税税务筹划策略研究 [D]. 广州：广东财经大学，2018.

[10] 戚肖蒙. 我国企业跨境并购税务风险防范研究 [D]. 武汉：中南财经政法大学，2022.

[11] 索朗杰措. 中国企业投资加拿大矿业的税务架构研究 [J]. 冶金财会，2020，39（8）：41-45.

[12] 王强. 透视跨境并购税务筹划 [J]. 中国外汇，2017（13）：60-61.

[13] 王素荣. 中国企业投资德国的税务筹划 [J]. 国际商务财会，2018（3）：3-6，14.

[14] 王小中. 中国"走出去"企业的税务筹划措施 [J]. 财务与会计，2018（5）：78.

[15] 王新玉. 腾讯并购 SUMO GROUP 的控股架构税务筹划 [D]. 青岛：青岛科技大学，2022.

[16] 袭明. 境外投资利润回流的税收优化分析 [J]. 中国总会计师，2023（9）：30-32.

[17] 谢苏州. 海外投资税务架构设计思路探讨 [J]. 纳税，2021，15（15）：20-21.

［18］杨昕妍.中国企业跨境并购税务筹划方案研究［D］.广州：广东外语外贸大学，2020.

［19］叶红，尤姜，郑天成，等.中国企业海外并购的典型税务风险及应对［J］.国际税收，2015（4）：22-26.

［20］詹清荣."国际化"中国企业应对"避税天堂"跨国反避税的策略要点［J］.国际税收，2019（6）：40-44.

［21］章慈.离岸架构承压税务方案再优化［J］.中国外汇，2019（7）：58-60.

［22］赵浩然.我国企业跨境并购税务风险研究［D］.武汉：中南财经政法大学，2022.

［23］赵毅，乔朋华.企业海外收购动因会影响股权选择吗?：兼谈企业盈利能力的调节效应［J］.外国经济与管理，2018，40（2）：51-67，137.

税务案例解析与点评：跨境并购与涉外税

点评

本文聚焦跨境并购中的税务筹划，在国际体系和国际秩序发生重大变化、税收治理建设重塑的当今具有很强的实用性和针对性。

本文涉及了 BEPS 行动计划、双边税收协定、多国的税收政策等国际税收的要点，总体完成效果不错。

本文以具有代表性的跨国公司并购案例切入并展开论述，有助于读者将理论与实践相结合，增强了文章的说服力。本文从收购交易阶段、持有阶段、退出阶段三个阶段进行多方式的税务筹划对比让分析更细化和深入，贯穿全业务周期的筹划思路也呈现出作者思考的全面性，以数据为基础进行筹划，提高了筹划方案的可信度。

本文做税务筹划的过程还涉及了外汇成本与外汇风险，显示作者的知识面相对较广。

本文虽有上述较多的优点，但由于信息壁垒、信息获取处理理论层面等原因，存在信息与实际偏差较大的问题，比如实际业务并购过程中紫金矿业采用了多层框架，而非单层架构，如果建立在这个信息完整的基础上文章的研讨基础是不牢靠的；在跨境融资、外汇管理方面还应及时更新涉及区域融资政策及税收政策，如香港已于2023 年对境外利息收入不再免税，而需在香港申报企业所得税（除非有商业实质的豁免），文章在谈到境外融资时未考虑这种税收成本的影响；如境外融资还应充分考虑债资比、标的公司所在国的外汇政策（强制结汇成本）、融资条件等筹划点，以便全面符合税务筹划的实用性，让文章的税务筹划更具可比性；此外，本案例涉及的核心资产在阿根廷，那么在做税务筹划过程中应充分考虑阿根廷当地的税收政策，特别应考虑当地矿权转让、矿企经营利润转回时涉及的税收情况，以保证案例分析环节的全面性和结果的可比性，以便税务筹划更具实用性、专业性。

点评人：杨庆（雅化集团财务总监）

中资企业跨境 EPC 项目合同拆分涉税风险分析

——以 S 公司诉印度尼西亚税案为例

李周婧　黄思雨　陈佳琦　刘琰雯

【摘要】自我国实施"走出去"战略以来，尤其是共建"一带一路"倡议提出后，不少中资企业响应国家号召参与到国际市场中去，积极开展对外承包项目。随着我国综合国力的提升和国际形势的变化，我国企业对外承包工程模式从传统模式向总承包模式（EPC）转变。由于各国之间的税收政策存在差异，当中资企业承包境外项目时，若对境外国家（地区）税收政策解读存在偏差，就会面临违反税收法律法规的风险。本文以 S 公司诉印度尼西亚税案为例，通过梳理双方的主要观点，详细分析 S 公司因对 EPC 合同拆分而面临的"间接"利润是否归属于"常设机构"的税务纠纷，并从该案件中获得启示，最后对如何防范此类税收风险提出相关建议。

【关键词】EPC 项目；合同拆分；税收风险；常设机构

印度尼西亚（以下简称"印尼"）作为东南亚第一大经济体，是共建"一带一路"倡议的重要参与国家，也是中国企业"走出去"的重要合作伙伴，尤其在电力行业。数据显示，在印尼快速增长的电力市场中，中国公司已收获颇丰，印尼拥有的 1 000 万千瓦发电厂的装机容量，有 85% 以上是由中国公司建造并提供的，大多采用 EPC 模式。S 公司也是其中一员，其承接了印尼火电项目、皇后港电站项目、印尼 OBI7×380MW 动力站项目等订单，有力协助了印尼能源电力建设，促进了印尼的经济社会发展。但是，近年来，中资企业在印尼发生多起税务争议案件，其中 S 公司诉印尼税案具有一定的代表性，对该案进行研究可以在一定程度上引起中资企业对 EPC 项目合同拆分涉税问题的重视，减少不必要的税收风险，帮助中资企业更好地"走出去"。

1　相关背景介绍

1.1　S 公司背景介绍

S 公司是一家大型综合性装备制造集团，致力于为客户提供一套系统的解决方案，集互联、智能、环保、绿色目标于一体。S 公司业务广泛，主要包含集成服务、能源装备和工业装备三类。S 公司产品丰富，不仅生产风力发电和输配电所需的设备，还生产核电、火力发电（气电、煤电）所需的发电机组，除此之外还包括机床、轨道交通、自动化设备、环保设备甚至电梯等。S 公司聚焦高端、绿色、智能的发展方向，以科技赋能推动中国及全球工业高质量发展。

S 公司有着 120 多年的历史，至少可以追溯到 1902 年，是上海近代机器工业的萌芽。该公司在 1993 年 12 月进行改组，并于 1996 年 10 月与另一公司实行联合重组，组建新的总公司。2005 年 4 月，新总公司 H 股在香港联合交易所成功上市，正式更名为 S 公司。2008 年 12 月，S 公司 A 股成功上市，成为"A+H"股份上市公司。2018 年 7 月，S 公司实现集团整体上市。

改革开放以来，S 公司的产品不断创新，处于世界领先地位。S 公司的产品包括为西气东输助力的高频电动机、海上风电设备、三代四代核电核岛、首套百万千瓦超临界燃煤发电机组、常规岛主设备等。从财务状况来看，S 公司总资产为 3 154 亿元，注册资金为 157 亿元，有效专利达 5 819 件。图 1 显示，2017—2021 年，S 公司营业收入基本处于逐年上升状态，2021 年 S 公司营业收入为 1 409.17 亿元。从行业来看，S 公司业务分布在能源装备、工业装备以及集成服务领域；从地区来看，如图 2 所示，S 公司境内外营业收入均不断上升，其中境外营业收入占比不断升高。作为中国工业的领导品牌，S 公司入选 2017 年《全球制造 500 强》《财富》中国 500 强，创造了众多中国和世界第一，荣获中国工业大奖，其品牌价值达 1 617.39 亿元。S 公司秉承"开放协同、合作共赢"的理念，携手 70 多家世界一流企业，协同全球客户、合作伙伴、员工等创造者，赋能全球创新与绿色可持续发展。

图 1　2017—2021 年 S 公司分行业营业收入

数据来源：S 公司 2017—2022 年年度报告。

185

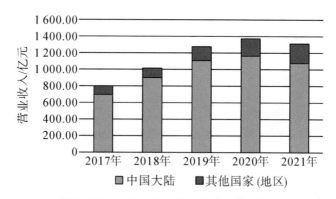

图2　2017—2021年S公司分地区营业收入

数据来源：S公司2017—2022年年度报告。

1.2　相关税收政策简介

印尼实行两级课税制度，分为中央和地方两级。其中，中央享有立法权和征管权。印尼现有税种包括企业所得税、个人所得税、增值税等。根据印尼政府的规定，每年1月1日至12月31日为一个财政年度，公司可以选择在财政年度内报税，也可以使用会计年度提交纳税申报表，按月分期缴税。纳税居民和外资常设机构履行纳税义务可以通过直接缴纳、第三方扣缴或前两者结合的方式进行。由于本案的税收争议点集中在印尼所得税与常设机构判断及利润归属方面的讨论，故本文着重介绍印尼税法以及中国和印尼签署的双边税收协定中有关这方面的内容。

1.2.1　印尼所得税基本情况

印尼税务总署依据属地原则判定一个企业是否属于居民企业。根据《印尼所得税法》（Income Tax Law，2008年36号修正案）的规定，对在印尼设立或实际管理机构在印尼或在印尼拥有常设机构的所有法人实体征收企业所得税。印尼的居民企业与非居民企业认定标准如表1所示。印尼对于居民纳税人就其全球所得征税，对非居民纳税人仅就其源于印尼境内的所得，包括归属于印尼境内的常设机构的所得征税。

表1　印尼的居民企业与非居民企业认定标准

居民企业	在印尼成立或注册的实体，但同时满足以下标准的政府机构除外： （1）依照法律建立； （2）由国家或地方政府预算资助，其收入涵盖在国家预算或地方政府预算中； （3）其会计账簿由政府审计师审计； （4）受益人所遗留的应作为一个整体不可分割的财产
非居民企业	指在印尼境外注册，但有源于印尼境内所得的企业

资料来源：国家税务总局《中国居民赴印度尼西亚投资税收指南》。

根据印尼相关方的规定，在印尼想要与项目主进行签约的国外中标公司必须成立印尼有限责任公司或代表处，并取得印尼公共工程部颁发的承包工程批文。同时，外资企业在印尼通过常设机构从事商业活动的，需对全球所得缴纳企业所得税，与居民纳税人的纳税义务相同。

1.2.2 中国与印尼双边协定简介

2001 年 11 月，我国政府与印尼政府签署了《中华人民共和国政府和印度尼西亚共和国政府关于对所得避免双重征税和防止偷漏税的协定》（以下简称《中印尼双边税收协定》），且于 2003 年 8 月 25 日生效。中资企业在印尼承包工程可能涉及的内容有常设机构认定、营业利润归属以及相互协商原则。

关于常设机构的认定，根据《中印尼双边税收协定》的规定，常设机构指的是企业进行全部或部分营业的固定营业场所，特别包括：管理机构；分支机构；办事处；工厂；作业场所；为其他人提供储存设施的仓库；用于销售的场所；农场或种植园；矿场、油井或气井、采石场或者其他开采自然资源的场所。同时还包括：建筑工地，建筑、装配或安装工程，或者与其有关的监督管理活动，仅以该工地、工程或活动连续 6 个月以上为限；缔约国一方企业通过雇员或者雇用的其他人员，在缔约国另一方为同一个项目或相关联的项目提供的劳务，包括咨询劳务，仅以连续或累计超过 6 个月为限；用于勘探或开采自然资源的钻井机或作业船，以其持续或连续 6 个月以上为限。

关于营业利润归属，缔约国一方企业的利润应仅在该缔约国纳税，但该企业通过设在缔约国另一方的常设机构在该缔约国另一方进行营业的除外。如果该企业通过设在该缔约国另一方的常设机构在该缔约国另一方进行营业，其利润可以在该缔约国另一方纳税，但应仅以直接或间接属于该常设机构的利润为限。但是，如果该企业证明上述活动不是由常设机构进行的，或者与常设机构无关，就不适用于该规定。

关于相互协商，当一个人认为缔约国一方或者双方所采取的措施，导致或将导致对其不符合协定规定的征税时，可以不考虑各缔约国国内法律的补救办法，将案情提交本人为其居民的缔约国主管当局。该项案情必须在不符合本协定规定的征税措施第一次通知之日起，三年内提出。上述主管当局如果认为所提意见合理，又不能单方面圆满解决时，应设法同缔约国另一方主管当局相互协商解决，以避免不符合协定的征税。

1.2.3 印尼税务争议解决程序

涉外税收争议依据其性质不同，可以分为事实争议和法律争议。事实争议是指对税基确认、税率确定等方面的争议；法律争议是指对国内税收的法律法规、税收协定等政策解读的争议。印尼的税务争议解决程序如下：

（1）税务争议——异议程序。纳税人可以在收到税务局的税务评估后 3 个月内通过税务局向国家税务总局提出税务异议，并基于国家税务总局发的评估函上的结果提出税务争议，在提交争议申请之前，必须在税务审计和核实程序结束前缴纳纳税人认定额度的税款。如果异议被全部驳回或只有部分被国家税务总局采纳，纳税人将受到行政处罚，罚款金额为提出异议的税务评估总额的 50%，除非纳税人提出税务上诉。国家税务总局必须在异议申报日期后 12 个月内作出裁决，否则自动视为异议通过。

（2）税务争议——上诉程序。纳税人在收到国家税务总局裁决的 3 个月内在支付至少 50% 的应纳税额后可以向税务法庭提出上诉。税务法庭在 12 个月内通过举办听证会对上诉作出裁决，特定情况可能会延长 3 个月。如果上诉内容没有被税务法庭全部批准，则纳税人必须缴纳欠缴税款的纳税评估和提交上诉时欠缴税款纳税评估额 100% 的处罚。

（3）税务争议——向最高人民法院提出复审请求。纳税人或者国家税务总局可继续对税务法院的决定提起上诉，请求最高人民法院复审。对复审的请求有具体的要求及情况，并且纳税人或国家税务总局对复审的请求不能推迟执行最高人民法院的判决。

1.3 EPC 总承包模式

1.3.1 EPC 总承包模式简介

2013 年，共建"一带一路"倡议的提出及落地实施为我国跨境 EPC 的发展助力，同时也促进我国与"一带一路"共建国家的互利共赢。

EPC，是指根据业主委托，承包方对工程的设计、采购、施工的整个环节及过程，以及工程的质量、进度、费用等方面负责的总承包工程模式，涉及领域有能源（传统电力、清洁能源等）、交通（铁路、公路等）、建筑。E（engineering）指设计，不仅包括具体的设计工作，还包括工程内容总体策划；P（procurement）指采购，包括建筑设备材料及专业设备、材料的采购；C（construction）指建设，包括安装、试测、施工、技术培训等。EPC 总承包模式见图 3。

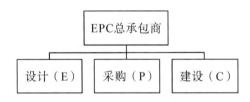

图 3　EPC 总承包模式

EPC 项目的总承包人是该项目的第一责任人，他需要对建设工程从设计、采购到施工的整个过程负总责，同时对工程的质量及建设工程各位专业分包人的履约行为负总责。

EPC 总承包模式细则见图 4。

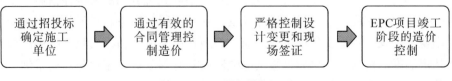

图 4　EPC 总承包模式细则

1.3.2 EPC 总承包模式的合同结构形式

在 EPC 项目实施过程中，总承包人只是对整个项目负责，并不需要亲自完成整个建设工程项目的工作。具体来说，除法律明确规定应当由总承包人必须完成的工作外，其余工作皆可由其采取专业分包的方式进行。在实践中，总承包人往往会根据业主的要求，同时依据工程项目的不同规模、类型，将设备采购、安装等工作分包给专业的分包商。此外，EPC 总承包模式下的合同结构形式通常可概括为以下几种：交钥匙总承包（turnkey project）、设计—施工总承包（E—C）、建设—转让总承包（C—T）、设计—采购总承包（E—P）、采购—施工总承包（P—C）。其中，交钥匙总承包是指总承包方根据业主需要的功能和条件，接受委托，承包工程的设计、采购、施工各个环节，最终提供完整、符合业主要求工程的总承包工程模式。

1.3.3 EPC 总承包模式的优势及不足

相较于传统承包模式而言，EPC 总承包模式具有以下三个方面的优势：一是设计在 EPC 模式中起到主导作用，总承包方可以在项目建设过程中及时调整原有方案；二是 EPC 总承包模式由一个总承包商负责，可以合理衔接设计、采购、施工等各环节的工作内容，避免各环节出现矛盾、相互脱节，保障项目可以按期完工、成本质量符合约定，从而得到较好的投资回报；三是 EPC 总承包模式有明确的责任主体，当工程质量出现问题时，可以准确找出责任承担人并追究其责任。

同时，EPC 总承包模式也存在一些不足。一是发包人（业主）主要通过 EPC 合同对 EPC 总承包商进行监管，对工程的具体实施过程管控力小，没有控制权；二是业主将项目建设风险转移给 EPC 承包商，总承包商的管理实力和财务状况一旦出现问题，项目也将面临巨大风险；三是 EPC 承包人是项目的第一负责人，其责任重大，面临风险也较多，而风险往往与利益相随，较高的风险会使得总承包商在承接工程时综合考虑多种因素，包括管理投入成本、利润以及风险等，这也会使得 EPC 总承包合同的工程造价水平一般偏高。

1.4 合同拆分

1.4.1 EPC 项目合同拆分的目的

合同拆分是指将一份合同拆分为若干合同。由于 EPC 项目的设计、采购、施工会存在差异，且需要满足特定需求，目前跨境 EPC 项目中合同拆分已成为一种常见的模式。

EPC 合同拆分的目的主要是降低税负，合理的合同拆分可以避免重复征税，减少在项目所在国所需缴纳的税款。若 EPC 项目未进行合同拆分，承包商以单一主体身份对雇主和工程负责，并将采购、设计认定为该项目的一部分，认为是项目承包商采购后的销售行为，则需要根据"来源地管辖权"原则征收所得税。总承包合同拆分的另一个目的是通过拆分合同，将工程的部分环节转移到"避税地"，从而降低税负。除此之外，EPC 合同拆分有利于减少汇率波动带来的风险。

1.4.2 EPC 项目合同拆分的基本结构形式

由于境外 EPC 项目有较多的工程环节，不同环节及具体的承包方式的差异使得其适用的税法也不尽相同。EPC 合同拆分结构主要包括三个部分，即境外供应合同、境内承包合同、协调保证协议。其中，协调保证协议由项目公司、承包母公司及项目所在国分（子）公司共同签署，其效力高于其他两份合同，主要是为了明确另外两份合同的关联性等。在岸合同和离岸合同分别对项目不同的环节负责。根据合同的签订方式和具体分配形式，EPC 项目进行的合同拆分会存在多种不同的结构形式，其所涉及的风险也会存在不同。

1.4.3　EPC 项目合同拆分的风险

EPC 总承包模式成为越来越多跨境大型工程项目承包的选择，但由于企业对两国间的税收协定的理解存在偏差以及两国税法的差异性，EPC 项目合同拆分面临许多税收风险和纠纷。如何识别 EPC 项目合同拆分的潜在问题，成为各个采用 EPC 总承包模式的企业需要面对的问题。不同类型的 EPC 项目合同拆分在合同内容的分清、合同工期的安排、合同责任的认清、责任限额的判断、合同价格的合理性、税收潜在风险以及合同有效性认定等方面存在风险。不同国家虽然税法有所差异，但 EPC 项目带来的税收风险和纠纷本质上是对在项目所在国（地区）常设机构的认定问题，即离岸部分利润的税收缴纳问题。

2　案例分析

2.1　案例概况

S 公司于 2007 年 7 月 25 日成功中标印尼西爪哇省 300—400 兆瓦级蒸汽发电站项目。为了更好地完成该项目，S 公司根据印尼法律成立了建筑服务子公司 M 公司。出于降低税负考虑，S 公司及子公司 M 公司与印尼方的 P 公司项目主（发包人）签订合同，协议由母公司 S 公司和子公司 M 公司承包此项目，项目采用 EPC 总承包模式。在蒸汽发电站项目建设期间，母公司 S 公司将 EPC 项目拆分为"在岸部分"和"离岸部分"。根据母公司 S 公司与子公司 M 公司之间的协议，母公司提供设备、材料以及承担除实际建设之外的所有工作业务，子公司仅负责建设。

据此，印尼税务总署于 2015 年向 M 公司发了一纸行政决定书，称母公司 S 公司的设备采购部分利润所得应归属 M 公司在印尼从事建筑服务业的税基，因此认定其在 2010 年"逃税"849 539 565 154.00 卢比销售额的企业所得税。M 公司对此决定不服，提出陈述和申辩，但都被印尼税务总署驳回，最终迫于无奈的 M 公司将此案诉至雅加达税务法庭。

2.2　案例争议焦点

本文通过阅读整理雅加达税务法庭原判决书、相关新闻及文献资料对该税务案件进行还原，梳理案件的脉络逻辑，得出此案关键的争议点如下：

（1）印尼项目主 P 公司与 S 公司及 M 公司签署的建设工程合同能否进行拆分；

（2）依据《中印尼双边税收协定》第五条的规定，M 公司是否构成 S 公司在印尼的常设机构；

（3）若构成常设机构，对《中印尼双边税收协定》第七条第一款应该怎样理解，设备采购部分的利润应归属哪方。

2.2.1 EPC项目合同拆分问题

在该税务案件中，S公司与印尼税务总署的意见分歧，究其源头在于对EPC主合同的理解不同，因此正确理解EPC主合同的性质以及判断该EPC主合同究竟能否进行拆分是进行后续税法分析的基础。

依据S公司的意见，可以将该合同拆分为在岸部分和离岸部分（合同拆分框架如图5所示）：在岸部分仅为土建施工工作，由当地设立的M公司来完成；离岸部分为设备、材料采购以及除实际建设之外的所有工作业务，这些都由在中国的S公司完成。这种拆分方法相当于调整了税基。S公司若想达到既能避免双重征税又能降低税负的目的，母公司S公司应根据签订的总承包合同的拆分协议，对设备部分在中国境内统一进行招标采购与组织发运，并直接交付给项目主P公司总部，在此期间，M公司没有从事这部分工作，且有关利润已由S公司在我国境内缴纳企业所得税。印尼项目主P公司也按照合同支付的节点将发票金额全额支付至S公司的国内账户，且未代扣代缴任何所得税。

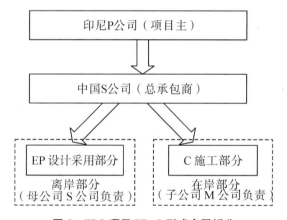

图5 EPC项目EP-C形式合同拆分

印尼税务机关认为，从EPC项目不同模式的定义和该项目签订的合同内容来看，该案例中的项目由S公司作为总承包商进行承接，其需对整个项目负全部责任，并在项目完工后整体移交给印尼P公司。因此，该项目属于交钥匙工程，故而设备的采购和交付也应属于EPC合同内容，S公司作为承包商也需要就这部分内容对EPC项目负责。该项目属于"统包工程"，合同下规定的各类进口设备都需要用于在建项目，因此对采购部分的利润收入应该纳入印尼常设机构的营业利润，归属印尼的征税范围，即对在整个EPC合同下取得的各类收入，都应该看作一个整体纳入印尼企业所得税的征税范围。根据印尼税务总署的意见，设备、材料虽然从S公司直接进口，但是印尼税务总署通过对合同文件进行审查，没有证据和强有力的理由支持采购活动是"印尼的实体"，即M公司不能进行的活动，因此这部分收入应作为单一合同的整体价值在印尼缴纳所得税。

2.2.2 常设机构的判定

常设机构原则指的是收入来源国仅对非居民纳税人通过其设在境内的常设机构获得的营业利润征税，对于非居民纳税人的那些不通过设立常设机构进行营业活动取得的利润，不认为其源于本国境内，不予征税，而由居住国独占征税权。该原则是确定跨国企业经营所得纳税地点的基本原则与核心标准之一。通过项目所在国的国内税法以及《中印尼双边税收协定》判断子公司 M 公司是否构成母公司 S 公司在印尼的常设机构，对 EPC 项目利润归属的判定具有重要意义。《中印尼双边税收协定》《联合国发达国家和发展中国家双重征税示范公约》等双边税收条约、联合国公约、OECD 范本中都对常设机构进行了具体类似的定义。《中印尼双边税收协定》认为，常设机构是指企业进行全部或部分营业的固定营业场所。在本案例中，M 公司为按照印尼的相关规定建立的子公司，为单独的法人实体，即为印尼的居民企业，需要将子公司境内外收入在印尼进行缴税。但由于母公司 S 公司提供的机器设计、采购、运行、测试等服务是直接与项目主 P 公司签订的，子公司 M 公司不为该业务提供固定场所及营业活动，在该意义上不构成常设机构。

除一般型常设机构外，还存在特殊型常设机构，包括工程型常设机构、代理型常设机构、劳务型常设机构三种类型。从签订的合同来看，M 公司还存在被认定为特殊型常设机构的可能性。由于该工程的建筑方面由 M 公司承包，S 公司负责的设计与采购业务与 M 公司没有关联，建筑工程方面 M 公司需要作为印尼的居民企业缴纳税款，而不是作为母公司 S 公司的工程型常设机构缴纳税款。《中印尼双边税收协定》第五条第五、六、七款中对代理型常设机构进行了规定，但由于该合同 S 公司部分由 S 公司自身直接签订，没有中介代理人的参与，子公司 M 公司不是 S 公司的代理型常设机构。《中印尼双边税收协定》第五条第三款第（二）点中提出，"缔约国一方企业通过雇员或者雇用的其他人员，在缔约国另一方为同一个项目或相关联的项目提供的劳务，包括咨询劳务，仅以连续或累计超过六个月的为限"，由于 S 公司与 M 公司为母子公司且分别参与该 EPC 项目的不同部分，因此 S 公司与 M 公司具有人事、管理等相关控制关系，可能被认定为劳务型常设机构。此外，根据《中印尼双边税收协定》第五条第三款第（一）点的规定，"建筑工地，建筑、装配或安装工程，或者与其有关的监督管理活动，仅以该工地、工程或活动连续六个月以上的为限"，一般来说大型项目工程的周期较长，大都会超出规定"六个月"的时间，S 公司需要就其机器设备的设计、安装等工作在项目所在地设立常设机构。印尼税务总署认为，合同应为一个整体，应当根据《中印尼双边税收协定》第五条第三款第（一）点的规定，将子公司 M 公司认定为常设机构。综上所述，子公司 M 公司会被认定为母公司 S 公司在印尼的常设机构。

2.2.3 利润是否归属于常设机构的争议

由上述分析可知，M 公司在印尼已构成常设机构。《中印尼双边税收协定》第七条第一款规定："缔约国一方企业的利润应仅在该缔约国征税，但该企业通过设在缔约国另一方的常设机构在该缔约国另一方进行营业的除外。如果该企业通过设在该缔约国另一方的常设机构在该缔约国另一方进行营业，其利润可以向该缔约国另一方征税，但应仅以直接或间接属于该常设机构的利润为限。"该条款的含义是：如果一家外国公司通过常设机构在印尼开展业务，那么该外国公司的利润份额将不会被承认，而会被认定为来自常设机构的直接或间接收入，应该在印尼征税。由于子公司M公司在印尼构成了常设机构，其利润应该在印尼缴税，但只缴纳直接或间接归属常设机构的部分。

《中印尼双边税收协定》第七条第一款同时规定了一项"但书"条款，即"但是，如果该企业证明上述活动不是由常设机构进行的，或者与常设机构无关，应不适用本款的规定"。该项"但书"条款的含义为：如果企业能够证明该业务活动不是由常设机构进行的，或者与该常设机构没有关系，则该企业从其业务活动中获得的利润将不会在印尼被征税。S公司和印尼税务总署的另一个争议焦点在于对该项"但书"条款中"或"的理解。

S公司认为，连词"或"的存在表明有几个条件的选择，如果"活动不是由常设机构进行的"和"活动与常设机构无关"其中一个条件得到满足，就不需要在印尼缴税。因此，S公司列出了证明"采购活动不是由常设机构进行"的几个依据：一是该合同是由S公司与印尼P公司签署的，由于项目监督管理上的需要，S公司不得不在印尼成立子公司M公司，以方便业务开展，子公司M公司仅以建筑服务的形式向印尼P公司服务，而设备采购的收入不属于子公司M公司，且母公司S公司已在中国缴税；二是该货物由母公司S公司直接交付给印尼P公司，不经过常设机构M公司，该笔收入属于中国而不是印尼；三是根据印尼法规的规定，常设机构M公司不具备进口货物的资质，没有进口货物识别号码，无法从母公司S公司进口设备，也没有进口文件显示是子公司M公司从母公司S公司进口货物的；四是子公司M公司在印尼的经营许可证只执行建筑工作（实施和监督），没有制造许可证，不生产印尼P公司购买的电厂设备。综上所述，这些证据有力地证明了母公司S公司的采购活动不能在印尼进行，因此满足了其中一个条件，有权享受豁免，不应在印尼缴税。

印尼税务总署则认为，S公司必须证明采购活动符合两个条件中的任何一个，否则印尼税务总署就可以对该项采购活动的利润征收所得税。因此，印尼税务总署也列出来几个采购利润不能享受豁免的依据：一是印尼P公司与S公司签订的合同中包含的是一个不可分割的EPC工程，活动包括工程、采购和当地施工，在母公司S公司与子公司M公司的协议分工中解释，母公司S公司提供机器设计、与机器有关的所有设备、材料，包括施工的专业监督、机器性能测试以及使用培训，而子公司M公司负责建造机器运行所需的建筑。印尼税务总署认为，采购过程是母公司S公司和子公司M公司的责任，因此采购活动与常设机构有关。二是该合同是交钥匙合同，工程将在所有工作都完成后交付，为执行合同开展的所有工作是一个单一实体，与合同有关的所有工作都与常设机构有关。综上所述，印尼税务总署认为，

S 公司在印尼的常设机构不满足第二个条件，因此应就该笔采购利润所得在印尼缴纳企业所得税。

2.3 法庭判决及事件结果

根据事实、证词、证据和适用的税收规定，法庭、仲裁庭的意见如下：

法庭认为，《中印尼双边税收协定》第七条第一款中的"或"字在本上诉争端中具有替代功能，这意味着上诉人必须证明其不属于该条规定的条件之一，即由常设机构开展商业活动或与常设机构具有直接或间接的关系。但如果上诉人属于这两个条件中的任何一个，那么就可以对其在印尼的商业利润征税。在印尼征税，没有必要同时满足两个条件。

仲裁庭认为，上述合同中规定的所有工作或活动构成一个单一的工作单位，即在印尼进行的"西爪哇省的 300—400 兆瓦级蒸汽发电厂"建筑项目。法庭确信，上诉人（子公司 M 公司）是 S 公司为了执行此项目而在印尼设立的，直到项目完成。而根据法庭对合同的审查，S 公司与项目有关的所有活动，包括采购，都与常设机构有直接或间接的关系。

鉴于以上事实，法庭认为，上诉人 M 公司与母公司 S 公司在执行合同时是一个不可分割的业务单位，即通过交钥匙工程采购一个发电站，该发电站在移交给印尼 P 公司时已准备好运行。根据上述数据事实和信息，参照《中印尼双边税收协定》第七条第一款的规定，S 公司进行的发电站采购活动与 S 公司为完成合同规定的总体要求而进行的活动是有关系的。

综上所述，法庭和仲裁庭认为，印尼税务总署有依据对 S 公司所进行的采购活动所得的利润征税。

根据上述情况，法庭对争端案情的意见概述如下：

2017 年 7 月，雅加达税务法院根据审查结果，作出了驳回 M 公司上诉的决定。历时两年，该案以 M 公司败诉告终，并于 2018 年 7 月 26 日由雅加达税务法庭宣布该判决（判决结果见表 2）。M 公司需要补缴 849 539 565 154.00 卢比销售额的企业所得税税款，M 公司与印尼税务总署均对此没有异议。

表 2 雅加达税务法庭判决结果

描述	争议价值	由大会保留	不能由大会保留
商业流通金额	Rp 849 539 565 154.00	Rp 849 539 565 154.00	Rp 0.00
商品销售成本 1. HPP 采购 2. 其他建筑费用	（Rp 849 539 565 154.00） Rp 2 172 301 336.00	（Rp 849 539 565 154.00） Rp 2 172 301 336.00	Rp 0.00 Rp 0.00
其他业务费用	Rp 17 929 336.00	Rp 17 929 336.00	Rp 0.00
来自企业外部的费用	Rp 502 747 046.00	Rp 502 747 046.00	Rp 0.00

注：摘自判决书 PUT-105682.15/2010/PP/M. VIB Tahun 2018，其中 Rp 为印尼货币卢比的符号。

3 案例启示

3.1 注意常设机构判定带来的税收风险

在跨国企业面临的税收风险中，对常设机构的判定问题是非常普遍的。如何判断利润是否属于常设机构，是跨国企业必须解决的问题之一。根据不同国家的税收协定，对符合本国常设机构的判定标准存在差异，跨国企业也会存在不同的税收风险。一般来说，根据常设机构的类别及时间标准划分为机构场所类、工程活动类、劳务服务类及代理类等常设机构。跨国企业面临的常设机构判断问题包括非独立代理人与独立代理人身份的认定、子公司被认定为常设机构、时间规定问题等，同时也要注意各国（地区）与常设机构标准相关的特殊政策和临时规定，以免造成税收损失。在本案例中，印尼对常设机构判定标准的执行十分严格，特别是对税收协定条款的具体理解方面存在分歧，所以跨国企业在印尼的业务活动是否构成常设机构，需要引起注意并进行详细的分析。

3.2 签订 EPC 合同时有效隔离在岸部分与离岸部分

EPC 合同是建筑工程总承包项目中的关键性文件，用于规范和指导整个项目从开始到完成。EPC 合同的签署可选择单一合同和拆分合同两种模式，若签署单一合同，则合同利润是整体项目的利润，项目所在国将要求其就全部利润纳税；若将合同拆分为离岸部分和在岸部分，则离岸部分利润与项目所在国无关，无须在项目所在国纳税，可以减轻税收负担。但如果合同在拆分过程中划分不清，不能合理规划项目执行中各方的责任，在人事或财税核算上不能保持子公司的独立性，则该 EPC 合同拆分可能就不符合当地的利润归属标准，不会被项目所在国承认，从而产生双重征税的风险。因此，中国企业在承包印尼建设项目时所签订的 EPC 合同，应注意有效隔离在岸部分和离岸部分，坚持 EPC 单一责任原则，明确规定合同各部分的职责、合同金额以及税收负担者，从而划分各责任方的纳税义务，有效降低合同拆分涉税风险。例如，可以采用 EPCM（engineering procurement construction management）等模式。EPCM 的含义是"设计、采购和施工管理"，模式如图 6 所示。在 EPCM 总承包模式下，承包人负责的内容主要为提供工程设计或设计管理服务、对采购设备和施工进行管理。对于工程具体的供货、施工以及设计工作，承包方可以与业主协商，建议和协助业主与不同的分包商签订分包合同，即具体的供货合同、施工合同、设计合同是业主与各分包商签订的。有时 EPCM 承包人也会负责设计工作，或向业主供应必要的设备、材料。这种多方签订合同的方式能够更加明确其在岸部分和离岸部分活动分别由不同法人实施，EPCM 承包人与设计、采购、施工等分包商们在合同上没有关系，所以 EPCM 承包人不承担财政风险，因此可以对印尼税务机关以不承认 EPC 合同拆分为由征收离岸部分所得税进行有效抗辩。

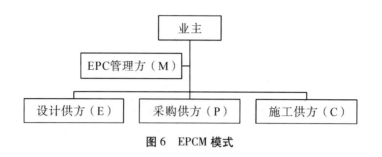

图6 EPCM 模式

3.3 "走出去"企业应有效分析项目所涉税收风险

对"走出去"企业而言，首先要充分了解项目所涉国的税收政策以及两国之间签订的税收协定。在此基础之上，就相关政策文件，应尽量与项目所涉国有关权威机构达成一致理解。除此之外，企业在"走出去"之前，应当通过专业机构或自身实地考察等方式，对项目所涉国的法律政策、税收环境等进行有效调研。针对可能存在的税收风险，企业应提前制定应对方案，以助推项目的顺利实施。

3.3.1 充分了解项目所涉国税收政策及相关税收协定

由于受经济发展水平、政治体制等因素的影响，不同国家的税收政策均存在一定的差异，部分发达国家拥有较为健全的税收法律制度体系，而诸多发展中国家现有的税收法律制度体系还不够完善。在此情况下，企业在发展中国家开展海外业务前，应充分了解项目所涉国税收政策以及两国之间签订的税收协定，以增加项目活动开展的税务确定性。

3.3.2 有效调研项目所涉国的政策环境

对"走出去"企业而言，项目所涉国的法律政策、税收环境等因素也会对其当地项目的开展产生重大影响。因此，"走出去"企业应预先对项目所涉国的政策环境、税务争议案件等进行有效调研，从而有助于规避风险。在项目正式落地之前，"走出去"企业可以派遣专业人员去当地，对税务等相关部门进行考察，也可采取通过专业的中介机构进行调研等方式对项目开展可能遇到的风险进行全面了解。在对风险进行充分了解的基础上，"走出去"企业应就此与专业人才、机构取得联系，提前制定应对方案，从而保障相关工作的顺利开展，并在一定程度上有效隔离风险。

3.4 国家间应健全税收协定并完善互相协商机制

共建"一带一路"倡议是我国的重要发展规划，如何服务好企业"走出去"一直是我们关注的重要课题。但是，由于各国税制存在差异，国际税收协定存在漏洞等，会出现管辖权和优惠政策不明晰的问题，常常容易发生跨国企业与各国的税收争议问题。

我国与"一带一路"共建国家在具体的实践中，很难有效利用相互协商程序解决跨境涉税纠纷，导致我国成功利用协商手段解决涉税争议的案件数量不多，我国企业在对外投资时合法权益得不到完全保障。

因此，一方面，我国税务机关要帮助跨国企业对项目所在国税收政策及双边税收协定进行理解，减少因理解偏差带来的税收风险及损失；另一方面，我国有必要完善税收协定中有关相互协商机制的条款设计，如优化相互协商的启动程序，通过增加相互协商的信息披露来提高相互协商的透明度，明确相互协商程序的时间框架，提高相互协商程序的效率等方式，从而提高我国企业在面临税收争议时的成功率。同时，国家税务总局也应及时与他国进行沟通，推动税收协定中不足与漏洞的更正、弥补，努力帮助中资企业降低税务损失，维护正当税收利益，避免双重征税。

参考文献

［1］刘爽."一带一路"背景下中国居民企业投资印尼 EPC 项目投标阶段的税务风险与防范［J］. 工程经济，2022，32（11）：61-69.

［2］南夷佳，董冠华. EPC 合同拆分风险及应对［J］. 项目管理评论，2022（4）：68-71.

［3］黄晓燕，王少康."一带一路"EPC 项目投标阶段的税务风险管理：以 X 公司投资越南光伏电站为例［J］. 国际税收，2021（5）：67-74.

［4］梁红星，郑彦臣. 国际工程设备合同分拆税收风险初探［J］. 中国总会计师，2021（2）：40-43.

［5］谷永林. 境外 EPC 合同拆分税务风险及应对［J］. 企业管理，2020（S1）：105-107.

［6］王红霞. EPC 总承包合同拆分在印尼的税务风险及对策［J］. 财务与会计，2018（2）：19-20.

［7］支红妍. 中国企业海外工程项目涉税风险：印尼补征部分 EPC 项目"最终税"案例启示［J］. 国际商务财会，2018（1）：21-24.

［8］刘志栋. EPC 总承包合同拆分架构分析［J］. 国际工程与劳务，2017（3）：85-88.

点评

该篇税收争议案例分析的逻辑性较强，案例分析深入浅出、言简意赅，观点明确，足见对国际税收相关的常识有非常扎实的了解。文章对"走出去"企业在工程承包领域的税务筹划具有较好的参考价值。常设机构营业利润的归属方面产生的税收争议是"走出去"企业在工程总承包（EPC）领域发生境外税收争议及税务诉讼最多的法律争议。这方面的争议不仅涉及中国与其他缔约国之间签订的双边税收协定类型（联合国版本/OECD 版本），还涉及缔约国的国内税收法规，综合性较强，对税务筹划提出了较高的要求。

不足点：本文在对国际税收概念进行介绍时，未对涉及常设机构营业利润归属的引力原则和归属地原则进行必要的介绍。建议进一步确认案例中 M 公司是否为 S 公司设立的法人性质的子公司，税收争议的主体是 M 公司还是 S 公司设立在印尼的其他项目机构 PE。因此，须进一步确认该案例各主体之间的法律关系。

在本案例中，S 公司在印尼执行的项目产生的税收争议并不是因为事先进行了合同拆分，恰恰是因为事先没有进行有效拆分而造成的（因权责归属以及管理协调难度等原因，项目业主不同意拆分）。

本文提出的 EPCM 合同签约模式，理论上可在一定程度规避税收风险，但对境外项目业主来说，采纳的可行性较低，实践中操作性不强。建议加强研究合理设立并利用中间控股公司为架构，由非直接控制的企业法人分别作为分拆后合同的签约主体的模式进行税务筹划的路径安排，隔离 EP（常设机构）风险的同时，不影响承包商对业主的履约责任，以增加税务筹划方案的可执行性。

点评人：肖小虎（东方电气股份有限公司财务部税务室副主任）

税务案例解析与点评：跨境并购与涉外税

"红筹架构+离岸信托"下企业与高净值人群涉税分析
——以海底捞香港上市股权结构为例

赵倪可　张雨婷　宋　露　杨沁绫

【摘要】面对经济全球化和百年未有之大变局，我国正加快构建以国内大循环为主体、国内国际双循环相互促进的新发展格局，企业在打造循环格局和经济动能转换方面发挥着重要的主体作用。为了实现经济向高质量发展转型，准确地把握发展阶段新变化，"十四五"规划指出必须坚持共同富裕的社会主义本质要求，"全体人民共同富裕要取得更为明显的实质性进展"。在共同富裕的大背景下，调节高收入、缓解社会收入分配不公的矛盾成为我国个人所得税征管工作的重点之一。厘清如何发挥税收调节收入分配、保障财政收入、促进财富分配公平合理的重要功能，并且提升我国民营企业增强国际市场竞争力、提高可持续发展能力等当前亟待探讨的问题，有利于推动有为市场和有为政府更好地结合，进一步助力社会主义市场经济建设、维护社会公平正义与和谐稳定。

当前，关注我国企业红筹架构和高管阶层家族信托的设立，既有利于探讨企业在生产经营全球化下的治理能力提升、股权架构优化以及组织运营合规，也有利于探讨企业家高管阶层对公司控制权和家庭财产的支配权，保障家庭财富的传承，稳定公司价值，避免或减轻债务风险对家庭的冲击，实现对企业家的激励和推动公司可持续发展。海底捞自1994年在四川简阳开设了第一家火锅店，如今逐渐发展壮大为全球领先、快速增长的中式餐饮品牌。海底捞已经成为川渝火锅等特色餐饮企业以及其他中国本土企业的发展标杆，在行业地位、规模体量、股权架构、公司治理、经营业务等方面具有行业领先性、代表性。此外，海底捞公司的红筹架构和高管阶层的家族信托搭建中具有典型的税务研究问题。因此，本文选择围绕海底捞2018年香港上市前后的股权架构、重组行为、税务问题进行研究，以剖析其中的商业实质和有关税务影响。同时，探究中国企业红筹架构和高净值的高管阶层搭建家族信托实现企业和高管"双双出海"架构的实质、规律、风险，以进一步为企业、税务机关等部门提出合理化的建议。

【关键词】高净值人群；企业红筹架构；税务筹划；反避税

199

1 案例背景分析

中国经济社会进入新旧动能转换的"新常态"，传统行业和新兴行业实现快速发展。除直接发行外资股外，许多中国公司通过红筹架构间接实现海外上市。目前，中国企业为了加快上市的步伐，也纷纷敲开海外资本市场，选择在海外上市融资。在企业获得快速发展的同时，创始人、高级管理层以及专业人士等获得企业股权、期权增值而带来财富增长的人群显著增加，在推动企业发展中实现了个人价值与公司价值的共同成长。以创富一代企业家群体为代表的中国高收入群体资产规模和增长空间潜力巨大。

高收入群体流动性强，收入来源渠道多，具有跨区域甚至国际化的特点，收入的形态选择也具有多样性，通过税务筹划合规节税的需求也日益增加。招商银行和贝恩咨询数据显示，越来越多的高净值人群希望通过设立家族信托实现财富传承、资产隔离、税务筹划。高净值人群将税务筹划作为重要考量因素，希望以此筹划未来可能出台的遗产税、赠与税以及家族信托资产装入、分配及投资相关的所得税等。因此，以企业家、高管阶层为代表的高净值人群纷纷设立信托实现理财收益，包括拼多多的黄峥、小米的雷军、美团的王兴、海底捞的张勇和舒萍夫妇、施永宏李海燕夫妇等创始人。例如，海底捞上市前在英属维尔京群岛成立了多个 BVI 公司，分别由各自成立的信托控股完成了在上市之前财富的绝对控制和分配、资产隔离、税务筹划等。

然而，在企业利用红筹架构和高净值人群利用家族信托进行跨境税务筹划的同时，税法对实践活动的规范和跟进仍然存在一定的滞后性，我国在该领域尤其是个人反避税和家族信托方面的制度和税务法规亟待完善。此外，当前，国际经济合作、税收协作和信息交换已经取得长足进步，但是基于各国税法的差异，仍然存在双重征税和双重不征税的不合理情况。由于我国个人所得税中反高收入群体避税条款属于初步立法，条款设置多为原则性规定，加之高净值人群收入渠道和避税手段多样化，家族信托税法的不完善，反避税工作任重而道远。当前，在共同富裕的背景下，调节高收入、缓解社会收入分配不公的矛盾已经成为个人所得税征管工作的重点之一。因此，如何发挥税收调节收入分配、保障财政收入的重要功能，并且提升中国民营企业的国际市场竞争力和可持续发展能力等是当前亟待探讨的问题，有利于推动有为市场和有为政府更好地结合，进一步助力社会主义市场经济建设、维护社会公平正义与和谐稳定。

2 研究对象简介

2.1 海底捞基本情况简介

海底捞于 1994 年在四川简阳开设了第一家火锅店，如今逐渐发展壮大起来成为全球领先、快速增长的中式餐饮品牌。几十年来，海底捞凭借优质的产品和极致的服务赢得了市场的口碑。如表1所示，在2020年中国餐饮企业100强榜单中，海底捞位居第二。海底捞在行业地位、规模、股权架构、公司治理、经营业务等方面具有行业领先性、代表性，是川渝火锅等特色餐饮企业以及其他中国本土企业的发展标杆。

表1　2020年中国餐饮企业100强榜单（前10名）

排名	品牌	企业名称
1	肯德基	百胜中国控股有限公司
2	海底捞	海底捞火锅
3	麦当劳	金拱门（中国）有限公司
4	千喜鹤	河北千喜鹤饮食股份有限公司
5	德克士	天津顶巧餐饮服务咨询有限公司
6	杨国福	上海杨国福企业管理（集团）有限公司
7	品尚豆捞	江苏品尚餐饮连锁管理有限公司
8	朝天门	重庆朝天门餐饮控股集团有限公司
9	中快餐饮（团餐）	深圳中快餐饮集团有限公司
10	西贝莜面村	内蒙古西贝餐饮集团有限公司

数据来源：中国烹饪协会。

201

2.2　海底捞税务案例概览

2018年，海底捞创始人以及其他股东选择在香港首次公开发行股票（IPO），以筹备餐饮业务上市。从海底捞在香港联合交易所上市的公司架构中可以发现，海底捞的股权架构和组织运营属于典型的红筹架构，并以离岸家族信托为顶层持股方。红筹架构是指中国境内的公司（不包含港澳台）在境外设立离岸公司，然后将境内公司的资产注入或转移至境外公司，实现境外控股公司海外上市融资的目标。

具体而言，海底捞搭建的红筹架构属于"不受外商投资限制的股权控制模式"，在搭建过程中，先由实际控制人等在境外设立特殊目的公司①（Haidilao Singapore），由境外公司在境内新设外商独资企业（上海新派、四川新派、聚海祥顺、上海海雁贸易等），然后并购境内公司的股权，将境内公司的实体业务注入境外特殊目的公司的控股体系。随后，实际控制人在英属维尔京群岛设立第一层BVI公司，并在开曼群岛设立拟上市主体（海底捞国际控股有限公司）。同时，出于资产交易的灵活

---

① 《国家外汇管理局关于境内居民通过特殊目的的公司境外投融资及返程投资外汇管理有关问题的通知》（汇发〔2014〕37号，以下简称"37号文"）第一条规定：本通知所称"特殊目的的公司"，是指境内居民（含境内机构和境内居民个人）以投融资为目的，以其合法持有的境内企业资产或权益，或者以其合法持有的境外资产或权益，在境外直接设立或间接控制的境外企业。

性，以及避税等方面的考虑，在上市主体下还设立了第二层 BVI 公司。值得说明的是，张勇和舒萍夫妇已加入新加坡国籍，因此可以规避返程并购的限制，使得海底捞顺利完成重组，实现"走出去"。此外，海底捞创始人还借助离岸信托这一工具，不仅可以在境外上市中很好地实现跨境重组安排和境外的资产规划安排，还能实现财富的保值增值和传承。因此，"红筹架构+家族信托"，加之张勇和舒萍夫妇移民新加坡，这一系列安排帮助海底捞企业家这些高净值个人有效实现了财富定向传承、资产隔离和税务筹划等功能。

2.3 案例研究的意义与目的

面对经济全球化和百年未有之大变局，我国正加快构建以国内大循环为主体、国内国际双循环相互促进的新发展格局，中国企业在构建双循环格局和经济动能转换方面发挥着重要的主体作用。为了实现经济向高质量发展转型，准确把握发展阶段新变化，"十四五"规划指出，必须坚持共同富裕的社会主义本质要求，"全体人民共同富裕要取得更为明显的实质性进展"。我国在共同富裕的大背景下，调节高收入、缓解社会收入分配不公的矛盾成为个人所得税征管工作的重点。如何发挥税收调节收入分配、保障财政收入的重要功能，并且保证中国企业增强国际市场竞争力、提高可持续发展能力等是当前亟待探讨的问题。

当前，关注中国企业红筹架构和高管阶层家族信托的设立，有利于实现对企业家的激励和推动公司可持续发展。海底捞公司的红筹架构和高管阶层的家族信托搭建中具有典型的税务研究问题。因此，本文选择围绕海底捞 2018 年在香港上市前后的股权调整、重组并购、涉税行为进行研究，以剖析其中的商业实质和税务关注。同时，探究中国企业红筹架构和高净值企业家的家族信托，以进一步为企业、税务机关等部门提出合理化的建议。

3 企业红筹架构的搭建

本节分别介绍了海底捞的境内重组和境外架构搭建情况，并对涉及的税务问题进行剖析，揭示海底捞在红筹架构下的商业实质和涉税问题。

3.1 第一阶段——境内权益注入境外

在红筹架构的搭建过程中，海底捞多次通过境外特殊目的公司（Haidilao Singapore）并购境内公司的股权，利用这种方式通过将境内公司的权益装进已经搭建好的境外特殊目的公司的壳子里，从而使拟上市公司海底捞国际控股有限公司间接持有全部境内公司的股份。

3.1.1 第一步：设立外商独资企业

Haidilao Singapore 是张勇于 2013 年在新加坡设立的境外公司。起初仅是作为海外门店的控股平台，但随着海底捞国际控股有限公司上市步伐的加快，海底捞决定将 Haidilao Singapore 作为全部门店的控股平台与收购境内公司的境外最终把手公司。Haidilao Singapore 在重组前已经在国内设立两家外商独资企业（Wholly Foreign Owned Enterprise，WFOE），分别是四川新派餐饮管理有限公司（以下简称"四川新派"）、新派（上海）餐饮管理有限公司（以下简称"上海新派"），见图1。

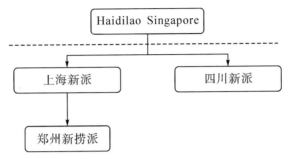

图1　海底捞境外并购公司与新设境内外商独资企业（并购前）

上述两家外商独资企业通过股权转让形式，在2015—2017年进行了多次重要的并购重组，将海底捞在境内的各项业务的控股主体四川海底捞、静远投资变成"空壳"公司。海底捞国际控股有限公司也通过在中国境内的控股公司实际承接了在中国大陆的相关业务，实现境内核心业务的运营管理。下文将对海底捞上市前的五次跨境并购行为中涉及的税务处理进行分析。具体时间及步骤见表2。

表2　海底捞国际控股有限公司上市前的重要跨境并购事项

序号	时间	购买方	转让方	标的公司	股权价格/元	厘定方式	备注
1	2015-02-16	上海新派	四川海底捞	厦门海底捞	13 088 143.97	净资产	扣除股息
2	2017-02-01	郑州新捞派	四川海底捞	分公司全部资产及业务	13 705 717.71	账面价值	—
3	2017-08-15	四川新派	四川海底捞	简阳海底捞、天津海底捞等	272 901 846.26	评估价	扣除股息
4	2017-08-15	上海新派	四川海底捞	杭州拐派、江苏海底捞	81 670 115.12	评估价	扣除股息
5	2017-12-07	四川新派	静远投资	上海每克美餐	2 344 500	评估价	—

张勇在境内新设的四川新派和上海新派两家外商独资企业，作为控股公司代替重组前的原境内业务控股公司（四川海底捞和静远投资），即通过外国投资者全资所有的有限公司与境内运营业务的实体企业签订一系列协议来实现对境内实体企业的经营决策、管理和利润等方面的实质控制。同时，四川新派和上海新派还能享受外商投资企业待遇，并购行为无须报商务部审批。具体分析见表3。

表3 设立外商独资企业的原因分析

法律条件	分析
《关于外国投资者并购境内企业的规定》（商务部令2009年第6号）第二条：本规定所称外国投资者并购境内企业，系指外国投资者购买境内非外商投资企业（以下称"境内公司"）股东的股权或认购境内公司增资，使该境内公司变更设立为外商投资企业（以下称"股权并购"）；或者，外国投资者设立外商投资企业，并通过该企业协议购买境内企业资产且运营该资产，或外国投资者协议购买境内企业资产，并以该资产投资设立外商投资企业运营该资产（以下称"资产并购"）	海底捞的并购动作属于第二种资产并购情况（由于后文使用了股权收购价，为避免误会，特此说明：在资产收购中，资产并购的性质为一般的资产买卖，涉及的是买卖双方有关资产转让的合同权利和义务，通常不会影响目标公司的股东。但也有的资产由于是在公司名下，且并购方以获得资产为目的，因此最终呈现为以股权转让方式进行）
《关于外国投资者并购境内企业的规定》（商务部令2009年第6号）第九条：外国投资者在并购后所设外商投资企业注册资本中的出资比例高于25%的，该企业享受外商投资企业待遇……境内公司、企业或自然人以其在境外合法设立或控制的公司名义并购与其有关联关系的境内公司，所设立的外商投资企业不享受外商投资企业待遇	四川新派和上海新派是外商独资企业，由Haidilao Singapore 100%持股。且张勇是新加坡国籍，四川新派和上海新派不满足境内自然人以境外公司名义并购与其有关联关系的境内公司条件，因此，四川新派和上海新派可享受外商投资企业的待遇
《关于外国投资者并购境内企业的规定》（商务部令2009年第6号）第十一条：境内公司、企业或自然人以其在境外合法设立或控制的公司名义并购与其有关联关系的境内的公司，应报商务部审批。当事人不得以外商投资企业境内投资或其他方式规避前述要求	张勇是新加坡国籍，并购行为不需要报商务部审批

外商独资企业收到境内各项目公司分红后可以统一分配至境外股东 Haidilao Singapore。依据中国和新加坡税收制度的规定，境内 WFOE 公司向新加坡控股公司分配股息红利时，如果新加坡控股公司是股息红利的真正受益所有人①，可以申请享受协定待遇。按照《国家税务总局关于认定税收协定中"受益所有人"的公告》（国家税务总局公告2012年第30号）确立的"安全港"规则，股息若是来自上市公司所持有的股份的所得，可直接认定申请人的受益所有人身份。因为四川新派和上海新派是 Haidilao Singapore 的全资子公司，所以可以享受中国和新加坡税收协定中股息预提所得税税率为5%的税收协定优惠。

3.1.2 第二步：并购境内业务公司

海底捞的境内业务基本上都在四川海底捞（股东为静远投资、张勇、舒萍、施永宏、李海燕以及几位公司高管）和静远投资（股东为张勇舒萍夫妇、施永宏李海燕夫妇）名下，这两家公司是境内业务公司的控股公司。Haidilao Singapore 只能通

---

① 《国家税务总局关于如何理解和认定税收协定中"受益所有人"的通知》（国税函〔2009〕601号，简称"601号文"）规定，"受益所有人"是指对所得或所得据以产生的权利或财产具有所有权和支配权的人。"受益所有人"一般从事实质性的经营活动，可以是个人、公司或其他任何团体，代理人、代管公司等不属于"受益所有人"。按照《国家税务总局关于认定税收协定中"受益所有人"的公告》（国家税务总局公告2012年第30号）确立的"安全港"规则，股息若是来自上市公司所持有的股份的所得，可以直接认定申请人的受益所有人身份。

过两种方式收购境内运营实体。一是直接收购四川海底捞和静远投资，二是收购四川海底捞和静远投资名下的业务子公司。Haidilao Singapore 在并购境内业务时选择了第二种方式，即收购控股公司持有各项业务公司的股权。

根据《股权转让所得个人所得税管理办法（试行）》（国家税务总局公告 2014 年第 67 号）第四条①的规定，如果有限责任公司的股东是自然人，则自然人股东从直接投资的被投资企业取得的股权转让所得必须依法缴纳 20% 的个人所得税。由于四川海底捞和静远投资两家境内控股公司都在创始人个人名下，基于以上税法政策的规定，如果不直接收购这两家控股公司，则 Haidilao Singapore 无须按"个人出售股权"缴纳个人所得税。

同时，由于法人股东（四川海底捞和静远投资）从直接投资的被投资企业（境内业务公司）分回的股息红利等权益性投资收益免征企业所得税。在四川海底捞和静远投资两家公司名下业务公司有未分配利润的情况下，业务公司利用居民企业间股息红利免税政策②，先向上层控股公司分配利润再转让股权，可以在不影响原股东收益的情况下降低企业价值，进而降低股权收购对价，从而降低转让中需缴纳的企业所得税税负。

3.1.3 第三步：境内资产注入 WFOE

海底捞主要在上市招股书中披露了五次重大收购。在收购中确定股权对价有四种定价方式：一是以海底捞名下业务公司的注册资本（股东初始投入金额）确定；二是以业务公司管理的净资产确定；三是以业务公司股权的评估报告价格确定；四是参考业务公司最近一轮投资人入股时的估值确定。该跨境重组将导致境内资产权属的跨境转移，在实务中，为了防止国内资产流失，要求以第三种评估价或第四种最近一轮投资人入股的估值作为定价依据。但海底捞在境内并购过程中并没有一直按照评估价作为股权收购价。

根据《关于外国投资者并购境内企业的规定》（商务部令 2009 年第 6 号，以下简称"6 号文"）第十四条规定，并购当事人应以资产评估机构对拟转让的股权价值或拟出售资产的评估结果作为确定交易价格的依据。禁止以明显低于评估结果的价格转让股权或出售资产，变相向境外转移资本③。但是，外国投资者在境内设立

---

① 《股权转让所得个人所得税管理办法（试行）》（国家税务总局公告 2014 年第 67 号）第四条：个人转让股权，以股权转让收入减除股权原值和合理费用后的余额为应纳税所得额，按财产转让所得缴纳 20% 个人所得税。合理费用是指股权转让时按照规定支付的有关税费。

② 《中华人民共和国企业所得税法》第二十六条："企业的下列收入为免税收入：……（二）符合条件的居民企业之间的股息、红利等权益性投资收益。"（此处只列举了相关法条）

《中华人民共和国企业所得税法实施条例》第八十三条："企业所得税法第二十六条第（二）项所称符合条件的居民企业之间的股息、红利等权益性投资收益，是指居民企业直接投资于其他居民企业取得的投资收益。企业所得税法第二十六条第（二）项和第（三）项所称股息、红利等权益性投资收益，不包括连续持有居民企业公开发行并上市流通的股票不足 12 个月取得的投资收益。"

③ 《关于外国投资者并购境内企业的规定》（商务部令 2009 年第 6 号）第十四条："并购当事人应以资产评估机构对拟转让的股权价值或拟出售资产的评估结果作为确定交易价格的依据。禁止以明显低于评估结果的价格转让股权或出售资产，变相向境外转移资本。外国投资者并购境内企业，导致以国有资产投资形成的股权变更或国有资产产权转移时，应当符合国有资产管理的有关规定。（一）外国投资者：外国自然人、外国企业以及外国投资者在中国设立的外商投资企业；（二）境内企业是指境内非外商投资企业，包括国有企业、集体企业，私营企业。"

外商独资企业，然后以该外商独资企业并购境内公司，如果设立与并购存在一定的时间差，那么是否属于故意规避6号文的规定将不会引起税务机关的关注以及明确的判定。

上海新派于2013年5月12日设立，但是第一次并购发生的时间是在2015年3月16日，前后相差将近2年，难以被认定为故意规避。而且境内WFOE公司与境内VIE实体公司的关联交易是基于协议控制的内容进行的。《特别纳税调整实施办法（试行）》（国家税务总局公告2017年第6号）第三十八条规定：实际税负相同的境内关联方之间的交易，只要该交易没有直接或者间接导致国家总体税收收入的减少，原则上不作转让定价调查、调整。因此，上海新派收购厦门海底捞时股权作价的方式才可以为净资产而不是评估价。上海新派通过同样的操作，于2016年1月4日又设立了一家境内公司——郑州新捞派，而郑州新捞派于2017年2月1日才收购四川海底捞的各分公司及业务。在第一次和第二次的收购中，收购价格采用的厘定方式均为净资产和账面价值进行股权转让，因为海底捞在前期设置的WFOE公司是协议控制，关联关系不容易被发现。

2017年，Haidilao Singapore通过四川新派和上海新派第三次收购四川海底捞剩余子公司时，收购的项目公司比较多，价值也比前两次大。这次收购将"掏空"四川海底捞，是将境内权益全部转移至境外的重组活动，所以这次交易的审批比较严格，股权转让作价也不再是净资产价值，而是被调整为评估价。

除招股书中披露的上述五次收购外，2017年8月四川新派收购了89家海底捞门店，平均每家门店的收购价为306万元；上海新派收购80家海底捞门店，平均每家门店的收购价为102万元。截至2019年6月30日，按照海底捞当时的市值来计算，每家门店的价值约为3亿元。从每家门店平均200万元的收购价，到每家门店的价值为3亿元，每家火锅店的价值增长了149倍。而这149倍的增值因为已经作为境外资产由公司创始人持有转为由离岸信托持有，境外分红的主体就从股东个人变为离岸信托（非中国税收居民），从而不用征收股息税（具体内容见离岸信托部分）。

至此，Haidilao Singapore完成蜕变，顺利以四川新派、上海新派及其全资子公司郑州新捞派承接了原四川海底捞和静远投资的国内火锅餐厅，海底捞全部资产及业务均注入Haidilao Singapore旗下。海底捞至此形成其兼具海内外餐厅的全球化体系，并且辅之聚海祥顺实业有限公司作为其供应链管理公司、上海海雁贸易有限公司作为其采购平台，Haidilao Singapore成为采、供、销一体化的全产业链的国际餐饮公司。

3.2　第二阶段——搭建境外架构

3.2.1　第一层BVI公司架构——内部重组备上市，股权转让税负低

作为知名的"避税天堂"，英属维尔京群岛吸引了全球众多公司前往注册。在英属维尔京群岛注册公司不仅具有成立简单、注册费用低廉、保密性高的特点，更

重要的是受到当地税法保护，所受的税务管制非常少，此外还能享受较多税收优惠，并可以达到合理避税的目的。海底捞通过设置多层 BVI 公司架构，顺利实现了海外重组，以方便资产核算、股权转让、分拆上市等后续操作。表 4 展现了海底捞的创始人单独设立、共同设立以及部分高管股东的 BVI 公司情况。根据《英属维尔京群岛商业公司法》的规定，所有 BVI 商业公司的股权转让不征收印花税，集团重组也不征收任何所得税和资本利得税。因此，这一设置使海底捞在后来顺利进行了股权转让和内部重组，对减轻税收负担起到重要作用。

表 4　海底捞 BVI 公司设立情况

设立人	BVI 公司名称	持有上市公司股权 （资本化发行及全球发售后）/%
张勇	ZY NP Ltd.	26.407
舒萍	SP NP Ltd.	8.197 4
施永宏	SYH NP Ltd.	8.197 4
李海燕	LHY NP Ltd.	8.197 4
以上创始人 共同设立	NP United 控股公司 （由以上 BVI 公司共同持股）	33.999 4
高管股东	YLJ Yihai Ltd. GYQ Yihai Ltd. YHQ Yihai Ltd. CY Yihai Ltd.	6.991 4

为顺利实现"走出去"战略，海底捞内部在上市前实施了重组计划，以调整股权架构并加强税务风险管理。海底捞通过拆分高管股东的家族信托、利用 NP United回购股份等操作使得高管控制的 BVI 公司直接持有上市公司股权，实现与创始人分开持股，从而维持家族企业治理。最终，高管股东通过少数 BVI 公司持有上市公司共计 6.991 4%的股权，而张勇和舒萍夫妇共同持股 57.673 7%，成为第一大股东。

第一层 BVI 公司结构搭建主要用于在 BVI 层面转让股权所得，所得利息或股息无须缴纳预提所得税，方便了集团内部重组。因此，一般而言，其税率较低，税收负担较轻。若直接持股，在实际控制人（施永宏）是中国籍的情况下获得股息分红后，则会产生个人税负，需要缴纳个人所得税。但若利润先进入 BVI 公司，公司股东就暂不需要缴纳个人所得税。加之 37 号文取消了将境内居民境外取得的外汇收入在 180 天调回境内的强制要求，从而减轻了税负并刺激了此类境外机构的设立[1]。在海底捞的境外重组计划中，NP United 向 NP Management（BVI 公司）购回其持有

---

[1] 《国家外汇管理局关于境内居民通过特殊目的公司境外投融资及返程投资外汇管理有关问题的通知》（汇发〔2014〕37 号，简称"37 号"）第八条规定：境内居民从特殊目的公司获得的利润、红利调回境内的，应按照经常项目外汇管理规定办理；资本变动外汇收入调回境内的，应按照资本项目外汇管理规定办理。同时废止《关于境内居民通过境外特殊目的公司融资及返程投资外汇管理有关问题的通知》（汇发〔2005〕75 号）第六条规定：境内居民从特殊目的公司获得的利润、红利及资本变动外汇收入应于获得之日起 180 日内调回境内。

NP United 约 7.6% 的股份，为降低税务风险，此笔交易是通过股票支付的。然而，由于交易（2018 年 1 月）发生于境内重组之后（2015—2017 年），因此涉及间接转让境内企业股权的问题，需要按照《国家税务总局关于非居民企业间转让财产企业所得税若干问题的公告》（国家税务总局公告 2015 年第 7 号文件，以下简称"7 号文"）第六条的规定来评判交易是否具有合理商业目的。若不符合认定标准，则根据 7 号文第一条和《中华人民共和国企业所得税法》第四十七条的规定，非居民企业间接转让中国居民企业股权如果缺乏合理商业目的，则视为直接转让并需要在中国缴纳企业所得税。表 5 对此次股权交易是否符合 7 号文第六条规定进行了分析。

表 5　合理商业目的法律条件分析

法律条件	是否符合	理由
交易双方的股权关系具有下列情形之一： 1. 股权转让方直接或间接拥有股权受让方 80% 以上的股权； 2. 股权受让方直接或间接拥有股权转让方 80% 以上的股权； 3. 股权转让方和股权受让方被同一方直接或间接拥有 80% 以上的股权	否	股权转让方 NP Management 仅持有股权受让方 NP United 7.6% 的股权，未达到 80%
本次间接转让交易后可能再次发生的间接转让交易相较于在未发生本次间接转让交易情况下的相同或类似间接转让交易，其在中国的所得税负担不会减轻	是	交易双方均为 BVI 公司，NP United 接手后若再次转让不会降低中国所得税负，税率依旧为 10%
股权受让方全部以本企业或与其具有控股关系的企业的股权（不含上市企业股权）支付股权交易对价	否	虽然重组时拟上市公司未上市，但 NP United 仅持有拟上市公司 40% 的股票，很难说已形成控股关系

　　因此，此次股权回购，即使是以股票支付的，也不具有合理的商业目的，NP United 需要代扣代缴 NP Management 的企业所得税。值得注意的是，根据海底捞 2018 年招股说明书，上述交易发生时，支付方（NP United）未扣缴转让方（NP Management）的企业所得税，转让方也未主动向中国税务机关缴纳企业所得税。由于股权转让方和被直接转让的企业均在境外，对于税务机关来说，很难掌握和了解其交易信息，因此存在税收监管难点。然而，随着国际税收透明机制的不断完善，税务信息交换日益频繁，若中国税务机关对此次收购事项和税收情况加以审查，则会对海底捞的业务、重组与财务状况造成不利影响，海底捞也将上述问题作为风险因素作出了披露。

　　3.2.2　设立开曼上市公司——"避税天堂"征税少，顺利实现"走出去"战略

　　上市公司主体（海底捞国际控股有限公司）于 2015 年 7 月 14 日在开曼群岛设立，在海底捞公司架构中以纯控股业务为主，通过其下层公司的经营获得股息和资本收益。除附属公司门店在所在地国家纳税外，开曼群岛对上市公司主体所经营的业务要求不高。即使 2018 年颁布的《国际税务合作（经济实质）法》要求开曼公

司在当地需要设有人员及办公场所，但根据《开曼指南》进一步解释操作，有机会通过当地秘书公司租赁人员及办公场所，以符合经济实质的要求。因此，海底捞上市公司的运行成本并不高。此外，开曼群岛同样属于知名的"避税天堂"。根据《开曼群岛税务特惠法》的规定，开曼群岛对个人或公司的营业收入、利润及获取的股息均不征税，对公司股权、债券也不征收遗产税或继承税。除此之外，开曼群岛法律属于英美体系，1961 年开曼群岛颁布的《公司法》脱胎于英国旧版的《公司法》，其政策适合企业上市运作。更重要的是，相较于英属维尔京群岛，开曼群岛有更加严格的监管审批和信息披露制度，市场认可度也较高，在带来注册、经营、上市便利的同时，安全性和稳定性更好，便于海底捞的长期稳健发展。同时，在这一层也可以减少风险上移，降低了海底捞海外经营可能存在的服务质量下降、食品污染、跨国法律等风险，顺利实现"走出去"战略。

3.2.3 第二层 BVI 公司架构——业务发展前景好，税务筹划更加强

海底捞在 2015 年 7 月 15 日建立了由上市公司 100%持有的 BVI 投资控股公司——New Pai Ltd.。第二层 BVI 公司的设立，使得资产交易更加方便，成本也更低，有利于资产重组和剥离。例如，海底捞未来业务有变，需要出售境外底层公司，就可以开曼群岛公司为卖方出售第二层 BVI 公司的股权，实现股权间接转让并享受 BVI 公司的税收待遇，而公司之间的业务独立经营，互不干扰。这样，上下多层嵌套式的BVI 公司架构不仅便于对海外资产的梳理、核算和重组，加强大股东对上市公司的控制，也有利于加强税务筹划管理，降低税务成本和规避风险。

3.2.4 高管和新公司驻外——并购上市限制少，税收优惠政策多

New Pai Ltd. 的下一层是 Haidilao Singapore，于 2013 年 2 月 28 日在新加坡注册成立，是由 New Pai Ltd. 100%持股的全资附属公司，并且是海底捞集团在中国境内外所有营运餐厅连锁相关业务附属公司的控股公司，属于中国境外架构的底层范围。而创始人张勇和舒萍夫妇在海底捞上市前已经移民新加坡。这就意味着，张勇和舒萍夫妇作为外国投资者，其控制的上海新派、四川新派并购中国境内附属公司不再受到《关于外国投资者并购境内企业的规定》（商务部令 2009 年第 6 号，以下简称"6 号文"）第二条和第十一条规定的限制，为筹划境外上市进行的安排也无须取得中国证监会批准[①]。因此，海底捞在香港上市就没有烦琐的审批手续和严格的外汇管制，为顺利"走出去"奠定了基础。

新加坡属于低税率国家。由《新加坡所得税法》可知，现行公司所得税税率为17%，除此以外，还有诸多税收优惠和减免扶持政策，如不对固定资产出售收益、资本交易外汇收益等资本收益征税。此外，针对个人，与股票基金等相关的资本利得税也无须缴纳，意味着张勇和舒萍夫妇出售股票所获得的利益不用缴纳预提所得

---

① 《关于外国投资者并购境内企业的规定》（商务部令 2009 年第 6 号）第二条及第十一条有关并购的规定：境内公司、企业或自然人以其在境外合法设立或控制的公司名义并购与其关联关系的境内的公司，应报商务部审批。第三十九条与第四十条规定，中国境内公司或中国境内自然人为实现以其实际拥有的境内公司权益在境外上市以其直接或间接控制的境外特殊目的公司而订立安排，须取得中国证监会的批准。张勇和舒萍夫妇均属于新加坡国籍，故根据规定不会被视为中国国内自然人，无须就上市取得证监会批准。

税。同时，2008 年遗产税的取消又进一步降低了个人税负，在离岸家族信托管理下，便于实现家族传承。

《新加坡所得税法》规定，新加坡对所得税实行属地原则，仅针对来自新加坡的收入征税，对于海外的收入予以免税，因此《共同申报准则》（CRS）所提出的离岸资产信息上报要求对已是新加坡居民的张勇和舒萍夫妇、海底捞的经营没有较大影响。此外，当附属公司在其他国家境内经营产生的净利润派发给 Haidilao Singapore 时，还适用多国的避免双重税收协定。表 6 是中国境内公司向 Haidilao Singapore 分配利润股息时的预提所得税分析。

表 6　中国境内公司向 Haidilao Singapore 分配利润股息时的预提所得税分析

中国税法规定	避免双重税收协定	分析
《中华人民共和国企业所得税法》第三条及《中华人民共和国企业所得税法实施条例》第九十一条规定：外国企业在中国境内未设立机构、场所，而有取得的来源于中国境内的利润（股息、红利）、利息、租金、特许权使用费和其他所得，或者虽设立机构、场所，但上述所得与其机构、场所没有实际联系的，应当缴纳 10%的所得税	《中新税收协定》第十条第一款和第二款规定：缔约国一方居民公司支付给缔约国另一方居民的股息，可以在该缔约国另一方征税。但是，如果股息受益所有人是缔约国另一方居民，则所征税款在受益所有人是公司，并直接拥有支付股息的公司至少 25%资本的情况下，不应超过股息总额的 5%	中国境内公司受新加坡公司 Haidilao Singapore 100%的控股，因此当向其分配股息时，同时适用中国税法规定和《中新税收协定》，预提所得税税率可降低至 5%

此外，当 Haidilao Singapore 向上层公司分配股息时，由于 BVI 和开曼群岛对股息所得不征税，因此不会产生所得税税负。最后，新加坡无外汇管制，因此可以实现资金出入自由并几乎不用承担税负，有助于海底捞提升资金运转能力。

4　海外家族信托的搭建

4.1　信托架构设计

海底捞在搭建信托前的股权架构如图 2 所示。如表 7 所示，海底捞的四位创始人在重组过程中在海外架构的最顶层搭建了家族信托，并拆除了高管信托。新设三个家族信托均在 BVI 辖区。设立 BVI 家族信托公司不需要审计，也无须披露财务报表，同时 BVI 信托法允许委托人担任 BVI 控股公司董事，委托人在资产操盘、管理上更灵活。BVI 信托因其免税政策、稳定的政商环境、严格的金融监管和成熟的信托实践和法律配套，备受富豪青睐。

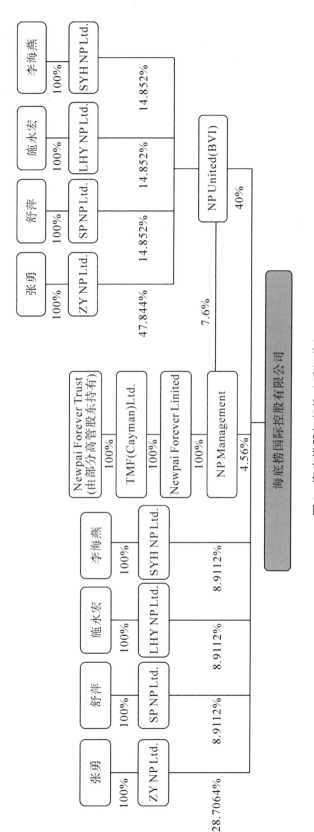

图 2　海底捞股权架构（重组前）

数据来源：海底捞2018年招股说明书。

表 7 海底捞创始人家族信托情况

设立人	设立时间	信托公司名称	受托人	受益人	总持有股份/%
张勇	2018-08-22	Apple Trust	UBS Trustees（BVI）Limited	舒萍	45.544
舒萍	2018-08-22	Rose Trust	UBS Trustees（BVI）Limited	张勇	28.277
施永宏	2018-08-22	Cheerful Trust	UBS Trustees（BVI）Limited	施永宏	14.139
李海燕	2018-08-22	Cheerful Trust	UBS Trustees（BVI）Limited	李海燕	14.139

三个家族信托通过下层的 BVI 公司（ZY NP LTD、SP NP LTD、SYH NP LTD、LHY NP LTD）各间接持股了一部分拟上市公司股票，又通过各 BVI 公司共同持股的 NP United 公司间接持股了一部分拟上市公司股票。设立家族信托后，海底捞的海外股权架构如图 3 所示。

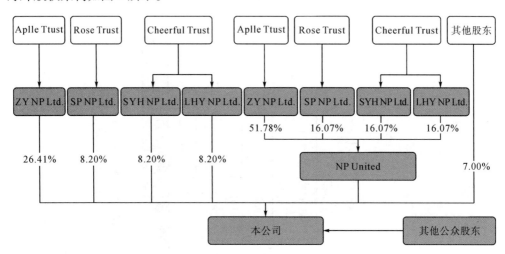

图 3 设立家族信托后海底捞的海外股权架构

4.2 信托涉税分析

4.2.1 股息税

在家族信托搭建前，海底捞四位创始人通过直接持股和通过 BVI 公司间接持有海底捞国际控股有限公司的股权。一旦完成 IPO，根据现行中国税法的规定，作为中国公民的施永宏、李海燕从海底捞集团的经营收入中获得相应的股息分红需要缴纳 20% 的所得税。

但是海底捞四位创始人将所有的持股全部转入离岸家族信托后，情况则有所变化。估值近千亿元的海底捞作为信托资产后已经不属于创始人的个人财产，分红也就无须按国内或新加坡要求纳税。对于施永宏、李海燕夫妇来说，虽然受中国引入 CRS 的影响，他们在获取信托分红时仍需纳税，但信托受益人可以增加父母、配偶、子女等更多家庭成员，从而有效降低税负。另外两位海底捞创始人张勇、舒萍夫妇均为新加坡居民，在信托受益人是非中国税务居民的情况下，不需要向中国税务机关缴税。而新加坡采用单层公司税制度①，新加坡居民公司就其公司利润支付的税项为最终税项。新加坡居民公司向其股东应付的股息不需要缴纳新加坡所得税，未来不需要缴纳从信托公司分红后的税负。由此看来，张勇和舒萍夫妇并不需要就其取得的股息缴税。

4.2.2 个人所得税

创始人将公司股权作为信托资产装入离岸信托，由离岸信托实际控制 BVI 公司。这使得境外资产由创始人持有转为由离岸信托（非中国税收居民）持有，按照国内相关政策的规定，信托收益分配给非中国税收居民个人，无须缴纳信托分配收益产生的 20%的个人所得税。并且，如果在公司上市之前估值相对较低的时候把股份放进家族信托内，就会有很大的税务筹划空间。目前，中国暂无关于对信托收益征税的明文规定，未来即便"视同分红"，是否需要征税仍有待商榷。因此，在新《中华人民共和国个人所得税法》依然对境外信托没有任何规定，且反避税规则也尚未完全清晰明朗的情况下，离岸信托架构的搭建依然可以在一定程度上起到税务优化的作用，并达到创始人个人家庭与公司资产风险隔离的效果。

作为家族资产的"蓄水池"，当信托收到变现的收益时可以先不分配给受益人，而是进行再投资。直到分配的时候才会按照受益人的税务身份进行相关的税务缴纳，因此家族信托也达到了税收递延的效果。而张勇和舒萍夫妇已加入新加坡国籍，分配收益后也无须承担过多税负。此外，张勇和舒萍夫妇与施永宏和李海燕夫妇都设立了酌情信托，这种信托的受托人有权决定受益人名单上哪位受益人可获得若干金额馈赠、其他信托资产或其他利益。但是受托人又受到原股东作为保护人的牵制，因此原股东仍然掌控整个信托安排的重大事项，不仅能避免自己的利益受损，而且将其他受益人的利益分配权掌握在自己手中。此时，身为新加坡籍的张勇和舒萍夫妇若被分配更多收益，按照《新加坡所得税法》的规定可以极大减轻个人税负，并使得整个受益家族的综合税率降低，由此可以看出信托的灵活性。于是，张勇和舒萍夫妇在移民—离岸信托—海外上市这一环环相扣的动作做完后，实现了税收节省，规避了巨额税收。

4.2.3 印花税

在新加坡，涉及房产交易和股票、股份交易或转让，在双方签署文件时应考虑向新加坡税务局（Inland Revenue Authority of Singapore，IRAS）缴纳印花税。对于股份买卖协议和股份转让文件，印花税应按照股份的实际价格或净资产值支付，以较高者为准。虽然没有文件支持的无纸股份转让不被征收印花税，但在新加坡使用没有支付印花税的文件是违法行为。因涉及公司股份转让或买卖需要缴纳印花税的情况主要分为两种：第一种情况是新成立公司。这类公司主要是指注册 18 个月以内，还没有提交过财务报告和年报的公司。这类公司需要股份转让或买卖，印花税的计算基准为公司的发行资本的价值，税率为 2‰。第二种情况是已成立公司。这类公司主要是指注册超过 18 个月且已提交过财务报告和年报的公司。在这种情况下，又分为两种情况。如果公司未曾开立银行账户，也没有实际经营和持有任何资

213

---

① 《新加坡所得税法》规定，股息税实行单层公司税制，公司就其利润所支付的所得税款即为最终税款。股东不用就取得的股息缴税，境外股息只有当汇回或者被视同汇回新加坡时，才需要在新加坡缴税。

产等，无论何时成立，股份的价值均不会改变，那么转股印花税的计算方式与第一种情况相同；如果公司已经进行实际经营，需要根据最新的资产负债表中的实际股份价值来计算印花税。但是，如果根据公司资产计算的股份价值小于发行股份的价值，则根据"两者取其高"的原则，印花税会按第一种情况的计算来征收。股份转让或买卖时发生的印花税，可以由出让方或受让方任意一方支付，主要根据转让时谈妥的价格来确定。

信托在设立过程中，依照信托合同委托人将信托财产转移给受托人，信托实质是一种财产权转移的凭证，会成为印花税的应税凭证，因而会产生印花税纳税义务。对海底捞而言，如果在上市前设立家族信托，主要的实际控制人也作为受益人的海底捞高管会将资产授予 Trustees Ltd.，并且重新装入设立的有限合伙公司，计算印花税的基准应为根据公司资产计算的股份价值。如若在上市后设立家族信托，计算印花税的基准应为股票的发行价。海底捞在临上市前设立家族信托，所需缴纳的印花税会大大减少。

综上所述，借助信托这一工具，实际控制人就可以在境外上市中很好地实现跨境重组和境外的资产规划。一方面通过转换身份等方式实现了重组，另一方面又保证资产倒手过程不失控。张勇家族基于新加坡的居民身份，于海底捞上市前夕提前进行税务筹划。通过移民新加坡，设立两个离岸家族信托和两个 BVI 公司的一系列操作，将张勇和舒萍夫妇俩持有的千亿元股票全数装入离岸信托。并且通过放弃所有权，只享有受益权（为信托受益人），以此隔离了家族资产的债务风险，实现股息税、个人所得税、印花税等税收减免。

此外，将千亿元资产一分为二，张勇和舒萍夫妇分别单独设立独立信托，以此可以隔离他们夫妇关系变动引起的公司股价波动风险。因为张勇和舒萍夫妇已加入新加坡国籍，而新加坡对海外收入免税，由此又避免了在中国可能面临的税务风险，完成家族企业财富的治理和传承。

4.3　企业家高净值人群资产架构总结

境内企业通过搭建红筹架构赴境外寻求上市屡见不鲜，以香港上市为例，境内民营企业申请香港联交所主板或者创业板上市，几乎全部需要搭建红筹架构。相较于国内上市而言，海外间接上市的时间成本较低，国内上市（包括国内企业境外发行股票）需要中国证监会审批，亦即审核制，难度大、耗时长。而自从 2003 年"无异议函"取消[①]后，红筹不需要中国证监会批准，采用注册制。此外，红筹上市

① 2003 年 4 月 1 日，中国证券监督管理委员会（以下简称"中国证监会"）发布《关于取消第二批行政审批项目及改变部分行政审批项目管理方式的通告》以及《关于做好第二批行政审批项目取消及部分行政审批项目改变管理方式后的后续监管和衔接工作的通知》（证监发〔2003〕17 号），宣布取消对"中国律师出具的关于涉及境内权益的境外公司在境外发行股票和上市的法律意见书审阅"。

注："无异议函"这一称谓，从未在中国证监会的正式文件中出现过。可能是中国证监会认为对非国有企业或非国有资产境外间接上市的监管用"批准"不太妥当，因此，在证监发行字〔2000〕72 号文件中采取了模糊处理：中国证监会受理境内律师就有关境外发行股票和上市事宜出具的法律意见书，经过一定程序后，由中国证监会法律部函复律师事务所。中国证监会的复函内容既无"批准"二字，又无"同意"二字，其格式是"我们对××公司在境外发行股票及上市不提出异议"。据此，业界人士遂将其通称为"无异议函"。中国的"无异议函"实质上是一种对境内企业将境内资产转到境外上市的行政审批。

股权和资本运作较方便，并可享受税务豁免，一些海外的证券市场有着完善的股权激励和再融资机制，这也是国内企业看重之处。同时，境外上市标准较宽松，国内上市对盈利指标的要求相对严格。

在个人税务方面，高净值人群为了减少个人所得税，往往会采取变更税收居民身份，由中国大陆税收居民转变为中国香港税收居民或者他国税收居民，同时将公司股权作为信托资产装入离岸信托，由离岸信托实际控制 BVI 公司。在企业税务方面，设立 BVI 公司、开曼公司、香港公司等多层股权架构。阿里巴巴的马云、融创的孙宏斌、小米的雷军、美团的王兴，都用的是"家族信托+红筹上市"结构，通过海外家族信托来隔离自己的资产，达到隔离风险和节税的目的，然后通过信托成立一个 BVI 公司来实现对公司的控制。表 8 归纳了部分中国富豪的信托设立情况。

表 8　部分中国富豪的信托设立情况

信托设立人	信托资产标的/上市公司名称	信托内的股份价值/亿元	信托设立时间	上市注册地	架构
马云	阿里巴巴	1 119.36	2014 年	开曼群岛	离岸家族信托+2 个 BVI 公司
黄峥	拼多多	882.05	2018 年	开曼群岛	家族信托+1 个 BVI 公司
雷军	小米	560.00	2018 年	开曼群岛	家族信托+1 个 BVI 公司
张勇、舒萍夫妇	海底捞	558.22	2018 年	开曼群岛	家族信托+1 个 BVI 公司
吴亚军	龙湖集团	511.72	2018 年	开曼群岛	离岸家族信托+2 个 BVI 公司
刘强东	京东	333.49	2014 年	开曼群岛	家族信托+1 个 BVI 公司
孙宏斌	融创中国	458.95	2018 年	开曼群岛	美国南达科他州家族信托+南达科他州公司①
许世辉	达利食品	286.63	2018 年	开曼群岛	家族信托+1 个 BVI 公司
林斌	小米	212.08	2018 年	开曼群岛	家族信托+1 个 BVI 公司
王兴	美团	188.76	2018 年	开曼群岛	家族信托+1 个 BVI 公司

中国富豪的海外资产架构大多采用"离岸信托+红筹上市"的模式，一层 BVI 公司+开曼公司+第二层 BVI 公司+中国香港、中国澳门、新加坡等公司。典型的红筹架构股权控制结构如图 4 所示。

---

① 南达科他州没有所得税、遗产税、资本利得税，与常见的信托司法辖区中国香港、新加坡、英属维尔京群岛、开曼有类似优势。

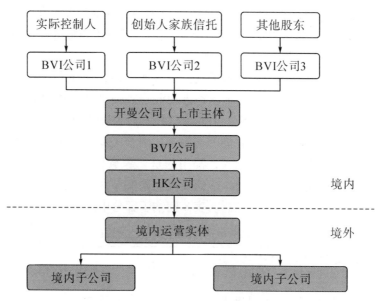

图4　典型的红筹架构股权控制结构

　　通过搭建特殊的股权控制架构，张勇和舒萍夫妇成功地将在境外注册的离岸上市实体与境内的业务运营实体相分离，对其持有的海底捞最终权益进行了所有权、控制权、经营权以及收益权的再配置，既享有了家族信托的基于财产隔离所带来的所有功能，又没有影响家族的最终权益，并通过一系列税务筹划放大了家族财富的权益。

5　案例总结与启示

　　企业家高净值人群具有较强的投资保值需求和资源调配能力，基于自身利益最大化考量下的税务筹划会导致巨额所得税流失。在本案例中，海底捞为了获得更多的实际收入，利用红筹架构和离岸信托进行企业与个人层面的税务筹划，其间采用了创始人移民、关联方转让定价、在国际"避税地"建立受控外国企业、间接转让境内股权等方式合理避税。

　　税务筹划只要存在合理的商业逻辑和交易上的客观真实性，税务机关就不会"一刀切"，将其作为偷逃税行为来处理。但是人为利用税法瑕疵或疏漏以减免税负的行为毕竟有悖税法宗旨，而且背离了量能课税等基本原则，因而具有实质违法性。如果企业家高净值人群忽略存在合理商业目的的基本前提，利用跨境业务进行"过度"筹划，就超越了税法上的合理界限，这种减少税金的做法不仅自身会被税务机关判定和归类为税收违法行为，也会导致与母国的税源背离，违背税收公平和受益的根本原则。因此，优化我国反避税规则是税务透明时代的要求，是建立现代税收制度和提高国家治理效能的必然要求，是共同富裕视域下维护公平正义和社会和谐稳定的题中之义。

5.1 海底捞涉税风险与税务合规建议

5.1.1 跟踪反避税新规定，动态调整企业架构

2015 年，海底捞在开曼群岛注册成立海底捞国际控股有限公司（以下简称"海底捞国际控股"），2018 年在港交所上市后海底捞国际控股作为在开曼群岛注册的顶层控股公司上市主体。在海底捞国际控股设立之初，开曼群岛的金融法律制度健全、营商环境自由并且日常经营合规成本低。随着 2019 年经济实质法案的实施，法案对投资控股公司在开曼群岛核心经营活动提出一系列新要求，海底捞国际控股在准备 IPO 阶段存在大量的融资行为，这些行为极可能被开曼当局认定为"相关经济业务"中的"融资业务"。更重要的是，海底捞国际控股作为顶层控股公司控制着整个集团的公司治理和相关经济活动，创始人和战略投资人在其股东协议与公司章程中加入各类权责管控条款、重大投融资活动细则等，这些条款使海底捞国际控股很可能被归为"相关经济业务"中的"总部模式业务"。若海底捞国际控股在当地没有实质性经济业务，不满足经济实质法案，则海底捞国际控股不仅面临罚款还有可能被当地政府注销。

随着国际避税地新规的严格实施，海底捞需要结合自身经济业务对现有企业架构进行调整。一方面，海底捞国际控股可以通过在开曼群岛内开展部分实质性经济活动来满足经济实质法案的要求；另一方面，由于在开曼群岛进行实质性经济业务的经济成本和时间成本过高，海底捞国际控股也可将业务转移到集团内部其他具有实质经营的地区如中国香港等地，降低经济实质法案对海外控股业务的冲击。中国香港为属地征收方式，对来自其他地区的收入不征收所得税，同时中国香港公司为在岸公司，并没有被国际经济合作与发展组织（OECD）要求遵从经济实质法案，仅要求其在当地"管理"或"控制"即可，更加便于企业进行业务合规处理。

5.1.2 关注国际信息交换，保证信托合规要求

自 OECD 发布《金融账户涉税信息自动交换标准》（CRS）后，立即获得各国（地区）广泛响应，目前已有 100 个国家（地区）表示参与，中国是其中之一。在我国与巴哈马、英属维尔京群岛、马恩岛等 10 个"避税天堂"签署税收信息交换协定的基础上，参考 CRS 规定，2017 年 5 月我国发布了《非居民金融账户涉税信息尽职调查管理办法》（以下简称《管理办法》），2018 年 9 月首次对外交换信息。

自 CRS 共同申报标准实施后，对海底捞其他联合创始人及所设立的信托也产生了一定影响。2018 年，海底捞上市前，联合创始人施永宏先生及李海燕女士作为授予人和保护人在英属维尔京群岛成立 Cheerful 信托，将名下海底捞股权全部转入 Cheerful 信托，通过 Cheerful 信托来实现资产保护并获得收益权。施永宏先生及李海燕女士为中国税收居民，当 CRS 信息交换时，其在英属维尔京群岛设立的离岸信托将会就信托账户的授予人、受益人、控制人、保护人等相关信息交换回中国税务机关，Cheerful 信托的私密性受到极大的冲击，信托账户受益人的纳税情况也将被税

务机关掌握，后续针对股息分红、股票减持过程中的税收问题将可能出现补税及罚款的情况。企业创始人的税务问题对于企业发展也会产生不可估量的影响，创始人信托也需针对 CRS 信息交换及时作出相应的调整与安排。

5.2 反避税规则优化

企业家高净值人群具有较强的避税意识和资源调配能力，基于自身利益最大化考量下的税务筹划会导致巨额所得税流失，我国反避税规则仍亟须优化。在现行税法体系中引入具体明晰的特殊反避税条款，将"合理商业目的"和"经济实质"共同作为评判避税行为的标准，以及构建执法程序中的反避税规则等，都是税务透明时代优化反避税制度的要求。

5.2.1 弃籍课税：厘清"离境清税"清算要求

在本案例中，海底捞创始人张勇和舒萍夫妇通过"移民+离岸信托"实现避税与资产转移，造成中国税源流失。为打击资本外逃，建立"离境清税"制度是世界各国对因移居境外而需注销本国户籍的纳税人的通行做法。在税收征管实践中，《中华人民共和国个人所得税法》（以下简称《个人所得税法》）中引入"离境清税"条款①之后施行的《中华人民共和国个人所得税法实施条例》，只责令清算申请移民的纳税人清缴尚未缴纳的税款，并未对申请人进行移民审计。国家税务总局应就此制定具有可操作性的税收规章制度，参照美国退籍税，将所有财产视为以公允价出售，包括房产、股票、股权、债券、个人物品如汽车等，均需缴纳个人所得税。清算所得的税率，则可参考"综合所得""经营所得"以外的其他类型所得的税率形式，统一适用 20%的比例税率。这样，既能彰显税收公平原则，又不会加重纳税人的负担。

5.2.2 拾遗补漏：明晰化特殊反避税的条款

《个人所得税法》中的特殊反避税条款主要体现在对转让定价和避税地受控外国公司（CFC②）的纳税调整上。与大多数国家相似，我国在制定转让定价反避税

---

① 《国家税务总局关于个人所得税自行纳税申报有关问题的公告》（税总〔2018〕62 号公告）规定："五、因移居境外注销中国户籍的纳税申报纳税人因移居境外注销中国户籍的，应当在申请注销中国户籍前，向户籍所在地主管税务机关办理纳税申报，进行税款清算。（一）纳税人在注销户籍年度取得综合所得的，应当在注销户籍前，办理当年综合所得的汇算清缴，并报送《个人所得税年度自行纳税申报表》。尚未办理上一年度综合所得汇算清缴的，应当在办理注销户籍纳税申报时一并办理。（二）纳税人在注销户籍年度取得经营所得的，应当在注销户籍前，办理当年经营所得的汇算清缴，并报送《个人所得税经营所得纳税申报表（B 表）》。从两处以上取得经营所得的，还应当一并报送《个人所得税经营所得纳税申报表（C 表）》。尚未办理上一年度经营所得汇算清缴的，应当在办理注销户籍纳税申报时一并办理。（三）纳税人在注销户籍当年取得利息、股息、红利所得，财产租赁所得，财产转让所得和偶然所得的，应当在注销户籍前，申报当年上述所得的完税情况，并报送《个人所得税自行纳税申报表（A 表）》。（四）纳税人有未缴或者少缴税款的，应当在注销户籍前，结清欠缴或未缴的税款。纳税人存在分期缴纳且未缴纳完毕的，应当在注销户籍前，结清尚未缴纳的税款。（五）纳税人办理注销户籍纳税申报时，需要办理专项附加扣除、依法确定的其他扣除的，应当向税务机关报送《个人所得税专项附加扣除信息表》《商业健康保险税前扣除情况明细表》《个人税收递延型商业养老保险税前扣除情况明细表》。"

② 新《中华人民共和国个人所得税法》增加了第八条：受控外国企业（controlled foreign corporation，CFC）条款。简单来说，CFC 条款规定居民个人控制的海外公司长期不分红到个人，并且没有合理由的，税务局无论该个人实质上是否获得分红，直接视同企业已经分红给个人，对个人征 20%的个人所得税。

规则时，也采用了粗线条原则规定的方式。《中华人民共和国税收征收管理法》（以下简称《税收征收管理法》）第三十六条规定，税务机关有权合理调整关联企业之间的关联交易，但是并没有关于自然人转让定价的反避税规定，应在其中增加关于个人关联交易的纳税调整规则。自然人转让定价与企业转让定价相比有很大的不同。生产经营是一般企业取得收入的主渠道，通过关联交易转让定价来达到避税的目的，而自然人利用转让定价避税的所得形式主要是财产转让（含股权转让）所得、高附加值的劳务报酬所得以及特许权使用费所得等。因此，自然人转让定价规则不宜完全采纳企业转让定价的相关规定，对股权、特许权使用费以及高附加值劳务等交易的转让定价也应成为《个人所得税法》反避税规则的重心。此外，应尽量清晰界定特殊反避税条款所涉及的基本概念。例如，参考新《个人所得税法》将《税收征收管理法》中税务机关反避税调整对象由"关联企业"修改为"关联方"，对"关联方"的解释，除血缘关系外，借贷、经营、雇佣等其他直接或间接利害关系也应被涵盖其中。这样，不仅将税务机关反避税执法相对人扩展至自然人，也将个人所得税纳入反避税调整范围。

5.2.3 坚守原则：重视经济实质一般性原则

为打击虚假外资，我国《关于外国投资者并购境内企业的规定》（商务部令〔2009〕第6号）规定，境内公司、企业或自然人以其在境外合法设立或控制的公司名义并购与其有关联关系的境内公司，需上报并获得审批，并且所设立的外商投资企业不享受外商投资企业待遇。一部分民营资本企业如海底捞采用红筹架构到美国或中国香港上市，或者企业创始人或关键大股东个人变更国籍，设立离岸家族信托和在避税地设立特殊目的公司。自然人股东、中间控股公司、境外上市公司全部都是外籍自然人或外国公司法人，从而有效规避"境内公司、企业或自然人"的约束限制，达到外籍自然人股东或外国公司法人以其在境外合法设立或控制的公司名义并购与其有关联关系的境内公司的目的，这样就有效规避了我国相关部门的审批，并购后的中国境内企业还可以享受外商投资企业待遇。

但是，公司股权投资架构的改变，注册成立地点的改变，甚至创始人股东国籍的改变，仅仅是"壳"的改变、"形式"的改变，其经济实质意义的"瓤"并没有随之改变。认定"避税"行为应遵从主观和客观两个标准，即主观上以"不具有合理商业目的"原则来评价，客观上则以"实质重于形式"来判断。透过现象看本质，实际管理机构所在地依然是认定企业居民纳税人身份的决定性标准。通过上述分析，"境外注册外资控股"使上市公司获得外国企业的形式身份，不应成为按照"实质重于形式"原则衡量其真实税收居民身份的"挡箭牌"，不应成为规避我国税收居民认定的捷径。企业是否认定为我国税收居民，应从经济实质判断实际管理机构所在地是否在中国境内。我国应以经济实质原则为遵循，对"实质性全面管理和控制"进行全面、深入和完整的阐释，对我国的实际管理机构进行进一步的细化和完善。

参考文献

[1] 崔晓静，陈镜先. 离岸信托避税规制的域外经验及其启示 [J]. 国际法研究，2021（4）：64-82.

[2] 蔡伟年，邓依雯. 避税天堂修法：英属维尔京群岛和开曼群岛的经济实质探析 [J]. 国际税收，2019（6）：45-49.

[3] 国家税务总局深圳市前海税务局课题组，柴生伟，包屹沁. 强制披露规则在国际税收中的运用：以境外上市的红筹架构企业为例 [J]. 国际税收，2022（1）：53-58.

[4] 励扬，姚丽."境外注册外资控股"企业的税收居民身份辨析：以海底捞国际为例 [J]. 财务与会计，2020（23）：63-67.

[5] 石贤平，赵静. 家族信托所得课税面临的困境及其应对 [J]. 税务研究，2019（11）：119-123.

[6] 施正文，余鹏峰. 财产管理功能下离岸信托的税法规制 [J]. 税务研究，2022（1）：81-87.

[7] 章慈. 离岸架构承压，税务方案再优化 [J]. 中国外汇，2019（11）：58-60.

[8] 詹清荣."国际化"中国企业应对"避税天堂"跨国反避税的策略要点 [J]. 国际税收，2019（6）：40-44.

税务案例解析与点评：跨境并购与涉外税

点评

这篇关于海底捞集团红筹架构重组及实际控制人境外家族信托的案例梳理与分析，体现了作者对税务、法律及商务领域的浓厚兴趣和扎实的基础知识。在有限的公开信息基础上，作者对海底捞复杂的股权架构重组以及家族信托的设立进行了详细分析，并始终从税务影响角度进行评价，这种从宏观到微观的多维度分析展示了作者的综合思维能力和研究水平。作者在有限的信息中提炼核心信息，并尝试对企业架构重组的战略考虑和税务规划进行合理的推测与评价。这种探索精神和批判性思维在学术研究中尤为重要。

本文的优点：

1. 信息整理与逻辑清晰。文章中，作者对海底捞上市前的股权结构进行了详尽的梳理，从集团内部股东关系到外部资本结构，包括历次股权转让的细节情况，作者将复杂的集团股权重组较为清晰地展现出来。这种条理分明的呈现方式使得读者能够迅速把握企业股权架构变化的脉络，为后续的分析奠定了坚实基础。

2. 深入的分析与逻辑推演。作者不仅是对公开信息进行简单的罗列，还通过自己的思考和推测，探讨了海底捞进行股权架构重组以及设立家族信托的重大步骤的动因和节税效果，展现出作者较为扎实的理论基础功底和逻辑推理能力。

3. 税务影响的专业评价。文章中，作者特别分析了红筹架构搭建的重组过程和设立家族信托中的税务影响，特别是对国际税务和中国国内税务法规的比较分析，以及站在税务征管角度的分析建议，展现了作者的多元视角。

本文的不足之处：

1. 信息来源的局限性，对行业真实情况理解不足。本文主要依赖公开的网络信息，导致其分析的准确度、广度和深度都受到一定限制。有些事实的描述和分析上有偏差，如海底捞在境内设立外商独资企业的考虑，并非所述境外公司收购境内资产并运营资产，而是投资者通过设立境内公司来收购其他境内公司的股权，而真正涉及返程投资的相关分析反而欠缺了。本文在探讨海底捞股权架构重组的具体步骤时，虽然提出了一些合理的推测，但由于缺乏详细资料支持，这些推测在逻辑上未形成闭环，甚至出现直接以"企业关联关系不容易发现"为简单理由来分析重组步骤的动因、合理性和可行性，"海底捞在香港上市就没有烦琐的审批手续和严格的外汇管制"等论点就更站不住脚了。

2. 对企业复杂操作的真实考虑归因单一，某些分析存在纰漏。对广大中国民营企业而言，搭建红筹架构是一个非常重要的话题，在具体搭建的过程中，虽然各家企业有各自不同的情况，但底层逻辑是一致的，要综合考虑法律、法规、外汇、工商管理措施、税务程序等因素，有时并不能直接简单地进行股权转让就可以达到目

221

的而不得不进行"迂回包抄"，这并非本文中分析所表露的每个步骤都以避税为主要目的，尤其是涉及中国现有企业如何纳入海外架构的这个环节的税收问题，具体操作和背后的考虑都很复杂，也是众多企业关注的。本文对这方面的分析比较薄弱，概因对实务操作经验的欠缺，但文章字里行间透露出企业的重组均是企业或企业主是为了避税的这个动机，就显得有些偏颇。在分析中国公司向新加坡公司分配股息这个问题时，完全忽略了对受益所有人的条件的分析，直接跳至结论"可以享受5%的税率"。

3. 红筹架构和海外家族信托的普遍操作和指导分析欠缺。虽然文章对红筹架构重组和海外家族信托的设立进行了案例分析讨论，但在法律操作层面和实际运作中的具体情况，特别是具有参考意义和指导作用的步骤方面显得较为欠缺。如果能进一步提炼总结这方面的操作步骤和对税务的具体影响，文章将会更具深度和可操作性。

总体来说，这篇文章为我们提供了海底捞上市前股权架构重组和家族信托设立的分析框架，展现了作者的分析能力和跨学科知识的应用水平。虽然在信息来源、行业分析和实践操作层面上有一些不足之处，但这些问题并不掩盖文章的整体质量。

其他建议：

1. 增加对政策环境和实践情况的深入分析。建议作者在未来的研究中，可以更多地关注相关政策环境的变化及其对企业战略决策的影响。尤其是在跨境重组和海外家族信托领域，法律和税务政策的具体实践及动态调整对企业的影响巨大。通过对政策的深入分析和行业企业的一手信息沟通，可以更好地理解企业的战略动机和措施背后的逻辑。

2."以小见大"拓展案例的参考性。案例分析的目的在于"以小见大"、总结经验，不管是站在企业还是站在税务征管角度，"博弈"的目的是达到共同利益最大化，即企业在合法的基础上运筹帷幄并争取自己的合法利益，监管机构在合法基础上正确执行政策并堵住违法漏洞。其中有普遍存在的共性以及个别企业的个性问题，如果可以总结并提炼出来，更具有实践参考价值。

3. 关注未来发展趋势。家族信托和跨境税务筹划是一个不断发展的领域，随着全球经济形势和政策的变化，企业的战略决策也会随之调整。因此，建议作者在后续研究中关注这些领域的最新发展。

点评人：谭伟（毕马威中国税务合伙人）

CRS^①下我国高净值人群 海外信托的税收风险研究

——以 W 氏家族信托为例^②

胡春旭　　王思涵　　周睿思　　申佳敏

【摘要】伴随经济全球化以及金融体系的不断创新，离岸信托作为高净值人群实现企业资产与家庭财富隔离、家族财富代际传承的一种重要手段，在全球范围内被广泛实践。本文探讨了 W 氏家族设置离岸家族信托的动机与信托架构，总结在CRS 实施前该家族信托能够实现"0 税负"设立以及存续的原因，并根据 CRS 规则，分析金融账户信息交换可能会对 W 氏家族信托带来的税务风险，包括纳税调整风险、双重缴税风险、信息泄露风险以及错报风险。最后，从纳税人角度提出离岸信托架构的优化措施，并提醒纳税人回归家族信托设立初衷，谨慎操作。同时，呼吁税务机关出台一个合理的信托税收制度，完善相关规则，深化国家间反避税的交流合作，维护我国的税收权益。

【关键词】CRS；高净值人群；离岸信托；税务风险

1　案例选取背景及原因

1.1　国际反避税发展新趋势

近期，Z 女士离岸信托因其控制权过大而被击穿，引发公众对家族信托的关注，更引发高净值人群对家族信托安全性的担忧。

随着经济社会的快速发展，我国高净值人群规模不断扩大，并积极进行家族财富管理。胡润研究院发布的《2022 中国式家族办公室行业发展白皮书》显示，高净值家族财富管理的首要目标是家族财富传承，家族财富安全保障是第二大目标。为

---

① CRS 的全称为：common reporting standard，即"通用报告准则"。
② 一是本案例由西南财经大学财税学院胡春旭、周睿思、王思涵、申佳敏撰写，作者拥有著作权、修改权、改编权。未经允许，本案例的所有部分不能以任何方式与手段擅自复制或传播。二是根据企业保密的要求，在本案例中对有关名称、数据等做了必要的掩饰性处理。三是本案例只供教研讨论之用，并无意暗示某种管理行为是否有效。

实现家族财富传承与安全保障目标，在众多财富传承工具中，家族信托①受到高净值人群的青睐，特别是海外家族信托成为高净值人群重点考虑的财富传承工具。高净值人群对家族信托的青睐主要基于其在资产风险隔离、资产配置、家族财富传承方面的优越性。一方面，将家庭财富与企业效益相隔离，可以保障原有家庭财富的独立性，避免被抵债、清算；另一方面，家族信托可以最大限度地减少企业家家庭结构的变化对股权结构的影响，确保企业的稳定运营。

近年来，国际与国内都在努力打击逃避税行为，加强重点税源管理，提高国际税务信息透明度，并提出了一系列应对措施。

在国内法方面，2019 年 1 月 1 日起实施的《中华人民共和国个人所得税法》（以下简称《个人所得税法》）新增了反避税条款，将《中华人民共和国企业所得税》（以下简称《企业所得税法》）和《中华人民共和国税收征管法》（以下简称《税收征管法》）中的特别纳税调整、一般反避税条款引入个人所得税领域，进一步加强了对重点税源人群的税收管理。

在国际合作方面，2014 年，经济合作与发展组织（OECD）发布了"金融账户涉税信息自动交换标准"（AEOI ②标准）。CRS 是 AEOI 标准的构成内容之一，主要是对国际金融账户涉税信息自动交换的程序和要求作出规定，规定了参与辖区内的金融机构需要承担收集报送非居民个人账户和机构账户信息的义务与具体操作程序。已有超过 150 个国家和地区加入这一涉税信息自动交换标准，我国也积极参与其中，并于 2018 年 9 月完成了首次涉税信息自动交换。除此之外，2018 年开曼群岛、英属维尔京群岛相继出台经济实质法案，着重解决地域流动性强的经营活动是否具有经济实质问题，更加广泛的离岸公司信息将被披露，离岸公司的信息将更加透明，信息交换的力度将进一步加大，面临反避税调查的可能性也大大增加。2021 年 10 月 8 日，OECD 税基侵蚀与利润转移（BEPS）③ 包容性框架内的 136 个成员就应对经济数字化税收挑战的"双支柱"方案达成共识，发布了《关于应对经济数字化税收挑战双支柱方案的声明》。"双支柱"方案"全球最低税率"的提出，使利用离岸架构享受税收优惠的可能性将被减小。

基于以上背景，我国高净值人群利用海外信托的避税空间将被极大地压缩，高净值人群的资产配置信息将处于更加透明的状态，更重要的是其海外信托业务将面临更高的税务风险，如纳税调整风险、双重缴税风险等。因此，本文将基于 CRS 背景，对高净值人群海外家族信托面临的税务风险进行研究。

1.2　W 氏家族信托典型性分析

W 氏家族信托在我国高净值人群海外信托发展过程中具有里程碑式的激励效

---

① 家族信托是指信托公司接受单一个人或者家庭的委托，以家庭财富的保护、传承和管理为主要信托目的，提供财产规划、风险隔离、资产配置、子女教育、家族治理、公益（慈善）事业等定制化事务管理和金融服务的信托业务。

② AEOI 的全称为：Automatic Exchange OF Information，即"金融账户涉税信息自动交换标准"。

③ BEPS 的全称为：Base Erosion and Profit Shifting，即"税基侵蚀与利润转移"。

应，因此选择 W 氏家族信托进行分析。

（1）W 氏家族海外信托的典型性。W 氏家族海外信托由我国企业家 W 女士和 C 先生设立，可以反映出高净值人群的典型做法，即与企业海外上市相结合，选择英属维尔京群岛和开曼群岛两个离岸金融中心作为设立地点，搭建以信托持股为顶层设计的多层离岸控股架构。

（2）实现了家族信托的风险隔离。一般来说，上市企业股价的灵敏度极高，社会经济形势、企业经营状况等中宏观因素乃至重要人事变更、企业创始人婚姻状态等微观因素都将对上市企业产生重大影响，对于联合创业的家族，家族内部纠纷特别是创始人离婚析产都可能引发企业重大经营危机。W 氏家族通过信托合约的签署，避免了婚变带来的负面影响，保证了公司股权的相对集中，有效隔离了外界风险。同时，也未触及 L 上市公司发债"控制权转换"条款① 70% 的红线，保证了公司债务的稳定。

（3）成功地实现了家族代际传承。W 氏家族信托于 2018 年将 W 女士的 L 公司股权全部转移给其女儿的信托，同时 2022 年 10 月 W 女士顺利退休，但是 L 企业股权结构并未发生巨大变动，企业实际经营和股价并未出现巨大波动，家族财富得到顺利传承。

（4）避税效果显著。我国于 2018 年正式开始进行金融信息交换，同时开曼群岛和英属维尔京群岛也相继提出了"经济实质法案"。但是目前 W 氏家族信托仍保持"0 税负"，国家税务总局也没有对其进行征税或纳税调整，这是值得思考的问题。

W 氏家族信托的成功案例扩大了家族信托的影响力，使得我国越来越多的高净值人群开始考虑家族信托尤其是海外家族信托，因此对此案例的研究具有实际意义。

2 CRS 实施前 W 氏家族信托避税效果

2.1 W 氏家族企业经营情况

20 世纪 90 年代，我国民营经济得到快速发展，特别是随着商品房市场的开放，我国房地产行业逐步起步。1993 年，W 女士与丈夫 C 先生把握时机共同建立了 L 企业（主要从事境内外地产投资业务）。

2009 年，L 企业在香港联交所主板上市，已形成开发、运营、服务三大业务板块，涵盖地产开发、商业投资、长租公寓、房地产开发，并乘着房地产行业"黄金十年"的东风把企业做大做强，在地产中国发布的多次排名中名列前茅，已形成智创生活、智慧营造等多航道业务，致力于实现全国一、二线高能级城市的全面布局。1998 年以来，L 企业累计开发地产项目 1 100 余个，2022 年合同销售额为 2 015.9

---

① "控制权转换"条款内容为：如果 W 氏夫妇合计持有公司股份低于 70% 或者事件导致评级机构在 6 个月内下调评级，则构成债务违约。

亿元，多次进入中国房地产开发企业综合实力 10 强榜单，连续两年入选《财富》世界 500 强，连续 10 年位列《福布斯》全球企业 2 000 强。

L 企业能够长期保持房地产龙头企业的地位，家族信托起到了至关重要的作用。2012 年，L 企业宣布集团主席 W 女士与丈夫 C 先生解除婚姻关系。消息爆出后，人们一度以为这场婚变将使企业陷入股权争夺，从而走向末路，但结果出人意料。L 企业依靠着家族信托，轻松化解了此次婚变对上市公司的巨大震动。不仅如此，W 氏家族信托还实现了财富的代际传承、集中股权管理、税务筹划等综合目标，堪称内地家族信托的教科书级别案例。

2.2 W 氏家族离岸信托架构涉税分析

W 氏夫妇分别搭建了英属维尔京群岛—开曼群岛—英属维尔京群岛—中国香港—中国大陆实体五层跨境架构，在 L 企业海外上市之时将海外家族信托架构镶嵌其中，实现 W 氏夫妇对股权的间接控制，达到财富分割、股权稳定和家族代际传承的目的。

W 氏夫妇家族信托架构如图 1 所示。

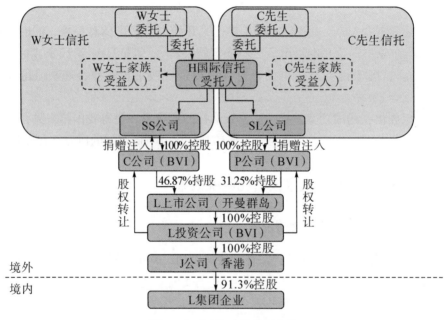

图 1　W 氏夫妇家族信托架构

2.2.1　W 氏家族离岸信托架构分析

（1）持股离岸架构。W 氏夫妇先在开曼群岛注册了 L 上市公司，又在英属维尔京群岛注册了离岸公司 L 投资公司，L 投资公司由注册在开曼群岛的 L 上市公司全权控股，并且 L 投资公司收购了在香港注册成立的 J 公司全部发行股本，J 公司以 91.3% 的持股比例持有境内实际运营的 L 集团公司的股份，这部分持股发行股本正是 W 氏夫妇拿来上市的资产。至此，横跨中国香港、开曼群岛、英属维尔京群岛的三层持股离岸架构搭建起来。

（2）海外家族信托架构。W 女士和 C 先生分别注册了 BVI 公司 C 公司和 P 公司，这两家公司分别以 19.2 亿港币和 12.8 亿港币的价格收购了 L 投资公司收购的原 J 公司股本。这一操作在原有离岸公司架构基础上嵌入了准备作为信托资产转让的 C 公司与 P 公司股权，搭建起基本的信托架构。

（3）海外信托嵌入。在 L 企业海外上市之前，W 女士与 C 先生以 H 国际信托公司为受托人，设立了两人各自的家族信托。H 国际信托公司设立了两个 100% 控股的 SS 公司和 SL 公司作为运营 W 氏夫妇家族信托的项目公司，W 氏夫妇将其名下的 C 公司和 P 公司股权分别以馈赠的方式注入 SS 公司与 SL 公司，完成了其各自家族信托的设立注资。经过如此设计，W 氏夫妇建立起两个离岸家族信托，夫妇二人为各自家族信托的设立人和保护人，家族信托的受益人分别为 W 女士若干家庭成员和 C 先生若干家庭成员。

通过信托架构，W 氏夫妇不再作为直接持股人，而是通过信托持股的方式继续保持对企业的控制权，同时将企业资产与家庭个人财富相隔离。可以看出，W 氏夫妇的家族信托与其创立的境内公司海外上市架构密切结合，组成了由上市红筹架构与海外家族信托相结合的多重离岸架构。

2.2.2　设立阶段涉税分析

2.2.2.1　设立第一层 BVI 公司

第一层 BVI 公司主要由 SS 公司、SL 公司、C 公司、P 公司组成，设在 L 集团公司上市股东和作为上市主体的 L 公司之间，股东通过 C 公司、P 公司持有 L 集团公司的股权，而不是通过个人直接持有 L 集团公司的股权。根据 BVI 离岸地区的法律，在 BVI 注册公司程序简单、注册费用低、对于世界各地的银行账户的资金操作没有限制，便于资本运作。BVI 是著名的"避税天堂"，每年只缴纳少许的政府续牌费，没有所得税，可以规避大量税负，大部分税收可以豁免。BVI 对于当地的公司保密性非常高，年报审计无须公开，公司成立无须公开管理层资料，还可以通过BVI 公司退出上市实体，以隐藏控制。在本例中，通过一系列的股权运作，SS 公司、SL 公司成为 L 公司的直接控股股东，W 女士、C 先生不再直接控制公司股权，而是通过 W 氏信托、C 氏信托分别控制。

2.2.2.2　设立开曼公司

W 氏夫妇在开曼群岛注册了 L 公司的上市公司，由 C 公司持股 46.87%，P 公司持股 31.25%。L 公司拥有公司注册简单、高度保密、没有外汇管制、便于国际贸易等优势。

2.2.2.3　设立第二层 BVI 公司

在 BVI 设立 L 投资公司，L 投资公司设立在 L 上市公司和 J 香港公司之间，由 L 上市公司全权控制。L 投资公司可作为外商投资收购 L 公司的主体，当 L 公司运营出现调整，便可以通过 L 投资公司处理业务，以此避免可能出现的风险。并且根据BVI 地区公司法的规定，C 公司、P 公司与 L 投资公司之间的股权转让完全免税，且公司注册信息也是保密的，这就为公司之间的关联交易提供了便利。而且境内业务需要调整时，还可以通过 L 集团公司直接转让 L 投资公司股权的方式规避香港地区的印花税。

2.2.2.4 设立中国香港公司

J 公司在中国香港注册成立，由 L 投资公司全部控股，J 公司以 91.3% 的持股比例持有 L 集团公司股份。根据中国香港特别行政区的法律，中国香港居民企业取得境内股息所得，可享受税率为 5% 的预提所得税优惠。同时，中国香港实施属地原则，对于非源于中国香港的收入不征税。因此，L 集团公司的股权分配到 J 公司，不产生税收成本，而中国香港也没有外汇管制，将 J 公司的分红分配至 BVI 公司也没有资金管制，可以节省成本。

中国对外资企业征收股息预提所得税一般按 10% 的税率征收，对于中国香港地区实行优惠税率，低至 5%，所以称为离境架构设计最后一环，这也是 J 公司存在的原因。在开曼群岛设立 L 公司是为了上市的需要。四个 BVI 公司的设立就是要实现由 W、C 个人控股的 L 公司变成由 H 信托控制的公司。

信托设立阶段的两次信托资产转移均是发生在 BVI 公司之间的无偿馈赠行为，而根据英属维尔京群岛的税收法律，不属于该地区税务机关的征税范围。且英属维尔京群岛有严格的信托保密制度，W 和 C 两个家族信托以"0 税负"的形式完成了信托设立。

2.2.3 持有阶段涉税分析

在该案例中，L 上市公司是在开曼群岛注册的香港上市公司，C 公司是在英属维尔京群岛注册的离岸公司。根据开曼群岛和英属维尔京群岛地区的税收政策的规定，离岸公司经营所得免除所有的税收，C 公司无须就收到的 L 公司股息分红纳税。于是，通过离岸信托架构，在信托持续期间，W 氏家族信托注入了数百亿元的免税股息分红。

W 氏家族只需要就信托收益在中国境内缴纳个人所得税；如果 W 氏家族并不从离岸信托获得信托收益，那么 W 氏家族就可以完全躲避就利息所得在我国缴纳个人所得税的义务。但我国个人所得税并没有专门针对信托收益的税目，同样也没有针对信托收益的税源征收规定，所以离岸信托收益征税主要依赖纳税人，这也会给实际征纳税造成障碍。此外，委托人很有可能通过信托契约等安排对收益分配保有较大的自由裁量权。在极端情况下，中国国籍的创始人可能不会获得信托收益，相应地也就无须就信托收益在中国境内缴纳个人所得税。除调整信托收益的分配时间外，企业还会通过调整信托收益金额的方式，促使受益人适用更加优惠的个人所得税税率。

2.2.4 分配阶段涉税分析

根据英属维尔京群岛的税收政策的规定，受益人不是当地居民的信托可以豁免所有税项，因此 W 氏家族信托将 C 公司股本分配给其女儿设立的信托，也未缴纳税款。而 C 公司经过多层控股的 L 公司上市之后市值飙涨，此次分配 W 女士的女儿获得了原 C 公司持有的 L 上市公司 43.98% 的股权，股权价值约为 560 亿港元，折合人民币约为 469 亿元。经过海外家族信托的设计，W 氏家族财富得到有效传承。

综上所述，我们可以看到 W 氏家族信托成功实现了"0 税负"，其采取的避税方式就是利用离岸信托隐瞒对关联公司的控制。W 和 C 两个家族信托并没有直接持有 L 集团公司的股权，而是通过两层架构间接持有 L 集团公司的股份，同时还保留了对两层英属维尔京群岛企业的控制权。同时，该信托中的受益人虽然是 W 女士家庭成员、C 先生家庭成员及 H 公司，在某种程度上也属于 W 女士和 C 先生的自益信托，W 女士和 C 先生通过在英属维尔京群岛的持股公司 SS、P、C、SL 进行投资活动，然后由信托公司管理持股公司。但是这些公司财务利益的真正所有者却是 W 女士和 C 先生。全权信托使得 H 信托公司成为持股公司事实上的所有人，从而有效地掩盖了跨国纳税人的投资。

3 CRS 实施后 W 氏家族信托税收风险

3.1 CRS 规则介绍

CRS 是 AEOI 标准的主要构成之一，是指导执行 AEOI 标准的主权国家（地区）自动、定期地进行非居民金融账户信息交换的准则。CRS 规定了金融机构对非辖区税收居民的个人和企业金融账户信息进行收集与报送的相关要求以及程序，是推动国际税收合作、增强税源信息获取能力、提高全国税收合作透明度的重要准则。CRS 下金融账户涉税信息自动交换工作流程如图 2 所示。

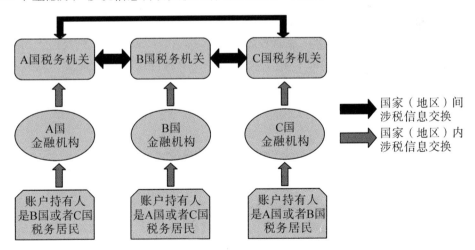

图 2 CRS 下金融账户涉税信息自动交换工作流程

资料来源：国家税务总局《非居民金融账户涉税信息尽职调查管理办法》解读。

简单来说，CRS 规则中的尽职调查程序是一个调查主体去识别调查对象的税务居民身份并对非居民身份进行申报的程序，调查主体是金融机构，调查对象是金融账户。

作为全球金融账户涉税信息自动交换的核心，CRS 规则对金融机构进行了严格的规定，范围是存款机构、托管机构、投资机构和特定的保险机构及分支机构，其中托管机构要求近三个会计年度总收入的 20% 以上源于客户持有金融资产的机构，不满三年的则按存续期间计算；投资机构分为基于业务的投资机构、被管理的投资机构和为投资目的而设立的投资机构。前者以是否满足"近三个会计年度总收入的 50% 以上源于客户投资、运作金融资产"的标准来衡量；被管理的投资机构需要满足两个"测试"：一是"收入测试"，即近三个会计年度总收入的 50% 源于投资、再投资或者买卖金融资产；二是"被管理测试"，即该机构被其他金融机构管理。后者是指为了进行金融资产投资、再投资或者交易而设立的机构。离岸信托多属于投资机构。

当金融机构识别出非居民金融账户时，需要根据规定对账户信息进行交换。非居民金融账户是指在本国境内的金融机构开立或者保有、由非居民或者由非居民控制人的消极非金融机构持有的金融账户。金融机构在识别账户持有人的时候，如果账户持有人不是个人而是公司，则需要根据"穿透原则"，对消极非金融机构的实际控制人即受益人进行信息收集。

3.2 税收风险

3.2.1 W 氏家族信托涉税分析

在 CRS 实施后，离岸信托相关离岸架构的涉税信息将面临被披露以及接受本国税务机关的反避税调查的风险。英属维尔京群岛与中国已经建立 CRS 下的信息交换伙伴关系，那么在 CRS 下 W 家族离岸信托的涉税信息将会被披露至中国税务机关。具体流程如下：

第一步：识别离岸信托及其架构下各机构的身份。

W、C 两个家族信托属于"被管理的投资机构"，即都由 H 信托公司进行专业管理，并且三年的收入全部都来自金融资产的投资和再投资以及买卖，因此满足 CRS 下对"被管理的投资机构"的标准。此外，在该离岸信托架构里，嵌入了 H 信托。在 CRS 的规则下，H 信托、SS 公司、SL 公司、C 公司、P 公司、L 上市公司、J 公司的身份如表 1 所示。

表 1　CRS 下离岸架构中各机构的身份

机构类别	判断依据	身份
H 信托	信托公司属于金融机构范畴	金融机构
SS 公司	受 H 信托控制且资产为 C 公司所赠股权	被管理的金融机构
SL 公司	受 H 信托控制且资产为 P 公司所赠股权	被管理的金融机构
C 公司	无经营活动且收益为股权收益	消极非金融机构
P 公司	无经营活动且收益为股权收益	消极非金融机构
L 上市公司	无经营活动且收益为股权收益	消极非金融机构
J 公司	有来自 L 投资公司的股权转让收入且金融资产收入超过总收入的 50%	金融机构

第二步：确认离岸信托架构下的账户信息申报义务

在 L 上市公司离岸信托架构中，W 氏信托和 C 氏信托的模式基本是一样，故仅分析 W 氏信托相关当事人的涉税申报信息。根据 CRS 规则，金融机构需要识别机构内的非居民金融账户进行报送，因此 W 女士的账户信息会被报送给中国税务机关。在本例中，W 氏信托和 C 氏信托都以 H 信托为受托人，在信托存续期间，H 信托对信托财产收益在信托协议规定的范围内可以进行随意分配，而由于多层嵌套的离岸架构，在 2008 年 CRS 实施前，隐藏在离岸架构下的实际受益人的金融账户涉税信息并不能有效地披露至中国税务机关；在 2018 年 CRS 实施后，便能穿透该离岸架构，对交换至中国税务机关的境外纳税人的涉税信息进行相应的核查，以判断最终实际控制人是否需要补交税款。图 3 是 CRS 工作流程。

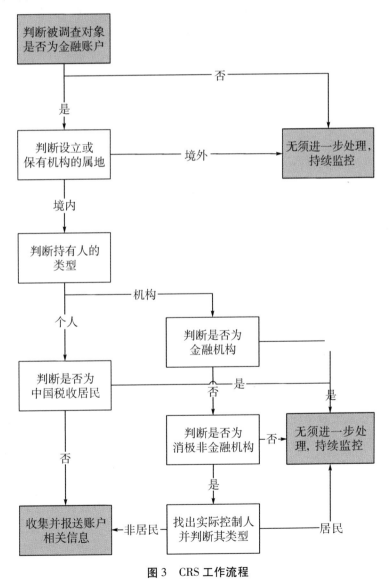

图 3　CRS 工作流程

3.2.2 税收风险分析

3.2.2.1 纳税调整风险

我国第七次修订的《个人所得税法》第八条规定："……居民个人控制的，或者居民个人和居民企业共同控制的设立在实际税负明显偏低的国家（地区）的企业，无合理经营需要，对应当归属于居民个人的利润不作分配或者减少分配……税务机关依照前款规定作出纳税调整，需要补征税款的，应当补征税款，并依法加收利息。"此次新增的关于"受控外国公司"的相关内容是我国反避税政策的重大突破，将通过对符合上述条件的海外公司进行认定而赋予税务机关对纳税人纳税调整的权利。海外信托的架构往往涉及多个国家（地区）、多家股权关联公司，最终公司的实际控制权还是在身为本国居民人的委托人手中。在海外信托架构中，非大陆企业有很大概率被认定为"受控外国公司"，分配给股东的利润需要按照规定进行纳税调整，使得海外信托的避税优势被削减，面临一定的税收风险。

在 W 氏家族海外信托案例中，W 女士以信托持股方式持有了境外 L 上市公司的 46.87% 的股权，保持着对企业的实际控制权，因此 L 上市公司、C 公司、SS 公司有可能会被认定为"受控外国公司"，其中设立阶段、股权转让阶段和股利分配阶段都有纳税调整的风险。

设立阶段：W 女士将其持有的 C 公司股权馈赠给 SS 公司的行为，属于企业间股权转让行为，需要参照市场价值就转让所得向我国税务机关缴纳企业所得税。

股权转让阶段：在 W 女士通过转让 SS 公司至女儿信托从而将自己持有的 L 上市公司全部股权进行转让的过程中，W 女士的行为也并未缴纳税款。但根据《企业所得税法》第四条与第六条的规定，企业转让其持有的公司股权，应当按照转让财产收入缴纳企业所得税，适用税率为 25%。以 2018 年 11 月 21 日 L 上市公司的市值及 W 女士的持股比例计算，女儿信托公司获得 559.92 亿元港币的股份，应缴纳相应税款。由于我国还尚未有根据信托实质征税的相关规定，因此 W 母女的税务筹划较为顺利，但其行为始终存有上述税收风险，未来可能会面临纳税调整的困境。

股利分配阶段：一旦被认定为受控外国公司，则税务机关将对未分配利润进行调整，应由我国居民个人享有的对应份额利润需要按照"利息股息红利"所得缴纳 20% 的个人所得税。L 上市公司公布的财务报告显示，2020—2022 年 L 上市公司的股息分红金额呈现波动上升的趋势，2022 年 8 月 19 日 L 上市公司的每股派息达到 1.434 4 港元。从股息分配力度来看，W 氏家族信托控股的 L 上市公司似乎不符合对利润故意不作分配的条件，但是是否少作分配取决于企业与税务机关的沟通结果，因此调整风险仍旧存在。此外，由于 SS 公司是 C 公司的股东，因此在信托控股架构下股息红利注入了家族信托，而非女儿个人账户，因此可能会被认定为未分配利润而进行纳税调整，近三年 W 女士的女儿 C 女士因股利可能补缴的个人所得税如表 2 所示。

表 2　税款计算

派息日	派息金额①	持股数②	应纳税额=①×②×20%
2022-08-19	每股 1.434 4 港元	258 977.82 万股	742 955 570.016 港元
2022-01-24	每股 0.575 8 港元	258 977.82 万股	298 238 857.512 港元
2021-07-15	每股 1.247 8 港元	258 977.82 万股	646 305 047.592 港元
2021-01-15	每股 0.474 1 港元	258 777.82 万股	245 373 128.924 港元
2020-07-10	每股 0.919 2 港元	263 777.82 万股	484 929 144.288 港元
2020-01-17	每股 0.401 1 港元	262 243.82 万股	210 371 992.404 港元
合计			2 628 173 740.74 港元

注：股息与持股数据来自同花顺官方网站、持股数为派息过户截止日期前的数据。

3.2.2.2　双重缴税风险

《中华人民共和国证券投资基金法》第八条规定："基金财产投资的相关税收，由基金份额持有人承担，基金管理人或者其他扣缴义务人按照国家有关税收征收的规定代扣代缴。"这说明信托的受益人负有纳税义务，虽现在依据《中华人民共和国信托法》（以下简称《信托法》）的规定无法对 W 氏家族信托的股权转让和利益分配征税，但我国税务机关仍保留了延迟征税的权力。目前，我国对海外信托的税款抵免规定不够充分，同一个业务也可能在我国面临多种税款的缴纳，比如不动产转让可能涉及土地增值税、契税、个人所得税等，如若在境外的税种征税范围存在差异，我国不予认定，那么纳税人就存在一定的双重缴税的风险。在 W 氏家族信托的案例中，英属维尔京群岛优惠的税收政策帮助他们避免了一部分双重征税风险，但是如果纳税机关进行延迟征税，那么 C 公司转赠 SS 公司股权时和 W 氏信托转移至女儿信托时均需缴纳企业所得税，存在重复征税的风险。

3.2.2.3　纳税人的信息泄露风险

近年来，越来越多的高净值人群选择海外信托作为投资对象，其中重要的一点是其对个人隐私的全面保护。2001 年，我国出台的《信托法》使所有登记信托具有法律效力，使得国家掌握了境内所有合法的信托相关信息，如委托人、受托人和受益人等，信托的资金来源和数额也记录在册。因此，高净值人群选择对这些信息保护更好的离岸信托，因为他们承诺，除委托人、受托人和受益人外，信托资料和信息不会公布和接受查询。2018 年 9 月，我国首次对外交换了高净值人群的金融账户信息，意味着我国的行政机关加强了对我国居民信息的管理，离岸信托的信息保护优势被削减。在整个信息收集、传递及交换链条中，更多的人有机会接触到这些高净值人群的财务或身份信息，也进一步增大了纳税人信息的泄露风险。W 女士的家族信托可能会代代相传，她在去家族化的经营理念实施后，本人也宣布退休，那么其后代由于是潜在受益人，信息也可能会被采集，如果出现负面新闻，也会为公司带来伤害。

3.2.2.4　错报风险

离岸信托往往搭建涉及多国的多层级避税架构，在信托公司经营信托时，会面临多个国家的经营及纳税申报事项，这对工作人员的专业素质和责任心都提出了很高的要求。在 CRS 规则下，金融机构需要提供其名下非居民金融账户的相关信息，需要做大量工作，涉及的各国的税收政策差异也须在必要时进行调整。这就使得委托人面临错报风险，轻则需要多次调整上报，增加工作量，重则会面临税款缴纳的问题，影响委托人的信誉和财产安全。W 女士的家族信托和员工信托涉及的人员广泛，对应的风险也随之增加。

4 建议与展望

4.1 纳税人角度下家族信托架构优化建议

4.1.1 避免成为"受控外国公司"

前文提到海外信托架构中的非中国大陆企业有很大概率被认定为"受控外国公司"，分配给股东的利润很可能会被要求进行纳税调整，因此我国高净值人群如何通过合理的税务筹划避免成为"受控外国公司"，是我们关注的重点。《个人所得税法》中关于认定"受控外国公司"的条款有四个关键词，即居民个人、控制、税负明显偏低的国家（地区）、无合理经营需要。下面我们可以从这四点出发来进行税务筹划。

（1）可以转变身份或者规划海外居住时长。《个人所得税法》规定，无住所个人在我国境内一个纳税年度居住不满 183 天的不构成居民纳税人，其境外所得对我国没有纳税义务。因此，对于我国高净值人群结合自身情况通过合理规划自己在中国和永居国的居住时间，或完成国籍转换，就可以不被认定为中国的纳税居民，在居住国开设的金融账户，也不会被交换给中国的税务机关。

（2）可以通过稀释少部分股权或者采用代持人架构排除控制要件。当然，这只针对刚刚达到控制标准的高净值人群，同时这种操作需要顾全大局，不能仅仅出于税务筹划目的而造成企业经营性风险。

（3）可以将公司迁往税负略低的非传统"避税地"。税负低于我国企业所得税率50%的国家（地区）被视为税负明显偏低的国家，随着开曼群岛、英属维尔京群岛等传统"避税地"陆续出台的经济实质法案，空壳公司的存在也难以继续，高净值人群可以考虑结合企业未来发展规划，将公司迁往税负略低于我国且具备发展空间的其他国家（地区）。

（4）是否具备合理经营需要。由于缺乏对于合理经营需要的内涵界定，因此高净值人群可以通过材料举证证明其未分配利润是出于合理的经营需要。根据《企业所得税法》"受控外国公司"条款，公司一般指实体公司，而信托等透明实体规定内容尚不明确，故个人所得税目前也未明确对于信托架构的认定和纳税调整，条款不明可能造成税务机关自由裁量权的滥用。从这个角度来说，高净值人群可与税务机关角力，以保护自身合法权益。

4.1.2 避免保留对离岸信托太多的控制权

《个人所得税法》第八条规定了受控外国公司为特别纳税调整事由。"受控外国企业"反避税规则的核心取决于"控制与否"。高净值人群设立信托，通常会保留充分权利以保证对信托的控制，如可能随时更换受托人、调整分配比例等。根据信托导管理论，这就可能导致信托被穿透，信托下的离岸公司仍被视为高净值人群控制的受控外国企业，无合理需要故意不分配的利润或少分配的利润，税务机关有权调整征税。因此，从税务方面考虑，如为了通过信托达到避税效果，设立人不宜对信托保留过多的直接控制权。

4.1.3 灵活资产结构，规避信息泄露风险

随着我国信托制度的不断完善，我国高净值人群可以考虑与国内信托公司合作管理资产，这样既可以规避境内外税收法律差异带来的税务风险，又可以减少信息交换带来的信息泄露风险。同时，我国高净值人群也可以尝试多样化的财富管理工具，如人寿保险、证券投资基金等，运用多样化的财富管理工具，在合理节税范围内最大限度地实现自身财富管理目标。

4.1.4 配合金融机构尽职调查，以防止信息错报风险

金融机构面临庞大的尽职调查工作量，不可避免地会出现一些错误。因此，我国高净值人群应当主动与海外信托公司沟通，积极配合金融机构的尽职调查，在申报阶段保证账户信息的准确性，防范金融机构涉税信息错报风险。

4.1.5 树立正确的税务筹划观念并增强纳税遵从意识

在进行税务筹划的同时，高净值人群也应该充分认识到与国际税收征管合作的重要性。我国高净值人群在开展跨境投资特别是开展海外信托业务时，应增强纳税遵从意识。只有在切实履行各项纳税义务的基础上，纳税人的权利也才能得到真正的保护。

4.2 离岸信托税制安排考虑

目前，我国对于离岸信托进行反避税的税收政策，在是否需要缴税、在什么情况下需要缴税、谁是纳税义务人、税率为多少等方面并没有明确规定，只是参照国内普通业务进行征收，需要调整有关政策并完善纳税申报制度。

4.2.1 制定清晰的课税条款

离岸信托的架构灵活、层次复杂、收益形式多样，因此很难在现有税法中寻找到全面覆盖信托的设立、转移和终止环节的政策。制定单独的"离岸信托税收征管法"需要更长的起草、征求意见以及审批的时间，还需对现行的《信托法》进行修改，存在较多困难。因此，可以在现行各税种的法律条文里增加有关离岸信托的纳税条款，为我国税务机关打击离岸信托避税提供法律依据。

4.2.2 建立离岸信托的纳税申报制度

现行的《信托法》只要求境内信托当事人如实上报财产及信托信息，但对高净值人群普遍选用的境外信托并没有此项要求。按照属人原则，境外信托的委托人是中国国籍或中国纳税居民，应当按要求在中国境内的税务机关登记申报。当纳税人并未履行报告义务和纳税义务时，税务机关应当引入强制披露措施并对不遵从的纳税人给予一定的惩罚，形式可以是罚款和超出期限以外的滞纳金。以上两点均可列入我国离岸信托的纳税申报制度中，尽力实现境内境外信托制度的趋同，避免富人

利用非法手段偷逃税款，维护税收的公平与正义。

4.2.3 就受托人非本国居民的情况建立特殊规则

关于特殊规则的建立，需要充分考虑受托人是否为本国税收居民，或者更确切地说受托人游离在本国税务机关监管之外的现实因素。《中华人民共和国税法》可以引入信托导管原理，设置相应的征税规则。在设立时，居民委托人将信托财产转移给非居民税收个人或法律实体的受托人，应视同财产转让征收所得税，以此先行遏制居民将资金转移到非居民信托。在存续期间，离岸信托受托人属于《企业所得税法》规定的非居民企业，应就其源于中国境内的收入缴纳企业所得税。实质受益人为我国税收居民的，不论信托所得是否分配，均以受益人为纳税义务人。在终止时，受托人向委托人或受益人进行财产交付的行为需要根据具体情况分析是否征税以及如何征税。在自益信托下，委托人应就剩余信托收益缴纳所得税；在他益信托下，受益人应就信托财产及累积收益缴纳所得税。

4.2.4 引入离岸税收自愿披露免责机制

我国对居民海外收入和资产的税收征管形式大于实质，纳税人的税法遵从度普遍不高。税收居民涉税信息一旦通过 CRS 机制交换，将严格按照《税收征管法》第六十三条和《中华人民共和国刑法》第二百零一条的规定，其可能面临不缴或少缴税款 50% 以上 5 倍以下罚款的行政责任，以及拘役、7 年以下有期徒刑或罚金的刑事责任。这不仅会增加 CRS 在我国实施的不确定性，而且会使我国错失一次提升纳税人自觉遵从的良机。因此，有必要在我国税法中引入离岸税收自愿披露免责机制，允许纳税人在满足一定条件下自愿披露离岸税收信息则可免除行政责任和刑事责任，具体规则的设计和实施方案可参考 OECD 发布的《自愿披露项目的更新：税收合规的途径》。

4.3 国际反避税的未来展望

随着全球反避税向深层次发展，制约信息不对称制度的发展层次越来越高。从比较早期的 FATF① 反洗钱组织，再到 2008 年世界金融危机后的美国实行的FATCA② 和受其启发而来的 CRS，还有同时期的 BEPS 以及后续的经济实质法案等，都是全球税收监管透明化进程的重要节点。从全球税收监管透明化进程的重要节点可以看出，各国都在打击国际避税行为。

由于我国信托制度在税法层面还没有配套安排，我国的信托制度还停留在 2001 年颁布的《信托法》上。因此，当前高净值人群通过设立离岸信托、持有境外账户等做法进行避税，其实际风险小于理论风险。但随着国际反避税规则的不断完善，信息透明度不断提高，建议纳税人回归设立家族信托的初衷，谨慎操作，同时高净值人群也应当积极承担其社会责任。

在此，我们也呼吁税务机关尽早建立一个合理、可量化、可执行的信托税收制

---

① FATF 的全称：Financial Action Task Force on Money Laundering，即反洗钱金融行动特别工作组。
② FATCA 的全称：Foreign Account Tax Compliance Act，即海外账户税收合规法案。

度，这才是解决之道。与此同时，我国应进一步深化国家间反避税的交流合作，参与到多边税收协定的制定中，提高我国政府的税收管控能力，维护我国的税收权益。

参考文献

［1］LAURA CUNNINGHAM，NOEL B CUNNINGHAM. Tax reform paul mc daniel style：the repeal of the grantor trust rules［J］. Cardozo Legal Studies Research Paper，2011（328）：1-14.

［2］MATTHIJS VOGEL. Netherlands：the Dutch foundation：the solution in tax planning，estate planning and asset protection forhigh net worth individuals worldwide［J］. Trusts & Trustees 2015（216）：686-690.

［3］RONEN PALAN，DUNCAN WIGAN. Herding cats and taming tax havens：The US strategy of "not in my backyard"［J］. Global policy 2014（53）：334-343.

［4］OECD. Update on voluntary disclosure programmes：a pathway to tax compliance［R］. Paris：OECD，2015.

［5］国家税务总局福州市税务局课题组，李积场，吴越，等. CRS 框架下我国离岸信托的税收管理思考［J］. 经济资料译丛，2022（1）：36-48.

［6］曾丞艳. CRS 下离岸信托涉税信息交换的研究［D］. 昆明：云南财经大学，2019.

［7］蒋薇. CRS 下我国高净值人群海外信托的税务风险研究［D］. 长沙：湖南大学，2021.

［8］徐旺. CRS 下我国离岸信托反避税制度研究［D］. 重庆：西南政法大学，2021.

［9］施正文，余鹏峰. 财产管理功能下离岸信托的税法规制［J］. 税务研究，2022（1）：81-87.

［10］石贤平，赵静. 家族信托所得课税面临的困境及其应对［J］. 2019（11）：119-123.

［11］崔晓静，陈镜先. 离岸信托避税规制的域外经验及其启示［J］. 国际法研究，2021（4）：64-82.

［12］洪禄璐. 民营企业家族信托案例比较研究［D］. 杭州：杭州师范大学，2022.

［13］赵静. 我国家族信托所得课税问题研究［D］. 哈尔滨：哈尔滨商业大学，2021.

［14］施正文，余鹏峰. 财产管理功能下离岸信托的税法规制［J］. 税务研究，2022（1）：81-87.

［15］邱冬梅. 税收情报自动交换的最新发展及我国之应对［J］. 法学，2017（6）：45-63.

点评

本案例整体上展现了作者对家族信托税务问题的深入研究和全面把握。文章结构清晰，逻辑性强，对 L 公司实际控制人家族信托的设立过程和持有期间的税务影响都进行了系统的分析。作者不仅关注了国内税法，还考虑到了 BEPS 等国际税收规则的影响，体现了作者的宏观视野、扎实的税法功底和系统的分析能力，对于理解家族信托的税务影响具有较好的参考价值。

本文的优点：

1. 结构完整，逻辑清晰。文章围绕家族信托的设立过程和持有期间两大部分展开，每个环节的税务分析都层次分明，便于读者理解整个过程中的税务考量。

2. 分析深入，覆盖面广。作者不仅分析了国内的个人所得税、企业所得税等基本税种，还涉及了转让定价、受控外国企业规则等复杂的国际税收问题，体现了对税法体系的全面把握。

3. 案例分析细致准确。以 L 集团公司实际控制人 W、C 夫妇为例，将其来龙去脉抽丝剥茧，不疾不徐，娓娓道来，文章的可读性和说服力强。

4. 注重国际视角，分析角度新颖。文章考虑到了 BEPS 行动计划对跨境税收安排的影响，体现了对国际税收发展趋势的关注。文章还结合离岸信托的特点，提出"有必要在我国税法中引入离岸税收自愿披露免责机制，允许纳税人在满足一定条件下自愿披露离岸税收信息则可免除行政责任和刑事责任"的建议，角度新颖，站位高，难能可贵。

本文的不足之处：

1. 案例信息可能存在局限。由于是基于公开信息整理，文章中关于 L 公司具体税务安排的描述可能不够准确或完整，对于境外法治环境下的具体法律安排没有进行分析，背后的商业逻辑和法理分析有较大的欠缺和漏洞。定量分析不足。文章主要停留在定性分析层面，缺乏具体的税负测算。如果能够通过假设数据进行简单的税负对比，会使论证更加有力。某些论述的论据不够严密，如坦陈"W 氏家族信托控股的 L 公司似乎不符合对利润故意不作分配的条件"，但又似是而非地指出"是否少作分配取决于企业与税务机关的沟通结果"，然后就径直得出结论"调整风险仍旧存在"。

2. 对避税与合法税务筹划的界定不够清晰。尽管海外信托可以为相关人士达到节税的目的，但其主要功能和用途远不止税务。在分析信托架构的避税功能时，建议明确区分合法的税务规划和非法的逃税避税行为，以帮助读者对家族信托建立正确的认识。

其他建议：

1. 拓展比较研究。建议增加其他国家（地区）家族信托税收制度的比较分析，如美国、新加坡等，以凸显中国税制的特点和可能的改进方向。可以增加对比分析，讨论为什么境内信托无法达到类似的税务效果，以及中国信托税制的发展方向。

2. 深化 CRS 影响分析。随着 CRS 的全面实施，offshore 信托的信息透明度大幅提高，建议对此进行更深入的讨论。加强实操指导。可以增加一个章节，讨论中国企业家在考虑设立家族信托时应该注意的关键问题和流程，提高文章的实用性。此外，家族信托涉及财富传承和社会公平等问题，建议在文章结尾加入对这些问题的思考，增加文章的深度。

点评人：谭伟（毕马威中国税务合伙人）